ZULU JAZZ JOLOKKA

FRANÇAIS,
VOUS ÊTES
DES VEAUX

(toute la vérité sur la France)

Ça m'a pris d'un coup, ce matin. Comme si un voile m'était ôté des yeux, me laissant voir le problème dans sa globalité. Ça n'avait jamais été plusieurs dysfonctionnements épars comme je l'avais toujours appréhendé mais un ensemble parfaitement cohérent.

J'ai été floué depuis le berceau.

Jusqu'à ce matin, je n'avais jamais fait le lien. Conscient depuis longtemps d'un malaise français, je l'attribuais à différentes causes calamiteuses distinctes. Puis, ce matin, la lumière : les Français n'ont aucune autonomie, ils sont formatés. Ils sont même tellement formatés et depuis tellement de temps qu'on ne peut même plus accuser un système. Le système s'est affranchi des hommes et autorégulé. Il est devenu pleinement autonome.

Les Français n'agissent pas de leur propre initiative. Ils obéissent à un ensemble de règles qui les font exister en tant que collectivité.

Comme tout le monde ??

Non. Les règles françaises sont tronquées.

La France passe son temps à inculquer aux Français qu'ils sont le plus grand peuple de la terre dans tous les domaines où se mesure la grandeur d'un peuple, voire, celle d'un individu. Puisque l'assertion est, à tout le moins, complètement erronée, la France falsifie systématiquement son histoire et tait ce qu'elle ne peut falsifier.

Avant n'importe-quelle confrontation, la France va l'emporter, c'est sûr. Juste après, la Nouvelle-Zélande a triché et bénéficié des largesses d'un arbitre crapuleux. Bien après, la Nouvelle-Zélande est oubliée et la deuxième place de la France a valeur de victoire historique. Voir Poulidor... Les exemples sont légions.

Si la chose se cantonnait au sport, on se contenterait d'en sourire. Mais il en est ainsi dans les domaines le plus sensibles et le plus tragiques

La France a une histoire faite de défaites, d'occupations, de trahisons et de prédations sanglantes de peuples dont elle est sûre de l'incapacité à se défendre.

Depuis la Gaule romaine jusqu'à la Collaboration d'État décrétée par le chef de l'État en 1940 et largement acceptée et pratiquée au-delà de la volonté de l'occupant, il n'y a, à aucun moment dans l'histoire française, de raison de fierté nationale à l'aune de l'image qu'impose la France aux Français. La France a, donc, systématiquement réécrit son histoire à l'envers. D'avant la conquête romaine, elle s'est appropriée les ancêtres des Allemands actuels qu'étaient les Francs. Depuis, elle a fait français Charlemagne, un autre actuel Allemand, en son temps empereur germanique dont la capitale était Aachen, en Allemagne. Mais l'histoire de France préfère garder l'appellation Aix-la-Chapelle qui contribue puissamment à donner à croire à l'écolier français et francophone d'ailleurs que l'homme à la barbe fleurie est un héros typiquement français qui a inventé l'école française.

Jusqu'à l'adolescence, j'ai toujours cru, comme il m'avait été enseigné, que Gutenberg était français et qu'il avait inventé l'imprimerie, que Parmentier avait inventé la pomme de terre et que Pasteur était le scientifique de loin le plus important dans l'histoire du monde, tout comme Victor Hugo en était l'écrivain ultra majeur. Et lorsque j'ai appris, à treize ans et par le plus grand des hasards, que le français n'était pas la langue le plus parlée dans le monde, mon monde s'est écroulé. En bon désinformé dès le biberon, je me suis mis à éprouver de la rancœur envers l'anglais.

La France réussit même le tour de force de faire un héros national du chef dont la reddition à César fut à l'origine de l'occupation romaine. Vercingétorix, qui n'a qu'une humiliante défaite comme trace dans l'Histoire, représente le fier Gaulois invincible ancêtre du Français, symbole de force et de virilité. Il est l'ancêtre d'une longue tradition française de perdants, adulés faute de vainqueurs, dont le général De Gaulle n'est pas le moindre fleuron.

Son histoire commence et finit par une fuite et, comme toute épopée française, est fleurie de mensonges.

Grand guerrier devant l'Éternel, il s'enfuit dès la défaite -c'est à dire dès le début de ce qui devait être une confrontation mais se résuma à une énième humiliante reddition- à Londres d'où il lance un appel que personne n'entendra mais dont tous les anciens collabos passifs devenus résistants après-guerre jureront, les larmes aux yeux, avoir entendu. De fait, même le texte qu'ils récitent par cœur, celui qui est enseigné aux Français, n'a jamais été prononcé. Ni à Londres ni nulle part, ni le 18 juin 1940 ni jamais. L'appel passé inaperçu, jugé peu guerrier après la guerre, a été modifié avec les élans enflammés que l'on sait : "La France a perdu une bataille mais la France n'a pas perdu la guerre"... De la fumée dont, en France, on fait les légendes.

A l'abri à Londres, puis en Afrique où Brazzaville -le croirez-vous ??- fut décrétée "capitale de la France libre", faute de Marseille ou de Bordeaux, le général ne remettra les pieds en France qu'à la libération de celle-ci par les Américains et les soldats forcés des colonies. "Brazzaville, capitale de la France libre" fut pudiquement jeté aux oubliettes et l'on s'empressa de recréer une France nouvelle, victorieuse... avec les ex-collaborateurs. Toute la France ayant coopéré avec l'ennemi, il n'y avait plus de quoi la prolonger. Encore moins de quoi créer une France nouvelle, victorieuse. Il faut comprendre que les vrais héros libérateurs étaient rentrés chez eux, aux États-Unis ou expulsés à Dakar où, montrant des inquiétudes quant à leurs soldes qui tardaient à être payées pour qu'ils puissent rentrer rassurer les leurs qui au Soudan qui en Oubangui qui au Dahomey ou ailleurs en Afrique, ces sauveurs de la France connus sous le vocable de "tirailleurs sénégalais" furent froidement massacrés dans leur sommeil après due promesse de règlement. Cela se passait au camp Thiaroye, non loin de Dakar.

Ce fut l'acte fondateur de la nouvelle France libre.

Faisons un break.

Et appelons ceci l'intro.

Le lecteur français habituel de livres habituels trouvera, sans doute, au début, offusquant, de la part de l'auteur, une présentation inhabituelle pour un propos qui le dérangera, d'une manière ou d'une autre, fondamentalement.

C'est son problème.

Cet ouvrage ne lui parle que de problèmes propres à lui. Dont il est averti -il le verra- qu'il n'est pas responsable du tout en tant que collectif téléguidé comme un vaisseau spatial-jouet d'enfant et pas plus en tant qu'individu. Il parle de sa propension à faire le lit de tant et tant de mensonges tellement énormissimes universellement, à accepter tant et tant d'œillères, qu'il est universellement légitime d'en déduire universellement que la France est, par rapport à la France, l'imbécile universel -cliniquement parlant- la reine des poires.

Une fois posée l'intro, tout ce qui suit est uniquement preuves irréfutables et exemples justificatifs du titre.

Donc, n'ayant point de temps à consacrer à cet académisme ronflant et stérile que tant chérissent les Français, non plus qu'à d'autres recours non indispensables à mon propos, ces exemples et preuves ne rentreront pas dans le cadre d'une linéarité propice à la trame d'un roman. Ils seront jetés pêle-mêle, au gré de la mémoire de mes fureurs, avec ce qu'il faut de ma présence dans chaque assertion. Faire autrement serait impossible pour mon but : la vérité.

Autrement, il aurait fallu gloser. Or ceci ne souffre d'aucune raison de tergiverser. Tout y est intensément vrai. Rien n'y souffre de la moindre contestation lucide, dialectique. Pour une telle flagrance, de telles évidences, il y aura faits et analyses en-veux-tu-en-voilà, mais débarrassés du carcan d'un désordre mensonger établi.

Il y aura des vérités.

Vertes, certes, mais lucides et incontestables.

Français, l'autre avait raison :

VOUS ÊTES DES VEAUX

La France n'est PAS une démocratie. Elle tâche de se mouvoir entre England et USA mais sa réalité est tout autre. Son système politique est plus proche du Turkménistan que de l'Inde.

L'arbitraire au quotidien y fait force de justice. Les petits sont ignorés par la Justice -ou ce qui devrait être tenu de l'être. Les crapules d'envergure nationale que sont la plupart des décideurs publics et privés y font florès aux plus hauts sommets de l'indécence.

La police, composée de personnes en profonde débilité au service automatique et exclusif des escrocs aux commandes, se soumet à leurs desiderata sans aucun moyen de réfléchir -évidemment, sinon personne, jamais, ne serait flic.

Ces analphabètes crasses, qui en veulent à plus faibles qu'eux de leurs vies de perdants qui les dégoûtent, prennent revanche sur quiconque n'est pas protégé, quiconque sur lequel il n'est pas grand risque de représailles ou d'enquête : voyez Nègres, Arabes, roms, homosexuels, pauvres personnes en détresse.

Généralement, c'est surtout tout le temps les Nègres qui sont arrêtés pour un rien, embarqués pour un non, ridiculisés jusqu'aux fonds de nuits atroces. Pour juste ça qui donne bonne conscience absolue aux flics français : ils savent quand ils sont gagnants. Putain, avec des flingues, tasers et l'autorisation ouverte et la bénédiction de tous les ministres de l'Intérieur, c'est facile de se la jouer couillu. Presque criminel de ne pas le faire selon une conscience française.

Voilà pourquoi, malgré leurs atrocités quotidiennes qui ne diffèrent en rien de l'époque où la France était vaillamment nazie, les policiers français ne respectent pas leurs attributions. Ils n'en ont aucune conscience. Tout ce qu'ils savent, c'est qu'ils sont soutenus, corps et âmes, aux plus hauts niveaux.

Hormis les théocraties et les dictatures avérées, dans le monde occidental riche, la France est le pays le plus éloigné d'une démocratie réelle, celui qui a le plus lâchement violé, systématiquement saigné à blanc, vampirisé, réduit à néant des territoires et des peuples.

Elle ne se contente pas de mettre les pires substituts à sa place que sont les caricatures de chefs d'État africains sur des trônes qui ridiculisent l'Afrique, certes, mais auxquels l'Histoire rendra bien un justice un jour : ils sont devenus ce qu'ils sont parce-que la France leur a sciemment donné un pouvoir qui les dépassait pour entretenir leurs peuples dans la misère, assassiner les récalcitrants en masses et masses et exécuter les réels Africains capables assez courageux pour se dresser contre la France et ses sales combines génocidaires.

La France est, de très loin, le pays le plus conservateur du monde. Les notions de droite et de gauche y sont aussi factices que les habillages des innombrables émissions -récréatives ou prétendument sérieuses- copiées sur les USA.

Je suppose que, si la chose n'est pas encore évidente, je suis en phase de détestation de toutes mes années françaises pendant lesquelles j'ai marché à fond dans le cirque qui nous a tous conduit à apprécier une pseudo chanson française, un pseudo cinéma français... Tout ce temps perdu alors que le cinéma et la musique existaient vraiment ailleurs et continuent d'être des arts merveilleux !!

Nous étions pareils aux trois singes en tout ce qui concerne la vérité.

Désespérément à la traine des autres pays anciennement colonisateurs, la France a choisi, pour ne pas sombrer, de perpétuer, en le sophistiquant, le mensonge ancien élaboré par Michelet et autres histrions d'avant et d'après lui.

Le Français ne sait rien réussir bien qu'impossible ne soit pas français. Construit-elle des avions Rafale top classe qu'aucun acheteur n'en veut. Même bradés. Même juste un. Veut-elle faire un porte-avions digne de "la place de la France dans le monde" qu'elle se retrouve avec un objet informe auquel il manque la piste pour les avions et, donc, encore, la risée du monde. Fait-elle tout un battage pour aider financièrement les pauvres laboratoires pharmaceutiques multimilliardaires en leur achetant cent millions de doses d'un vaccin sans aucune utilité qu'il lui faut les refourguer à des pétromonarchies qui en ont encore moins besoin mais auxquelles il est solennellement promis de ne plus proposer de Rafale.

Conscients de ces lacunes à l'inverse du Français lambda, les décideurs économiques ont trouvé une juteuse et cruelle parade.

En 1958, le général De Gaulle avale son képi à Conakry lorsque Sékou Touré préfère l'indépendance à la Communauté. Les fonctionnaires français se retirent en emportant jusqu'aux ampoules électriques, bien faire payer son insolence à la Guinée. Sachant que la France sans les richesses africaines égale zéro pointé, De Gaulle intronise Jacques Foccart empereur souterrain d'Afrique noire francophone. Plutôt que la nouvelle bérézina économique que constituerait l'accession à l'indépendance d'authentiques indépendantistes décidés à travailler pour développer leurs pays avec leurs ressources, la France appuiera des hommes à sa dévotion pour la représenter. Pour cela, trois qualités sont indispensables : l'avidité, la bêtise frisant le crétinisme et le sentiment d'infériorité. Avides, ils le seront quasiment tous à l'exception notable de Senghor qui, lui, voulait simplement entrer dans l'Histoire armé de sa soumission à la France et à la langue française. Bêtes à manger du foin, ceux-là font désormais partie de la farce historique sinistre, voyez Léon Mba -nommant vice-président et successeur Albert Bongo dans sa chambre d'un hôpital français en France- et autres Bokassa. Inférieurs, tous. Voyez ce qui arrive quand on est Sékou Touré ou Hissein Habré.

Sous la férule de Foccart et de ses sbires, ces hommes de paille laisseront la France piller sans état d'âme, assassiner avec encore moins, s'approprier le plus succulent gâteau dont elle pouvait rêver, allant jusqu'à ceinturer de barbelés les plus belles plages à l'usage des seuls Blancs -cette pratique a perduré après les "indépendances".

Bob Denard assassinera, mettra en coupe réglée les Comores, régnera sur ce pays, avec l'accord absolu de la France, complice acharnée de l'apartheid sud-africain voisin.

L'Afrique ayant, nolens volens, servi plus que généreusement de vache à lait pour assurer à la France un rang parmi les puissances économiques qui, elles, tiraient le leur de leur production économique propre, il fallait à la France se donner une stature qui la rapprochât de la Grande-Bretagne, creuser l'écart avec l'Italie et, surtout, l'Allemagne. La Francophonie remplacera la Communauté rejetée par les peuples. Elle a pour but d'assurer la pérennité de la langue française. Notez que les locuteurs anglophones, lusophones ou hispanophones n'ont jamais ressenti la moindre pulsion à créer des organisations internationales de l'anglophonie, de la lusophonie ou de l'hispanophonie. D'ailleurs, ces mots n'existent même pas, je viens de les créer et les répudie dès cette phrase.

Une partie de l'argent volé à l'Afrique va dans les caisses des partis et enrichit à milliards des hommes politiques et des intermédiaires nébuleux issus, au départ, des sinistres réseaux criminels de Jacques Foccart, adoubé par le général de Gaulle. Denard, jugé dans un simulacre à Paris, sortira libre du tribunal. Jacques Chirac sera obligé de simuler la sénilité pour échapper à la prison, simplement condamné avec sursis pour complaire aux populations -ces gens se foutent d'un sursis qui est synonyme de liberté chérie. Jusqu'aux gouvernants actuels empêtrés dans des affaires africaines sur lesquelles personne ne semble vouloir réellement faire la lumière. Faut dire que tout ce monde de voyous de la République se tient par la barbichette, clans contre clans dans ce qui s'appelle "droite", et ce qui s'appelle "droite" contre ce qui s'appelle "gauche".

Sans le vol des ressources africaines, point de Elf, Total, Areva et autres fiertés françaises. Point de bombe atomique, symbole de puissance et garant du statut de membre permanent du Conseil de sécurité de l'Onu. Point de morgue ni d'arrogance ni de mépris des plus faibles puisque la France elle-même compterait au rang des nations besogneuses. Et, pour remonter pas si loin, point de tour Eiffel, ni d'immeubles haussmanniens et de grands boulevards.

François Hollande, contrairement à tous ses prédécesseurs, semble décidé à mettre un terme à l'abjection. Il semble crédible. Pour autant qu'on puisse faire confiance à quelqu'un qui savait parfaitement et n'a jamais -ne serait-ce que- protesté. Il fait des pas de deux à propos de sa présence au sommet de la Francophonie à Kinshasa parce-que ce pays ne lui paraît pas démocratiquement géré. Mais les pays mal gérés dont la France est complice sont quasiment tous, de la Libye de Khadafi à la Syrie des Assad et à l'Irak de Saddam. De l' "Empire" centrafricain aux Congo, au Togo et au Gabon. De la Tunisie Ben Ali à l'Egypte Moubarak en passant par la Côte d'Ivoire, Djibouti et le Sénégal. Vouloir prendre ses distances serait commencer, à cette occasion, de ne pas du tout se rendre au sommet et de dissoudre l'OIF pour ce qu'elle est purement et simplement un instrument -de plus- intolérable de la colonisation. D'abord, elle ne rime à rien puisque des pays non francophones y sont représentés en nombre pour de toutes autres raisons que la francophonie, par exemple pour blanchir la réputation de chefs d'État crapuleux. Boutros-Ghali, égyptien francophone, en a été secrétaire général, la reine d'Angleterre étant également francophone, le Royaume uni, ennemi mortel puisque tour à tour vainqueur et sauveur de la France, serait parfaitement fondé à y siéger. C'est insane. Ensuite et surtout, la Francophonie est le plus puissant frein actuel à un véritable essor de l'Afrique. Le maintien de la langue française ne laisse qu'un horizon aux Africains francophones lorsqu'ils décident de quitter la pauvreté : émigrer en France où ils sont traités comme de la merde pure. Pas besoin de trop d'explications à ce propos, tout le monde sait. S'ils avaient été scolarisés en anglais qui est l'unique langue de communication internationale, ils auraient l'embarras du choix pour s'expatrier. Sans doute ne seraient-ils pas pour autant partout reçus à bras ouverts. Du moins auraient-ils pu espérer être traités avec humanité. En Angleterre, un Africain qui réussit n'étonne pas plus qu'un Africain qui réussit aux États-Unis. En France, en 2012, il faut être rejeton de potentat ou alors faire profil très bas.

Et sucer.

Tout le monde sait. Certains disent. Mais ceux qui disent ne franchissent jamais certaines limites.

En attendant, M. Hollande a choisi d'aller à Kinshasa mais en passant d'abord par Dakar, le Sénégal étant jugé démocratique, pour ne pas trop ternir son premier séjour officiel sur le continent. Peu importe que le nouveau chef d'Etat sénégalais nouvellement -et démocratiquement- élu ait été un homme-lige de très haut niveau du précédent président dont la France ne voulait plus et soit comptable de sa gestion. Encore moins qu'il ait déclaré une fortune personnelle dépassant le milliard de CFA, ce qui est proprement hallucinant et absolument impossible par des voies honnêtes pour qui est connu pour avoir vécu toute sa vie adulte à l'ombre de son prédécesseur, dont les seuls titres ont été ministre et premier ministre de celui-ci avant de s'opposer à son mentor, qui n'a jamais exercé de responsabilités internationales à aucun titre. M. Hollande risque de vite se rendre compte qu'il recule pour mieux sauter. Le bien-être français, spécialement en ces temps de crise mondiale, dépend bien trop du pillage de l'Afrique. François Mitterrand s'était essayé en 1981 à l'exercice d'une morale politique. L'expérience a duré le temps d'un éclair, celui de baisser les bras face à la realpolitik. Mais Mitterrand était insincère. Un autre s'y est risqué également, dont la volte fut spectaculaire mais celui-là ne mérite pas d'être cité ici.

Voilà pourquoi je me sens tout petit d'avoir déjà voté en France, d'avoir accordé ma voix en y croyant. D'avoir fait partie des millions qui se font entuber à chaque fois.

Je me croyais intelligent.

À l'abri.

Voilà pourquoi je me sens tout petit.

Tout péteux.

Le français est une langue décadente, quasi morte et destinée à rester simple dialecte que la France, maintient sous perfusion. La perfusion s'appelle OIF *(Organisation internationale de la francophonie)*.

La France impose aux Français -mais aussi aux francophones d'ailleurs, vous savez : ex-esclaves, ex-colonisés- sa "musique", son "cinéma". N'ayant aucun autre repère que ça, ou en obtenant trop tard, on se met à prendre pour de l'art d'affreuses horreurs et pour des artistes, d'atroces cabotins pathétiques, tous pantins formatés en France pour l'usage imbécile exclusif des Français et des francophones culturellement asservis. L'on y croit que Delon est un acteur, Hallyday un chanteur, que Coluche et Fernand Raynaud sont drôles...

Il faut entendre un journaliste français interviewant un présumé acteur ou chanteur, entendre les suggestions de bonne réponse, les encouragements "tu es le plus beau, tu es le meilleur, je suis à ton service" pour tout de suite comprendre ce qu'est la nausée : elle vous absorbe, vous dégoûte d'appartenir à la même humanité, à la même époque. On se dépêche de changer de chaîne pour une moins parlante, plus jazz. Mais on sait qu'on est entouré, malgré soi imbibé de cette nausée. D'ailleurs, la radio anti-jazz, radio-un-pour-cent jazz, radio-Sinatra, radio-Nougaro s'empresse de vous le confirmer en diffusant les mêmes œuvres de Billie, les mêmes d'Ella, les mêmes de Nina Simone sempiternellement entre les mêmes sempiternelles "variétés" exécrables françaises qu'ils cherchent à désespérément promouvoir jazz pour le pire cauchemar du jazz. Comme si le jazz ne produisait pas assez de pépites pour occuper une vraie radio à elle dédiée sans jamais se répéter !! Le 1% de jazz consiste à la rabâche des mêmes six, sept morceaux d'authentique jazz, histoire de flanquer la nausée aux amateurs de jazz. Comment leur faire comprendre que c'est peine perdue de vouloir introniser du jazz français, du jazz juif, du jazz manouche ?? Mais c'est peine perdue. Tenter d'imposer Maalouf comme jazzman est aussi vain qu'avant lui des Chet Baker, Gil Evans ou autres Glenn Miller. La source du jazz n'est pas l'Afrique mais la douleur incommensurable subie par les Africains transplantés dans l'enfer juif USA. Le jazz ne s'acquiert pas. Mêmes les fumistes qui se fendent de films à grand tamtam se cassent les dents. Cooder et Wenders peuvent aller se rhabiller. Farka Touré est un musicien africain. Il n'est pas un jazzman. Il faut au jazz le double héritage de l'Afrique et des atrocités subies aux USA. Voilà pourquoi pendant que les "Occidentaux" s'échinent à vouloir diluer ce jazz qui tant les emmerde, aucun Africain actuel ne se réclame du jazz. C'est un respect et un hommage.

Lorsque, pour faire de la lèche -les journalistes français sont incapables de travailler autrement- la journaliste de RFI, tout sourire, sort à Will I Am que remplir à l'avance le stade de France pour trois concerts d'affilée, c'est exceptionnel et que seul Johnny Hallyday avait réussi à le faire, Will I Am, surpris, lui demande "Johnny who ??". La journaliste passe aussitôt à autre chose. La presse, pudique -et surtout bien mutique quand il faut, par une sorte de magie- s'abstiendra de tout commentaire.

Emprisonnés dans le carcan de la médiocrité française, respectueusement -pompeusement- baptisée "exception française", les Français vont aux concerts de "musique" française, écoutent la "chanson" française, lisent "français", écoutent "français", plébiscitent le "cinéma" et le "théâtre" français. Ils idolâtrent les "créateurs" français, les "artistes" français, lesquels, dès lors, parlent d'eux en termes de majesté sans chier la honte, se racontent précieusement devant les caméras et les radios des chaînes françaises qui n'ont, hélas, pas grand-chose d'autre à foutre, sur la pérennité de leur héritage dont les Français sont persuadés que l'humanité ne saurait se passer.

Docile, malléable à souhait, le Français achète français -c'est dur- parce que c'est ainsi qu'il lui est dit de faire et que cela lui paraît faire sens. Après, il s'habitue et devient encore plus idiot qu'avant. Et peut-être plus heureux finalement ?? Qui sait...

Les Français s'accommodent sans peine d'un vide gigantesque qui leur est une forme de bonheur collectif. Pour cela, je n'ai rien à leur reprocher car le bonheur est la recherche naturelle de toute personne. J'aurai simplement à déplorer ce bonheur les yeux fermés sur des barbaries.

A défaut de victoires, il se rabat sur l'immatériel. La cuisine française est la meilleure du monde. Le Français est le meilleur baiseur de la planète. Paris est la plus belle ville du monde. Paris est la capitale de la mode. L'avenue des Champs-Élysées est la plus belle du monde, avec ses deux, trois kilomètres à tout casser, alors que Sepulveda, à LA, fait plus de vingt-cinq miles, par exemple, quarante kilomètres. La tour Eiffel, haaa !! Et souvenez-vous que j'ai marché aussi. Comme tout le monde en France.

Peu soucieux de ce genre de trophée perte de temps, les touristes qui visitent la France laissent gracieusement croire aux Français que la tour du Maine est la plus haute du monde et que tous les pays du monde rêvent d'avoir la tour Eiffel. Par commisération et parce-que cela ne leur coûte rien. Parce-qu'ils voient briller cette lumière dans ses yeux. Conscients qu'il ne lui resterait plus rien s'ils lui enlevaient cette illusion. Aussi parce-que le leurre a fonctionné. À force de Coué, d'arrogance et de tartufferie, la France a réussi à se persuader et à persuader le monde qu'elle représente quelque chose d'important. Du coup, il est de bon ton de simuler que le vin français est le meilleur au monde et que la cuisine française est unique. Mais on ne pourra s'empêcher d'avoir un haut-le-cœur devant des cuisses de grenouilles ou des huitres crues, ces délices françaises, ou de carrément gerber aux andouillettes garnies de merde parfumée au caca.

Pendant ce temps, le Français, indécrottablement mouton et intensément stupide, se berce de l'illusion et regarde avec mépris le reste du monde.

La France est un pays de perdants dans tous les domaines que l'analyse globale autorise. Cette situation de "Fermez vos jolis yeux, les enfants, vous aurez des rêves d'or" se révèle un affreux enchainement, dont l'origine n'est plus discernable, qui abâtardit le Français. Le Français est ce qu'il appelle "un con".

Le Français est heureux en France.

Il peut y passer pour un humaniste, pour un humanitaire, pour un gentil.

Hé... Entre Français... Entre Français absolument inconscients de la manipulation dont ils sont l'objet et qu'ils imposent au monde.

Pendant longtemps, un canard français a donné l'impression d'être, réellement, non pas seulement indépendant mais désintéressé.

Ce journal a été poursuivi en justice par des cons à cause de minables caricatures importées d'un journal danois.

L'éditorialiste plein d'abnégation et d'esprit a été promu ailleurs, plus haut, par un président aux antipodes des valeurs qui semblaient les siennes. Cet homme s'est laissé acheter par le pire président français, le plus abject et ignorant et dénué de scrupules.

C'est à que je me suis rendu compte que la France éternelle n'est pas un mythe, qu'elle était bien là, avait toujours été là.

Croyez-vous un seul instant que les tondeurs de femmes à la Libération, aient été de braves Français libérateurs ??

Non, bien sûr. Il n'y en avait pas eu.

Les braves libérateurs étaient Africains, Asiatiques, et encore Africains, d'Amérique.

Les tondeurs et exécuteurs de trop d'assassinats en l'absence de tout danger étaient ceux qui collaboraient. Ils ne méritent aucune appellation autre que celle de misérables lâches.

Avec eux, il y a eu, dans une moindre mesure, ceux qui s'abstenaient de réagir. Parce-qu'ils avaient peur de représailles des deux côtés. Ceux-là, personne n'a le droit de les condamner.

La peur est un sentiment naturel, salvateur, utile. Il est normal qu'elle guide les hommes et les femmes lorsqu'il y a danger gravissime.

Notre nature est de nous préserver puisque, malgré nos philosophies, nous avons peur de l'après, de la mort, que nous soupçonnons, tous, de nous larguer dans le domaine de nos pires cauchemars.

Autant sont condamnables avec la plus grande sévérité morale ces résistants de la toute dernière heure qui constituent l'extrême écrasante majorité des Français en 44, autant est compréhensible, à force de temps qui passe, la lâcheté de ceux qui se sont juste tu. Sans participer à mises à mort tapageuses ni à dénonciations occultes.

Le Français est incapable d'apprendre à prononcer correctement tout autre langue. Les langues étrangères du Français sont les français belge et suisse dont il se moque à tire-larigot. Il bloque dès le québécois. Il n'arrive pas à prendre au sérieux ces formes du français, souvent moins éloignées des parlers provinciaux qu'il sait reconnaître. Parce-que le français du Français, tout comme son univers, n'excède pas une figure géométrique à six côtés.

La langue française est une langue en mourance, pas obsolète mais n'ayant jamais réellement existé. Sa structure archaïque est bien trop de bric et de broc pour une communication moderne, globale, et plus pour les Français que les autres locuteurs du français obligés, eux, d'en apprendre les plus obscures règles tandisqu'en France même, plus personne ne parle français. Ce d'autant mieux que le Français prenant pour acquis tout ce qui est édité ou énoncé à la radio et à la télévision, voyez ses références quant aux politiques et animateurs, sans même compter ce récent président qui ne pouvait ouvrir la bouche sans trébucher.

Un espèce est tellement usité par tout ce que la France compte d'animateurs, de politiques et de journalistes que cette masculinisation du terme deviendra probablement la règle des encyclopédistes. Pour l'instant, elle demeure une faute grave qu'aucun prof ne vous sanctionnera : ils ne savent pas non plus, en très grand nombre. **Une** espèce est en voie d'extinction. À l'image de la langue française.

Cet animateur d'une émission populaire quotidienne répète avec gourmandise, tous les jours, à une audience considérable des **c'est moins pire**, **à l'insu de son plein gré** et autres impuretés graves, s'en gargarisant avec volupté, persuadé de détenir le Graal. Pire est le superlatif de mauvais étendu à grave, il est également incorrect d'utiliser plus pire et moins pire. Diriez-vous c'est plus meilleur ??

De son plein gré est correct et s'oppose à **à son insu** ou **contraint et forcé**. **À l'insu de son plein gré** relève d'une construction échevelée qui mixe des contraires et qui, se voulant savante, se révèle une incorrection redondante et grotesque. Typiquement français. Déjà, des livres précipités sont sortis, savamment titrés : **X, roi à l'insu de son plein gré**... suivis d'édifiants articles dans des journaux respectés des Français tel (*adverbe, remplaçant comme. Il s'écrit correctement : une fille tel que toi*) Historia : **Louis Bonaparte, roi à l'insu de son plein gré.**

Dans le paragraphe précédent, il est urgent de signaler et souligner qu'il s'écrit bien des **Français tel**, **une fille tel**, **tel** étant, dans tous les cas un adverbe semblable à son double **ainsi**, donc invariable, et jamais, au grand jamais, l'adjectif que toulmonde croit.

Mais la décadence ne date pas que d'aujourd'hui, tant s'en faut. Elle démarre dès l'origine.

Ils écrivent, tous : **elle était toute seule** ou **oh, tu es toute belle**. Et personne jamais ne songe à s'insurger. Il suffit de légèrement transformer la phrase pour que la faute apparaisse à la lumière. Ecriraient-ils : **ils étaient tous seuls dans leur coin** ou **oh, vous êtes tous beaux** ?? Non, parce-que cela prend un autre sens. Et c'est cela qui est effarant. Ils ne réfléchissent simplement pas. Dans ces exemples, **tout** est un adverbe et, donc, invariable, comme **fort** *(belle)* ou **fin** *(prête)*

Dans la meilleure littérature, on lit partout **la femme la plus belle**, **les politiciens les plus corrompus**, **les aveux les plus doux**, etc., toutes formulations aussi familières qu'erronées. Le plus est une locution adverbiale à laquelle s'applique la règle des adverbes : l'invariabilité. Donc : la **femme le plus belle**, **les moments le plus doux, la passion le plus folle**, etc... La faute, vénielle en soi par rapport à ce qui vient, émane de l'ultra banalisation de celle infiniment plus grave consistant à systématiquement dissocier plus de son article pour le faire précéder de l'article correspondant au nom auquel se rapporte l'adjectif qui le suit. Mais **le plus** est toujours, irrémédiablement, invariable quel que soit le cas de figure et, quel que soit le cas de figure, **le** est toujours indissociable de **plus** dans l'usage de la locution. Il n'est aucune exception où l'on puisse dire ou écrire **la plus** ou **les plus**. Jamais.

Il se doit toujours dire et écrire **Le plus belle femme du monde** pour exprimer **la femme le plus belle** au monde.

La pérennité de la faute, sa durée dans le temps et sa fréquence ne l'absolvent pas plus qu'elles ne la rendent moins fautive. C'est aux Français et aux locuteurs du français qu'il incombe de s'habituer à ce qui ressemble à une formulation impropre et heurte l'oreille habituée à la faute puisqu'aussi bien il n'y a absolument rien qui puisse la faire remplacer par quelqu'autre formulation.

Et donc, toujours : **la fille le plus belle, les aveux le plus doux, les passions le plus folles**. On dit couramment, par exemple, **cette rue est la plus déserte du quartier** -pour **le plus déserte**- sans qu'aucun censeur ne songe à s'en émouvoir. La faute est rapidement restituée en modifiant légèrement la formulation. Diriez-vous : **cette rue est la plus souvent déserte** ??

Cela peut choquer, vu l'étendue et la durée incroyable de la très grande faute et son expansion dans la littérature, dans la presse, dans les films et tous supports d'expression sans que jamais académie ni personne s'en soit ému. Ce n'en est pas moins l'unique forme correcte. D'ailleurs ainsi expliquée, elle saute au bon sens et seuls des fumistes, se sentant humiliés, seront tentés de fustiger l'incontestable.

Elle est toute belle est une formulation tout autant inappropriée. Tout, ici étant un adverbe, il doit se dire **elle est tout belle**. D'ailleurs remplacez tout par fort et l'incorrection vous sautera à l'œil et à l'oreille. Il ne vous viendrait pas à l'idée de dire : **elle est forte belle**, n'est-ce pas ?? N'en déplaise aux français ignorants habitués à se vautrer dans l'inculture crasse, il est impossible d'allier correction et mauvaise habitude pour continuer à dire les si apparemment corrects **la plus belle femme, les plus belles femmes** à cause de l'extrême longévité de l'usage erronée. Non, la correction, la logique et le bon sens exigent qu'il soit dit :

> **-le plus belle femme** pour la femme le plus belle

> **-le plus belles femmes** pour les femmes le plus belles

> **-le plus belle des femmes** pour la femme le plus belle d'entre les femmes

> **-le plus belles des femmes** pour les femmes le plus belles d'entre les femmes.

L'habitude prise de la faute a beau faire paraître ces sons désagréables, incongrues et barbares, ils n'en sont pas moins l'expression de ce qui doit être dit et écrit. Et, pour être tout à fait clair, une fois réalisé sans mauvaise foi l'incorrection des formulations erronées, il est nettement plus harmonieux de dire **le plus belle femme** car on a intégré pleinement la signification de la locution adverbiale **le plus**.

L'ellipse du **le** n'est justifiée, exclusivement, que lorsqu'intervient un adjectif possessif, auquel cas, et uniquement dans ce cas, la première partie de la locution adverbiale cède le pas, la transformant en adverbe. Lors, on dira et écrira :

> **-ma plus belle robe**

> **-nos plus belles années**

> **-mon plus beau souvenir**

> **-vos plus doux moments**

> **leurs plus proches amis**

Alors, il s'agit de l'adverbe comparatif **plus** et non plus de la locution adverbiale superlative **le plus**, inébranlable. Intouchable.

Il va de soi que les règles qui s'appliquent à **le plus** s'appliquent concomitamment à **le moins**. Rappel nécessaire : **pire** , **meilleur** et **moindre** sont des adjectifs -ou des substantifs d'adjectifs- et, donc, s'accordent.

Pour en rester à ce qui me vient à l'esprit -et aussi parce-que l'exercice m'amuse follement- **ce sont** de braves gens est la pire (*attention : pire est un adjectif et, donc, s'accorde*) des tournures le plus fréquemment employées. **Ce** suivi du verbe être, quel que soit ce qui suit, celui-ci se conjugue automatiquement au singulier, ce étant l'unique sujet réel. Ainsi, le poivrot qui lance au troquet : c'est tous des cons, sans le savoir, dame le pion à tous les illustres qui ont écrit : ce sont de braves gens. Et il y' en a eu...

Á ce train d'inanité, il était plus conforme de carrément écrire et dire : **on étions, on sommes, on allons**, etc. puisque **on** remplace toujours **nous**, la première personne du pluriel.

À partir de ces postulats qui sont, nolens volens, ceux de la langue française, devront être corrigés tous les ouvrages de Voltaire, Rimbaud, Dumas, Hugo, Vaugelas, Molière, Verlaine, Villon, Césaire, Lamartine, Chateaubriand... des encyclopédistes, le Littré, le Larousse, les Robert, Bescherelle... et dissoute l'Académie française et le ministère de la Culture..

Mais nous n'en arriverons pas là. Le gadget OIF sera bientôt emporté par la crise. Les Africains ex francophones, de plus en plus à l'anglais, par obligation sinon lucidité, s'y mettront complètement et pourront enfin oublier les tares de la langue d'occupation subie pendant des siècles. Le français sera réduit à son état de simple dialecte bizarre partagé en France. Notez qu'en province, le français est toujours resté un patois et que l'arrogance du français s'arrête aux limites de la région parisienne, du parler parisien maniéré vomi -mais imité- par la province.

Avec son trop-plein de **j**, de **u** et ses **r** imprononçables par aucun locuteur non francophone depuis tout petit, la langue française regroupe une masse de handicaps que le maniérisme parisien amplifie au point de rendre parfaitement ridicules tous ceux qui ne se contentent pas de la parler simplement avec leur propre intonation. Ainsi, d'un animateur africain, d'une chaîne TV d'information, qui fait pitié à tortiller pour extraite de sa masse une voix fluette de nymphette parisienne -atroce !!- illustrant ainsi, hélas, le caractère outrancièrement déculturant de la Francophonie et de l'urgence qu'il y a à l'éradiquer.

A l'inverse, c'est un rare soulagement d'écouter l'élocution de ce commentateur football d'une radio parisienne, RFI, qui, lui, parle intelligiblement sans altérer sa voix ni faire des mimiques grotesques et associe la maîtrise de son sujet à l'humour. Pour lui, la langue est un outil dont il use pour communiquer et pas pour faire le pitre dans le but de complaire.

L'unique avenir possible de la langue française est aux Antilles où elle a été maîtrisée, métissée, ajoutée au melting pot des langues vivantes africaines et asiatiques pour faire partie d'une vraie langue nouvelle, vivante et s'améliorant, elle puisque le **r** handicapant y est naturellement rejeté par la glotte.

Notez que le cousin ennemi allemand partage la prononciation des r et des u mais l'allemand n'est pas réfractaire aux langues -quasiment tous les Allemands maîtrisent l'anglais- et, surtout, n'a pas été imposé à des centaines de millions d'Africains dont la malédiction du français est le principal handicap. Eux, se sont contentés d'exterminer les Hereros. C'était plus humain.

Des millions d'Africains ont été scolarisés avec l'idée qu'il fallait parler français comme les Parisiens (*là, le correcteur automatique m'ordonne d'écrire "parlé" à la place de "parler"*). C'est que le Français parlant "pointu" est impitoyable pour qui a le malheur d'étaler le moindre accent autre, demandez déjà aux authentiques locuteurs francophones que sont les Provençaux (*et ici de remplacer "a" par "à"*).

Ignorant que les Français authentiques, tout comme eux, roulent les r et que le français maniéré n'est que l'imitation ratée du parler germanique originel d'avant l'invasion romaine -notez que les Allemands parlent un langage naturel sans emphases ridicules- des millions d'Africains singent le parler parisien comme il leur a été imposé au lieu de se contenter de parler français correctement et intelligiblement comme, à l'heureux inverse, font les Africains anglophones, pareils en cela aux Asiatiques, Océaniens et autres Européens qui ont ainsi pu donner naissance à l'anglais USA, la seule langue de communication internationale viable. Voici pourquoi la mainmise du français sur les pays pauvres anciennement colonisés est un frein dramatique au moindre essor de ces pays, économiquement et culturellement vassalisés. Car il va falloir reprendre toute la littérature francophone d'Afrique dans une langue partagée par le plus grand nombre. Soyinka est prix Nobel depuis trente ans alors que, hors d'Afrique et des Antilles, personne ne lit Césaire. Son entrée au Panthéon laisse croire à une reconnaissance universelle alors qu'elle n'est qu'une mise en scène française. Tout comme, en 2002, celle de Dumas, décrétée par les journalistes et politiques ignorants, inintéressés, premier Noir en ce lieu où il rejoignait Félix Éboué. Mais Éboué, c'est vrai, avait puissamment sauvé la mise à la France quand il s'était agi de pourvoir en chair à canon pour faire bonne figure -de loin- face, si je puis dire, au nazi conquérant occupant son territoire.

La langue française est en mourance. Plus personne en France ne parle correctement français. L'OIF n'est rien d'autre qu'un sinistre avatar des réseaux Foccart, de sinistre mémoire pour l'Afrique.

Des millions d'écoliers africains ont dû se coltiner les livres de classe "Mamadou et Bineta" depuis qu'ils sont tout petits jusqu'à "Mamadou et Bineta" sont devenus grands, ce qui a occupé toute leur primo scolarité, en sachant parfaitement qu'à l'inverse de Mamadou, il n'existe pas de Bineta, prononcé *bi-neu-ta*. Mais l'envahisseur français, empêtré dans son incapacité à s'adapter à d'autres langues, a préféré adapter la langue locale au français. Incapable de lire *Binta* autrement qu'avec un é nasal, il a rajouté cet e incongru, choisissant d'aliéner l'enfant plutôt que de faire l'effort qui lui incombait. Ce travers demeure toujours en France où les originaires d'Afrique ont rarement leurs noms prononcés proprement. Ainsi, un Njaay deviendra *énnediaye*, un Ngom *énnegomme*, un Mbarki *émmebarki*. La dyslexie va au point qu'un Fall ou un Sarr de France -écritures pourtant originellement instituées par l'envahisseur français- verront leurs patronymes systématiquement orthographiés *Faal* et *Saar* –bizarrement plus conformes ainsi à leur prononciation mais ce n'est pas ce qui motive les Français- alors que les Français savent parfaitement dire il "fallait" et parler de la Sarre sans peine. Mais l'écriture d'une consonne double terminale, suivie de rien du tout les terrorise au point que, pour se rassurer et sans concertation aucune, ils s'empressent de doubler la voyelle du milieu et d'amputer une consonne pour retrouver leurs esprits, adoptant, sans le vouloir, la formulation correcte qu'ils n'avaient pas eu à l'esprit lorsqu'ils charcutaient les noms dans les terres volées.

En Afrique francophone, beaucoup de noms de famille –en réalité, quasiment tous- ont hérité de cette carence française. Ainsi, d'une tragédie toujours perpétuée faisant que les héritiers d'un nom se voient attribuer une orthographe qui ne le rend pas du tout. Il est toujours écrit Bathily un nom répandu en Afrique de l'Ouest qui se prononce *batchili*. A priori, le Français met un h dès que l'opportunité se présente à un nom africain, pour le mieux indigéniser sans doute, oubliant que cet alphabet est le sien et, en aucun cas, celui de l'indigène. D'où des Thioro, Thioune, Thiam, qui auraient très bien pu s'orthographier Tioro, Tiam, Tioune, malgré les multiples hérésies qui font que Thiam leur soit parfaitement lisible avec sa consonne terminale tandis qu'à Thioune, l'inutile e final devient indispensable. Habitué à écrire "tiare", "tiers", "moitié", pour obtenir les sons **tcha**, **tché**, le Français, déjà perturbé par le son **tcho** quasi impossible à écrire, la place étant prise par le son **sio** de portion, ratio, se trouve complètement déboussolé par le son **tchi** que ne donne pas la succession de deux i suivant t. D'où la persistance de ce Bathily, phonétiquement **batili** incongru, qui ne correspond au nom ni par l'intonation ni par la transcription, dans une Afrique où l'on ne touche pas aux noms de famille dont on a hérité.

Mais il y a pire encore. Dans certains pays ouestafricains, la Côte-d'Ivoire en tête, sous l'impulsion du pire sournois chef d'état africain totalement soumis aux intérêts de la France en Afrique et co-commanditaire, avec François Mitterrand, de l'assassinat de Thomas Sankara, les patronymes ont été entièrement francisés, métissés avec les intonations néandertaliennes inconnues en Afrique que sont les voyelles nasales *(in, on, an, un, en)*. Ainsi, Asiboi Dia devenu Félix Houphouët-Boigny, ses compatriotes du haut de l'échelle sociale se sont mis à s'appeler désormais Kablan au lieu de Khabalang, Duncan au lieu de Doungkhagne, Ajavon à la place de Adiabong, Konan pour Khouniang. Aipo devient Ahipeaud, Essi et Kessi deviennent Essy et Kessy avec un y svp... La liste honteuse, infamante, est, hélas, longue et déborde sur les pays francophones voisins. Voilà ce que donne l'acculturation forcenée du Français qui ne maitrise pas sa culture et veut à tout prix l'imposer pour, désespérément tenter de laisser une trace de conquérant dans l'Histoire. A côté, le Britannique tout aussi rapace et impitoyable passe pour un "esclavagiste modéré". Simplement parce-que lui ne courait pas derrière la gloire et le panache qu'il avait déjà en ridiculisant la France à maintes reprises sur les champs de bataille. Pour prendre ses richesses à l'Africain, il n'a pas eu besoin de trop faire étalage de psychopathie à grand spectacle en promenant le corps de Jeeri Joor Ndeela dévasté au bout de piques. Ndeela était juste un alibi pour témoigner de l'"intolérance" de la France face à l'esclavage soi-disant "aboli" récemment alors. Déshumaniser l'Africain n'intéressait pas autant les britanniques que les Français et les Belges puisque ce n'était pas nécessaire.

Le comportement des Français, en Afrique et partout où ils ont pu se glisser dans l'ombre des Britanniques, des Portugais, des Hollandais et des Espagnols, relève de la déficience mentale collective, du mépris et d'une volonté farouche de discriminer autant que de la médiocrité intellectuelle. Leur a profité l'incurie des dirigeants africains choisis, modelés et corrompus toujours soucieux de complaire à la France pour garantir leur pérennité et leurs milliards volés. Ce qui donne, entre autres, des noms de rue ahurissants toujours en vigueur dans les villes africaines, et dont aucun Français ne se souvient des récipiendaires.

En Gambie anglophone, Ndiaye s'écrit simplement **Njie** et donne une prononciation parfaite, respectée par l'envahisseur britannique mu par la rapacité et non par des rancœurs historiques.

Notez bien qu'en France, tous les intervenants, politiques, journalistes et autres, parviennent à énoncer "Ndjamena" correctement, sans problème apparent, sans crétineries **énnediaména**. C'est que la capitale du Tchad est fortement médiatisée et que tous les intervenants non français en prononçant normalement le nom, il était urgent de faire un effort pour ne pas ouvertement passer pour des amoindris.

La langue française sombrera avec le retrait de l'Afrique de l'enseignement du français. Or ce retrait est entamé. Le français, contrairement à l'anglais, l'espagnol ou le chinois, ne sert à rien. Le naufrage du français en France est un secret d'Etat de Polichinelle.

Plus personne ne parle français. On l'écrit encore moins. Comme toutes les langues mortes, son absence de maniabilité, sa lourdeur, ses multiples règles l'empêchent de survivre dans un monde en mouvement de plus en plus rapide. Internet n'admet pas le français. Tout comme l'économie.

Le langage SMS a créé un français plus accessible aux jeunes Français réfractaires au français. Seulement, ce français puise dans toutes les composantes réelles du peuple français, dans celles que la France officielle nie. Ce qu'elle n'y prend pas vient de... l'anglais. Citons quelques films, séries et émissions français récents :

-Bird People

-Modern Love

-Go Fast

-No Limit

-Switch

-MasterChef

-Sleepless Night

-France Five

-Amazing Race

-Flanders's Company

-Totally Spies

-Black Gold

-Team Galaxy

-22 Bullets

-The Prophecy

-Too Much Flesh

-Johnny Mad Dog

-Sleepless Night

-Damned

-Code Eternity

-Off Prime

-Happy Few

-Little White Lies

-Groove High

-Lazy Company

-Whatever Lola Wants

Sans oublier LOL (Laughing Out Loud au lieu de MDR, Mort De Rire, plus familier aux Français mais moins anglais).

Ce qui n'est pas d'eux dans cette liste est catalogué français sans vergogne dès lors qu'il est traduit en français. C'est le cas de nombreuses productions Disney.

C'est que le prestige international s'accommode mal de titres français, un titre français étant perçu comme l'annonce d'un bide automatique.

Voici à quoi se résume la "créativité" française débordante. Ils sont séduits par un titre, rencontré dans le journal, au détour d'une pub, presque toujours importé, qu'ils s'empressent d'adopter, œuvre sublime de leur vie. Ensuite, ils se démerdent, ennuyés, pour lui trouver un contenu à peu près plausible. Secondaire et fastidieux. Bien sûr, ça foire à tous les coups. Mais les subventions de l'État ont généreusement été au rendez-vous. Producteurs, réalisateurs, cabotins, intermédiaires de toutes sortes sont rémunérés au prorata des productions US qui, elles, rapportent, "prestige" de la France oblige. La pérennité de la médiocrité française est assurée par son autogestion. Mais qui s'en préoccupe ?? Pour cela, il faudrait bénéficier d'une once de clairvoyance et d'un zeste de courage.

Le journal "Sport Cérébral", censé proposer des compétitions ludiques à haute teneur culturelle, affirme péremptoirement, dans son n°4 d'octobre à décembre 2011, que l'Irlande a donné quatre Prix Nobel de littérature qui sont Oscar Wilde, James Joyce, Samuel Beckett et Seamus Heaney. Hélas, l'esbroufe française a poussé en avant les deux Irlandais le plus connus à travers le monde... à tort. Oscar Wilde et James Joyce n'ont jamais reçu aucun prix Nobel. D'ailleurs, le prix Nobel n'existait pas du temps de Wilde. Les deux réels récipiendaires occultés sont George Bernard Shaw et William Butler Yeats.

Dans le même journal pimpant, même numéro, même page, il est écrit, à propos du roman de Joyce "Ulysse" : "C'est la raison pour laquelle les Irlandais **revêtissent** des habits verts..." au lieu du simple **revêtent**, **revêtissent** étant un lointain imparfait du subjonctif.

Le Français fait semblant d'avoir une culture française alors qu'il n'y a PAS de culture française. Pas de cinéma français, pas de chanson française, pas de théâtre français, la langue française, trop étriquée et trop maniérée, ne s'accommodant d'aucun art vocal. Il n'y a même pas de sport français. Qu'heureusement, on peut compétir entre Français pour avoir des chances de gagner. Ou attendre que, de loin en loin, la fraternité occidentale leur fasse cadeau d'une coupe du monde de foot ou d'un oscar ou d'un prix Nobel, tous trophées qui ne trompent que qui veut bien être trompé. La liste des Nobel français, à l'exception de la Polonaise Maria Sklodowska, est grotesque. Celle des Nobel français de littérature est une farce. D'ailleurs, aucun Français ne saurait citer de mémoire trois Nobel français alors que l'institution Nobel a été très généreuse avec la France puisque, jusqu'en 2014, elle lui en a décerné 61. C'est un gadget inoffensif idéal pour offrir aux Français des titres ronflants qui ne mangent pas de pain.

Le Français est entretenu dans l'illusion qu'il est le meilleur en tout. Un Français pris à part pourra s'estimer relativement de bonne qualité mais ne remettra jamais en cause la réalité de la domination de ce peuple auquel il appartient.

Mais, pas con en cela parce-que cossard, le Français ne lit ni Racine ni Molière pas plus que Corneille, qui tant enquiquinent les écoliers francophones d'Afrique. Britannicus, je vous demande un peu !! Infliger ça à un môme et s'étonner qu'il se cache pour envoyer des texto à ses potes... à l'ère d'internet où y a si bon Google pour faire ses devoirs sans son cerveau... Mais bon, on leur offre le bac à la pelle compte non tenu de leurs résultats mais du décret que 80% des lycéens doivent l'obtenir, 100% moins les enfants d'immigrés.

Prestige oblige.

Exception française.

Dépourvu de repère, coupé de tout point de comparaison, le Français est moins arrogant -comme il est perçu- que persuadé d'être le nec plus ultra. Il est stupide de se laisser manipuler aussi outrancièrement sans jamais avoir le réflexe de larguer ses œillères.

Chez le Français, l'esprit grégaire l'emporte inlassablement sur l'esprit critique. Ainsi, il se réunira sans scrupule aucun pour faire la peau à un individu seul et désarmé. Cela se passe partout dans le monde ?? Certes, mais jamais dans des proportions qui produisent que la totalité d'un pays collabore avec l'ennemi au premier coup de fusil.

Il est une blague gentillette aux USA : "C'est quoi cent mille hommes avec les bras levés au ciel ??" Réponse : "L'armée française"

Moi, elle me fait marrer.

Elle vous ferait marrer aussi si vous ne ressentiez pas de la honte parce-que c'est vrai et que cela salope votre national nirvana.

Je parie qu'elle vous aurait fait rire si la réponse avait été : "L'armée belge", non ??

Ah !! Aussi. L'armée française et la police française sont très douées pour casser la gueule, à la lâche, à des gens qui l'ouvrent comme moi. Pour laver l'affront fait à l'"honneur" de la police ou de l'armée françaises.

Ça pourra me mettre hors d'état de parler ou d'écrire, me tuer, mais ça n'empêchera jamais la réalité de ce qui précède. Restaurer l'honneur de la police française, il faudrait déjà qu'elle existe et... Bon, laisse tomber. Pour cela, il faudrait précisément que ce bouquin, s'il paraît jamais, fasse réfléchir passé la minute de deuil, puisque le plus malhonnête des Français ne peut objectivement rien y trouver à redire fondamentalement. Mais les éditeurs français sont aussi français : leurs opinions personnelles sur la "grandeur de la France" l'emportent sur la valeur d'un témoignage sain. J'ai déjà eu droit à des "anti-français" par paquets et à un "anti-juif" assez curieux.

Français, vous êtes des veaux !!

Aux USA, les discriminations, les injustices sont le fait d'individus ou de groupes, lesquels, même composés d'élus, contreviennent à la loi ou la manipulent. Jamais de la loi qui, elle, est transparente.

A l'inverse de la France où n'importe quel flic ou magistrat possède d'emblée l'autorité pour en faire l'interprétation personnelle qui lui plait, laissant le justiciable lésé sans aucune ressource de recours s'il est noir ou pauvre ou sans soutien. Pire, s'il est noir, pauvre et sans soutien, ce qui est quasiment toujours le cas. Vous êtes victime de brutalités policières et désirez déposer plainte, un policier dissimulé derrière une porte qui a n'a pas perdu une miette de vos propos avec son collègue jouant très mal le bad cop, surgit comme un diable d'une boite et se met à hurler "Non, on ne porte pas plainte contre la police, sinon on vous garde". C'est celui qui vous a violemment malmené toute la nuit. Après des heures en cellule merdique –au sens propre- déprimante, vous êtes cassé. Plus rien ne compte plus pour vous que d'aller prendre une douche et enfin dormir et ils le savent. Un patron de café vous sort qu'il ne sert pas les "Noirs" devant plusieurs témoins. Vous gardez à grand peine votre sang-froid et décidez d'aller porter plainte au commissariat tout proche. Après vous avoir bien exprimé son mépris en vous ignorant autant qu'il peut, l'agent vous sort : "Mais s'il ne veut pas te servir, pourquoi ne vas-tu pas boire dans un autre café ?" qui vous fait oublier toutes vos bonnes résolutions. "D'abord, ne me tutoyez pas. Lorsque j'aurai besoin de conseils, je viendrai vous voir mais pour l'instant, il s'agit de bouger votre gros cul et d'aller faire votre job !!

—Attention à ce que tu dis, petit

—Vous ne me faites pas peur ; Et puis d'abord, ne me tutoyez pas. Qu'est-ce que vous croyez ?? J'ai les mains propres, moi

—On dit ça. Regarde (il pioche sous son comptoir et en ressort deux sachets), c'est de la drogue. Si j'en mets deux dans tes poches et déclare que tu les avais sur toi en entrant, je suis assermenté, et ta vie est foutue. Va boire ton verre dans un autre bar"

Tu te retrouves dans la rue, des larmes d'impuissance plein les yeux. Mais ce n'est pas encore le pire. Plus tard, au troquet, tu en parles avec tes amis et vous aux gémonies ce pays de merde ou l'on peut te traiter ainsi sans aucune porte de sortie. Mais tes amis te parlent de malchance, de mauvaise carte, il ne faut pas exagérer, tu tombes dans la parano, là. Plus tard, chacun d'entre les Africains présents viendra te trouver pour te tenir à peu près le même propos : "Bien sûr que t'as raison, c'est des fils de pute de la pire espèce, tous. Et bien sûr que ça m'est arrivé mille fois. Ça nous est tous arrivé.

—Mais pourquoi tu t'es défilé tout à l'heure alors ??

Gène palpable.

—Parce-que ces choses-là, il ne faut pas en parler en public, ça ne sert à rien.

—Mais ça aurait servi à fermer la gueule de ceux qui me traitaient parano

Ces gens ont fini par assimiler la maltraitance comme faisant partie d'une forme de contrat avec la France. Ils ne ressentent plus d'amertume à être maltraités mais seulement de la honte à ce que ça soit public dans leur communauté. Ils ont renoncé.

En France, la démocratie, il est bon que les Africains le comprennent, est exclusivement réservée aux Français dits de souche et aux Occidentaux. Les magistrats et les flics se solidarisent toujours de leurs collègues lorsqu'il est question de personnes en état de faiblesse. La loi y est flexible. Coupable, on passe à travers si l'on est riche, puissant ou assisté par les riches et puissants. Innocent, on trinque si on est lambda. Les pires crimes impunis viennent des plus hauts sommets de l'État ainsi que le montre à foison ce quinquennat 2007-2012.

Le président de cette période, en dehors d'être d'une inculture et d'une incompétence telles qu'il est parfaitement légitime de douter qu'il ait pu avoir obtenu par une voie normale le moindre diplôme médian, un baccalauréat, encore moins un diplôme d'avocat, est clairement, selon tous les éléments dont le citoyen français peut disposer, au cœur d'au moins une histoire de détournement de plusieurs milliards liée à des rétrocommissions sur des ventes d'armes, affaire dont est comptable un ex-Premier ministre qui se la joue honorable. En France, c'est possible.

Le précédent président, bourré de casseroles de même nature, a dû feindre aux yeux de tous les Français qui savent si bien fermer les yeux, un Alzheimer tombé à point, pour éviter l'opprobre de la prison. Ainsi que dit précédemment, il a été condamné avec sursis. Les politiques -dont le candidat dit "socialiste"- et la presse se sont empressés de manifester leur compassion. Selon eux, après toutes ces années, la justice aurait pu être plus clémente. Et c'est officiel !! Monsieur Moitoiret, lui, reconnu mentalement irresponsable, est condamné quand même pour complaire aux masses françaises vengeresses qui ne comprennent rien mais qui votent pour la sécurité de leurs enfants.

Dans le même temps, Monsieur Breivik, citoyen norvégien

qui a tué des dizaines et des dizaines de personnes dans des conditions effroyables, reconnu irresponsable par l'autorité médicale, ira en hôpital psychiatrique.

Comme il se doit.

Car la loi doit être une et égale. Et non pas, comme en France, une loi au coup par coup. Seuls les faibles, les ignorés de tous, trinquent en France. Je pense singulièrement aux femmes concentrées en zones d'expulsion du territoire, ou quel que soit le nom donné à ces camps de concentration, avec leurs enfants en très bas âge, aux Roms que même la Gauche française s'emploie à persécuter pareillement que ses prédécesseurs et qu'aucune voix audible ne défend, aux femmes violées, partouzées pendant des années que la justice méprise et ridiculise.

CE N'EST PAS JUSTE !!!!!!!!!!!!!!!!!!!!!!!!!!!!

Je me fiche que vous le sachiez tous, qui les maintenez plus bas que larves, qui savez sans rien faire. C'est quelques larmes en moins.

Mes provisions de larmes en France sont inépuisables.

Le Français s'imagine benoîtement que tout ceci relève d'un pet mal arrivé qui va s'estomper, complètement oublieux que le reste du monde, lui, ferme les yeux uniquement par méconnaissance ou commisération pour ce pays qui est si pauvre en raisons de se tenir droit et qui, tous comptes faits, se révèle largement productif en matière d'ostracisme et de xénophobie.

Un exemple simple :

Multigénocidaire en Afrique, la France donne des leçons de morale à la Turquie à propos du massacre des Arméniens en 1915. La leçon n'aurait pas manqué de panache si la France n'avait toutes ces poutres dans les yeux. Et si la proximité de l'élection présidentielle n'en était pas l'unique raison.

Dans la même veine, il est d'une hypocrisie sans borne, d'une hypocrisie tout française, de prétendre et perpétuer la légende selon laquelle la France a été courageuse en disant "non" à l'offensive américaine en Irak en 2003. Après la pire attaque subie par les USA le 11 septembre 2001.

Il est mesquin et vil de tourner le dos à celui qui, par deux fois dans une période datant de moins d'un siècle aujourd'hui, a franchi l'Atlantique avec troupes, matériel et équipement pour vous sauver la mise. Cette farce ne fonctionne qu'en France, pour les raisons qui motivent cet ouvrage. Ce qui a guidé la France, avec son chevalier flamboyant à la tribune de l'Onu, c'est, comme d'habitude, uniquement les chocottes, la trouille verte des attentats dont la vague des années 80 n'est pas encore estompée, la bonne vieille lâcheté qui jalonne son histoire, qui peut causer un sauve-qui-peut général de l'électeur vers des partis plus sédentaires.

On me dira "anti-français". On me l'a déjà dit tellement de fois.

D'emblée et sans argumentation honnête.

Je viens pile de penser que si j'écris ce truc, c'est peut-être aussi à force de m'être entendu rétorquer par des amis, que je tenais très fort dans mon cœur, que je suis anti-français, alors que j'émettais des critiques sur la France en me sentant en droit de le faire. Sans jamais exagérer ni user des mots que mon dégoût actuel m'inspire.

Qu'il soit bien clair que je ne suis pas Français, ne l'ai jamais été, un bout de papier accepté –parce-que proposé- dans le but d'éviter les innombrables contrôles policiers au faciès et, surtout parce-qu'il ne me sépare pas de ma nationalité originelle. Cette nationalité ne m'a jamais servi à strictement rien. Vous allez voir qu'un nouveau décret sera vite mis sur pied pour, d'une manière ou d'une autre, me dénationaliser officiellement et, encore mieux, me condamner à mort à vie par un de ces amendements exceptionnels si courants en France... Mais je me contrefiche des drapeaux et des hymnes !! Si j'étais citoyen US, j'adorerais le drapeau et l'hymne US. Parce-qu'aux USA, ils ne servent pas de couilles mais de point de consensus pour tous les Américains, qu'ils s'aiment ou se haïssent, ce peuple fait de portions de tous les peuples du monde. Sans doute aussi parce-que j'ignore tout de la genèse de ce flambeau.

Donc, je serai catalogué "mauvais Français" et "anti-français" à priori. Ce dont je m'accommode très volontiers car, pour que ce soit bien clair :

JE NE SUIS PAS FRANÇAIS !!

La vérité me suffit comme patrie qui vaille la peine que je me batte.

La mienne, de vérité.

Parce-qu'elle est honnête.

Sans parti pris.

Très éloignée des contrevérités des voyous et assassins qui gouvernent ce pays et de la cohorte des Français qui se font mener comme moutons par Panurge vers le seul but qu'ils tiennent en considération : l'urne qui ratifiera leur toute puissance par-delà les Français... et les vassaux de la France que sont les "responsables" africains. Y compris ceux des îles hors d'Afrique, les très belles Indes occidentales, les Antilles.

Si les USA sont mon choix systématique en matière de comparaison avec l'extrême nullité de la France en tous domaines pouvant donner à prestige ou justice, c'est que, si l'Occident riche est tout entier en retrait des progrès que procure l'acceptation des avancements bénéfiques et, par ailleurs, impossibles à juguler d'une vraie mondialisation qui oserait enfin dire son nom -c'est à dire clairement non pas avec seulement, et par étapes, lorsqu'on ne peut plus faire autrement, les moins sombres de peau possible auxquels, lorsqu'il sera impossible de faire autrement, succéderont les moins sombres parmi les restants, lesquels sont toujours au plus profond du gouffre et que l'on fabrique ainsi pour détester, mépriser ceux qui les suivent- c'est que mon sujet, la France, est indécrottablement l'unique pays à perpétuer, vaille que vaille, dans sa population, une ségrégation sournoise, quotidienne, qui tient à la gorge tous les Français, d'une manière ou d'une autre, vis à vis des personnes dont la France a colonisé les régions d'origine.

Putain, je viens sans doute d'écrire la phrase le plus longue et tarabiscotée de toute la littérature.

L'histoire de France, telle que chacun peut la connaître, démarre et se perpétue avec des défaites et des occupations.

A l'origine, les ancêtres des Français étaient des germaniques, du groupe des Francs -qui continuent de vivre en Allemagne et s'appellent toujours... les Francs, à côté des Souabes et autres composants de l'Allemagne actuelle mais cela, les Français l'ignorent soigneusement par travestissement multiséculaire de leur histoire réelle- rejetés par leurs tribus et qui se sont regroupés par communauté de rejet. Avaient-ils manqué d'ardeur aux combats ?? Toujours est-il que, du fait de l'occupation romaine, saxon et latin ont dû se mélanger et donner naissance à ce baragouin bâtard imprononçable lorsqu'on n'a pas été francophone depuis l'enfance.

Certains historiens français tentent timidement de retracer une histoire de France crédible. Hélas, dès qu'ils se heurtent aux réalités dénuées de toute luminosité factice, honnêtes, ils abandonnent. C'est leur manière de ne pas participer à la tricherie. En France, on bat beaucoup de bruit. Si on s'y abstenait des énormités pour une gloire indue, inexistante, la France pourrait être surprise de se découvrir autrement grande et prestigieuse en s'acceptant, sans atouts en toc.

A la différence de la France, l'Allemagne, qui a vécu deux défaites face à des coalitions mondiales, s'est reconstruite sans jamais chercher à défendre l'indéfendable qui l'a menée à ces humiliations. La pire d'entre elles découle directement du revanchardisme français qui lui a imposé des conditions démoniaques au traité de Versailles. Des conditions imposées avec une haine et une férocité qui voulaient faire oublier toute l'histoire réelle de la France, cette France oublieuse qu'elle n'était vainqueur que par procuration.

Cette férocité donna le nazisme et la seconde guerre mondiale.

L'Allemagne, grâce à son travail propre, est depuis devenue l'unique locomotive de l'Union européenne où les Britanniques ont choisi de n'avoir qu'un pied.

Elle a accepté d'être au second plan pendant qu'une France avide de gloire se mettait au premier plan.

Aujourd'hui, même si ce n'est pas encore dit, tout le monde sait que le véritable et unique moteur de l'Europe est l'Allemagne et que, sans elle, il n'y a plus ni euro ni Europe.

Sans se mettre au premier rang ni trop en faire, elle impose des saines règles de santé financière. Qu'aussitôt, la France et d'autres pays d'Europe qui ont longtemps dépendu d'elle sans que leurs peuples s'en doutent, redeviennent mesquins et se mettent à vociférer au nazisme, traitant Madame Merkel d'Hitler.

This is unfair. I feel ashamed.

Parce-qu'enfin, à qui l'on ment ??

Ce n'est même pas que Mme Merkel soit nécessairement meilleure que quiconque. Simplement, l'intelligence politique du moment lui dicte l'équité qui sert son pays.

Tout le monde sait que la note AAA de la France est artificiellement maintenue. Tout comme sa place au Conseil de sécurité. Mais les "économistes" français, naturellement chauvins, s'abstiennent soigneusement de pointer le doigt dessus : ils sont français. Tout comme l'analyse de l'ego français est exclue des manuels français de psychologie.

Et quel Français lambda sait que, comme je le dis précédemment, la dernière traite des réparations de guerre vient d'être réglée par l'Allemagne de Mme Merkel en 2010 !! Soixante-quinze ans après la fin de la guerre !! Malgré l'Europe !! Ce qui n'a pas empêché une Allemagne globalement honnête de dominer toutes les économies européennes sans jamais avoir recours à la spoliation d'autrui pendant que la France se paraît des plumes du paon.

Chapeau !!

La France fonctionne à l'esbroufe. Enlevez l'Afrique, ne serait-ce que depuis 1960, et la France actuelle se retrouve au niveau du Kazakhstan septentrional ou pire, si toutefois, elle continue d'exister.

L'Afrique ayant, nolens volens, servi plus que généreusement de vache à lait pour assurer à la France un rang parmi les puissances économiques qui, elles, tiraient le leur de leur production économique propre, il fallait à la France se donner une stature qui la rapprochât de la Grande-Bretagne, creuser l'écart avec l'Italie et, surtout, l'Allemagne. La Francophonie remplacera la Communauté. Elle a pour but d'assurer la pérennité de la langue française. Notez que les locuteurs anglophones, lusophones ou hispanophones n'ont jamais ressenti la moindre pulsion à créer des organisations internationales de l'anglophonie, de la lusophonie ou de l'hispanophonie. D'ailleurs, ces mots n'existent même pas, je viens de les créer et les répudie dès cette phrase.

Une partie de l'argent volé à l'Afrique va dans les caisses des partis et enrichit à milliards des hommes politiques depuis le président Chirac, obligé de simuler la sénilité pour échapper à la prison et condamné quand même avec sursis pour complaire aux populations (ces gens se foutent d'un sursis qui est synonyme de liberté chérie), jusqu'aux gouvernants actuels empêtrés dans des affaires africaines sur lesquelles personne ne semble vouloir réellement faire la lumière. Faut dire que tout ce monde de voyous de la République se tient par la barbichette, clans contre clans dans ce qui s'appelle "droite", et ce qui s'appelle "droite" contre ce qui s'appelle "gauche".

Tout le monde sait. Certains disent. Mais ceux qui disent ne franchissent jamais certaines limites.

La France est un pays de collaboration collective instinctive. Humainement, ce n'est pas une tare. Bien au contraire, essayer de sauver sa peau relève d'une intelligence salutaire. C'est de se parer des plumes du paon une fois le danger écarté qui est minable. C'est de parer son refus de participer à la Guerre du Golfe d'humaines considérations alors que seule la pétoche, la peur de représailles terroristes le motive, alors que, dans le même temps, on massacre allègrement des innocents en Côte d'Ivoire au nom de la grandeur de la France comme on a massacré partout en Afrique francophone pour profiter d'États affaiblis par leur lien avec la France qui les vampirise.

Comme j'ai eu à le dire précédemment, on ne tourne pas le dos à ceux qui se sont levés par deux fois dans le même siècle pour vous tirer d'affaire et vous rendre une dignité. C'est indigne, malsain, inexcusable. Alors qu'au lieu de jouer grandiloquent pour cacher la merde au chat, il était possible d'assumer sa décision en en expliquant les vraies raisons. Car, pour quelque raison réelle que l'on évoque, il est une dialectique propre à la rendre explicite.

Ce n'est donc pas d'une réaction bénéfique, humaine, dictée par le bon sens qui est souvent l'inverse du courage, dont il s'agit. Il s'agit de lâcheté collective constatée à de multiples reprises.

Il est question de cette effroyable propension française à composer avec l'adversaire, quel qu'il soit, pour, sitôt tout danger passé, se proclamer commun Superman et profiter de ce que les autres s'en foutent -voire, sont attendris- pour effacer l'histoire réelle et la toute réécrire en des termes sidérants de trafic d'histoire qui marchent à mort avec les Français et leur font croire qu'ils sont la puissance absolue et les gens dont tout le monde hors de France est jaloux à se flinguer.

Les Français sont très facilement, agréablement, autistes.

Les media y font ce qu'il faut pour complaire aux pouvoirs -ça, c''est tellement automatique et lèche-pompes que c'en serait amusant si c'en était pas autant sinistre.

Lorsque, d'aventure, il arrive qu'ils réagissent, c'est automatiquement pour complaire à des groupes influents, susceptibles de devenir le Pouvoir. Ou de le faire, ce qui, pour eux, revient au même. Voilà pourquoi nulle innovation intellectuelle n'est possible en France : il faudrait prendre le risque de déplaire à tous les camps, ce qui est simplement inimaginable en France pour la principale raison précitée.

Je me fiche de savoir que la police, l'armée et n'importe quelles forces protégées chargées de torturer et de tuer des personnes qui ne leur ont rien fait personnellement, vis à vis desquelles elles n'ont aucune raison d'éprouver cette haine et ce besoin de les massacrer, de les humilier, sont considérées comme nécessaires par la démocratie.

Il faut, impérieusement, un code établi de manière à ce que les uns et les autres sachent profondément qu'ils sont égaux, qu'ils se doivent un mutuel respect.

Sinon, je ne serai jamais le seul à détester de toutes mes forces les flics, les militaires et les matons, mais je serais le seul, s'il faut qu'il n'y en ait qu'un seul, à le revendiquer.

Aux USA et dans les pays réellement démocratiques, les lois sont appliquées à chacun de la même manière. C'est même le fondement d'une démocratie. Cela cause des mécontentements mais la loi, malgré le -ou grâce au- cheminement historique des USA, y a force de loi. Absolue. En France, la loi est malléable à volonté selon tous les exécrables stéréotypes dont je n'aurais jamais le temps de parler en une fois. La frontière entre la justice et l'arbitraire est inexistante. Les juges s'acoquinent, sans s'en cacher, avec les tenants de l'exécutif jusqu'aux plus hauts niveaux. Tous les présidents de la Vème République jusqu'en 2012 ont eu des comportements incompatibles avec le respect de la loi ou la simple morale.

Et la France est le pire pays au monde pour la transmission du fait historique : il est systématiquement déformé pour la mettre en valeur en dépit de toute crédibilité. Mais soixante millions d'autistes s'empressent d'acheter.

La démocratie induit le droit de s'habiller comme on veut, d'être barbu ou imberbe, de se voiler ou de se balader tête nue, d'exprimer librement ses idées et son opinion, de lever la main pour saluer SS, d'appartenir au KKK, de se marier entre femmes ou entre hommes consentants. Ces droits sont valables pour tout le monde.

Absolument tout le monde, y compris, pour ceux qui ne sont pas d'accord, le droit de créer ou d'intégrer des structures opposées.

En France, on viole allègrement la Constitution plusieurs fois par jour en instaurant de nouvelles règles au cas par cas. Tel ministre de l'intérieur décrète une politique du chiffre -en clair, il faut qu'il y ait un maximum de gardes à vue toutes plus arbitraires les unes que les autres pour pallier à la carence de la police qui n'arrive pas à choper assez de vrais criminels- qu'aussitôt la police s'acharne sur tout ce qui est noir, maghrébin ou banlieusard. Ils ne vont pas risquer de se faire taper sur les doigts en fouillant les beaux quartiers au risque de tomber sur le fils d'une huile, n'est-ce pas ??

Le tribunal, lorsqu'il ne juge pas au faciès, juge au pathos. Si le président vous a à la bonne, il ne se gênera pas pour étaler son parti-pris. Qu'est-ce qu'il risque ?? Il est méprisant ou bonhomme, rarement juste.

Même les simples flics, pourtant interdits de grève et de manifs me semble-t-il, s'affranchissent de ces obligations pour imposer à la justice ce qu'ils veulent. Voici un compte rendu significatif :

Journal Métro, 02/11/2011 : "Sept policiers condamnés, fin 2010 à Bobigny *(Seine-Saint-Denis)* pour avoir menti et accusé un homme d'avoir blessé l'un d'entre eux, seront rejugés par la Cour d'appel de Paris. Le 9 septembre, à Aulnay-sous-Bois, un policier avait été percuté par une voiture lors d'une course poursuite. Lui et ses collègues avaient mis en cause un homme innocent, le fonctionnaire ayant en réalité été blessé par un autre policier. Le 10 septembre 2010, les sept policiers avaient écopé de peines allant de six mois à un an de prison ferme. Ce jugement en première instance avait suscité la colère des syndicats de police qui avaient manifesté devant le tribunal de Bobigny"

Journal Métro, 16/12/2011 : "Ils avaient accusé à tort un conducteur d'avoir blessé un de leurs collègues. Sept policiers ont vu la Cour d'appel de Paris transformer hier les peines de prison ferme infligées en première instance. Les prévenus avaient d'abord écopé de 6 à 12 mois de prison ferme. Ils écopent finalement de 6 à 18 mois d'emprisonnement avec sursis" soit, en clair, de la liberté et de l'impunité. Dans un tel contexte, imaginez ce que peut être l'enfer des éternels boucs émissaires. Particulièrement de ceux, apeurés, qui font profil bas tous les jours au mépris de leur propre dignité. Ceux-là sont légions en France.

De simples flics ont réussi à imposer leur loi à la justice française juste en roulant les mécaniques, certains que jamais aucun ministre de l'Intérieur ne leur a fait défaut lorsqu'ils avaient fauté. Voilà la démocratie française.

La démocratie cesse d'être chaque fois que les élus cessent d'être de simples exécutants de la volonté du peuple électeur auquel ils doivent des comptes et se comportent en souverains et maîtres de cet unique souverain. La France est régalienne. Le moindre élu s'y croit issu de la cuisse de Jupiter.

Il n'y a aucune raison, mais absolument aucune, de traiter le peuple -qui vote- en gamin immature ni de décider et d'exécuter des opérations douteuses sans son approbation dûment signifiée de manière démocratique.

François Hollande a décidé de changer les règles dans le bon sens. En a-t'il réellement a la volonté ou y est-il acculé ?? Ira-t'il plus loin que ceux qui l'ont précédé ?? Bonne chance !! Il peut profiter de l'inévitable naufrage de la France faute à la mondialisation qui a explosé sa toute-puissance par la corruption et le déni des conventions internationales et de toute morale en Afrique. Moody's vient de retirer la note AAA à la France comme précédemment avait fait Standard and Poor's. Privé des opportunités de ses prédécesseurs, autant jouer la vertu pour laver, sinon l'image de la France, du moins la sienne.

L'homophobie institutionnelle est l'une des pires manifestations du fascisme.

Là, si ça se trouve, c'est moi qui ne comprends pas. À la limite, ça vaudrait mieux parce-que ce serait trop dommage que tant de gens soient des salauds et des assassins à travers le monde vis à vis d'autres personnes qui ne leur font aucun mal. Ça, oui : j'ai du mal à comprendre. Une totale impossibilité à comprendre.

CAR, ENFIN, DE QUOI DE LOGIQUE, DE SENSÉ, DE FONDÉ, QUICONQUE POURRAIT SE PRÉVALOIR POUR EMPÊCHER DE VIVRE EN PAIX, AVEC LES MÊMES DROITS QUE TOUTES LES AUTRES PERSONNES, DEUX PERSONNES DU MÊME SEXE ??

La France, à cet égard, en cette année 2012 d'élection présidentielle, reste dans le droit fil de son histoire réelle : on empêche tant qu'on peut changer et on jure de changer quand l'échéance approche et qu'on tape, mendie, à tout va. Même Français, lorsque c'est aussi clair....... Non, ça marche pas : l'électeur français est lâche en plus d'être stupide. A moins que lâche parce-que stupide, mais cette version, j'y crois pas. Elle comporte une dose d'intelligence lucide que les Français auraient revendiquée.

En cette précise période, il est mis en question la nécessité de rendre anonymes les votes des élus pour les présidentiables, de manière à ce que le parti d'extrême-droite visible puisse avoir les voix que ses scores lui signifient. Certains -de tous camps- vont jusqu'à suggérer l'anonymat des signataires pour les candidats. C'est très vite oublier que la règle juste est valable pour tous : que les élus votant pour la réelle France profonde aient le courage d'assumer leur position.

Mais, en France, il est d'usage de prendre à contrepied les règles établies, qui étaient admises par tous, dès lors que ça peut gêner aux entournures un adversaire. Aujourd'hui, un imbécile proclame, élections proches, stupidités sur stupidités qui font honte à écrire, ne serait-ce que pour transcrire la réalité. Personne, en France, n'a assez de couilles pour dire clairement, intelligiblement : Stop, cette merde, je ne la cautionne pas !!

C'est que tous les candidats au gâteau présidentiel considèrent qu'ils concourent effectivement pour un gâteau.

L'une des pires spécialités infamantes de la France est la délation. Cet aspect naturel de la délation pour cette absolue sécurité que tant qu'elle est couverte par une autorité, personne n'osera s'en offenser.

Des centaines de milliers de lettres de dénonciation pour la seule période 1940 – 1944. Et lorsque les Français reconnaissent des "centaines de milliers", il est plausible qu'il s'agisse de "millions" car tout ce qui se dit officiellement en France est sujet à caution puisque la France triche perpétuellement pour entretenir l'illusion d'une grandeur française.

Parlons de l'Occupation nazie. Ce chapitre pourrait s'intituler sobrement :

Tous collabos !!

Tellement tous que s'ils étaient publiquement reconnus comme tels, il n'y aurait plus personne à célébrer de toute la guerre puisqu'il est hors de question de célébrer les tirailleurs sénégalais dont la statue érigée à Rennes dans la ferveur de l'action, n'a pas été reconstruite.

Souvenez-vous trente ans plus tôt, en 1914, le général Nivelle au Chemin des Dames : "Ne ménagez pas le sang noir si vous voulez que la race blanche subsiste en France". Toute trace de la harangue de Nivelle a disparu complétement de Wikipédia France désormais, qui le présente comme un officier arrogant enterré aux Invalides après un discours d'André Maginot, ministre de la Guerre.

On a retenu Céline, Drieu et Brasillach. Mais quid de Maurice Couve de Murville, Premier ministre français, Chaban-Delmas, Premier ministre français, René Bousquet, Maurice Papon, Guitry, Cocteau, Trénet, Chevalier, Mistinguett, Arletty, Tino Rossi, Coco Chanel, Léon-Paul Fargue, Serge Lifar, Kees Van Dongen, Marcel Jouhandeau, Maillol, Maurice Tourneur, Fernandel, Pierre Fresnay, Louis Jouvet, Christian-Jaque, Raymond Souplex (bon sang, mais c'est bien sûr), André Cayatte, Raimu, Sartre et Beauvoir, Duras, Viviane Romance, Danielle Darrieux, Edwige Feuillère, Suzy

Delair, Clouzot, Autant-Lara, Decoin, tous ceux qu'on vous a généreusement appris à admirer... Tous collabos !! Ceux-là et bien d'autres qui ne me viennent pas à l'esprit : tous compromis !!

La Résistance ?? Moins que zéro pour cent de Français dits de souche si l'on excepte une poignée de communistes. Chaban, "général" à 35 ans, mythifié par le cinéma français ?? Voyez collabos. De Gaulle savait de quoi il parlait, revenu de son cottage anglais : "Les Français de souche n'ont pas suffisamment participé à la Libération" lui-même ayant été accueilli à Paris par le responsable de la Résistance dans la capitale, un Nègre du 13ème arrondissement dont le nom a disparu mais les photos existent. J'en ai vu publiées par mégarde, probablement, dans un périodique. Pardi, des milliers de d'Africains, évadés des camps, aux premières loges dans tous les lieux où la France métropolitaine a résisté. Peut-être les Français rendront-ils un jour un hommage mérité à Haadi Ba, ce Guinéen qui tint tête aux Nazis pendant que les Français ne le faisaient pas et en mourut pour l'honneur de la France.

A la Libération, l'image du soldat Banania représentait un hommage rendu par les enfants de France au vrai brave venu de si loin pour les sauver. Plein d'autres images le représentaient avec les enfants qui lui disaient merci. Mais avec le temps, lorsque les Français furent confortés dans l'idée que les nazis étaient bien définitivement partis, le vaillant soldat sauveur de la France est devenu l'emblème de la discrimination française, le symbole du Noir méprisé, le nouveau faible à haïr. La France, "mère des arts, des armes et des lois" est si juste.

Cette émission, La Guerre des Images, sur ARTE, est, en ce qui concerne la guerre grosso-modo entre Allemands et Français blancs, une bonne source de la réalité des mensonges de l'époque. Seule la France, soixante-dix ans après, s'obstine à tenir pour réalité ces trucages depuis longtemps démystifiées par tout le monde. C'est d'un acharnement terrible !! D'une volonté collective d'aveuglement extraordinaire !!

L'histoire de France ne chie pas la honte. De tous temps. Charlemagne, Clovis ?? Importés d'Allemagne. Germains. Jeanne d'Arc ?? Allons donc. La France n'ayant aucun bagage historique décent, les Français ont puisé sans vergogne dans l'histoire d'autres peuples pour se composer un passé glorieux. Ils ont agrandi à d'incroyables proportions et embelli des peccadilles et des légendes et, surtout, ils ont planifié d'innombrables mensonges. Bravo, Michelet !! Les Allemands et les Anglais le savent parfaitement et ne disent rien. Par pitié et parce-qu'ils s'en moquent. Eux, ont leurs propres ascendances bien vérifiables, avec les bons et les moins bons côtés. J'imagine que certains Français aussi, venu un certain âge, savent parfaitement à quoi s'en tenir mais, pourvu que le statu quo demeure, même si tout le monde fait semblant, ça leur va. A la longue, lorsque tout le monde aura oublié, leurs mythes finiront par devenir réalités. Pourvu qu'ils puissent tranquillement imposer leur version aux peuples d'Afrique que leur ont abandonnés les États-Unis, les Britanniques et Staline.

Arc-boutée sur un héritage fantôme, la France est condamnée à charrier ce poids ou mensonge devenu trop lourd et continuant de croître. Mais est-il donc si difficile de s'accepter tel qu'on est et de décider de changer si notre image est si lamentable à nos yeux ??

Pour faire face à la réalité qu'aurait dû entraîner ce très grand leurre, on y fabrique des héros à tour de bras. T'as gagné la course à vélo ?? Non ?? T'as été deuxième ?? T'es héros national. Johnny Hallyday est un chanteur mythique. Delon est un acteur mythique. Hors la sphère francophone, personne ne les connaît, évidemment, puisqu'ils ont autant de talent qu'un mou de veau. Bien moins que les plus anonymes chœurs et utilités de n'importe-quel pays décomplexé, c'est à dire tous les autres. Qu'importe, les Français, eux, croient dur comme fer.

Le Français est formaté. Il trouve Coluche, Laspalès ou Funès follement drôles. N'importe-quel second rôle du pire navet a droit au titre de "star" généreusement décerné par la presse française. Pour cette radio dont il était l'invité, ce dessinateur satyrique est un dessinateur mythique. Bardot a beau jouer faux et chanter encore plus faux, elle a été créée pour, en France, être Marilyn, donc, elle est mythique. Sacralisée par la France, elle s'est drapée dans le costume. Le ridicule, heureusement, ne tue pas en France mais il est dommage que les Français ne se rendent jamais compte de ce qui est réellement drôle et n'en profitent jamais.

Le Français imite tellement -et tellement mal- le cinéma américain qu'il lui est devenu nécessaire pour relater enjoliver sa propre histoire policière, lé réelle. Résultat, puisque les flics français ne sont bons qu'à bizuter les Africains et les faibles et que ce n'est pas du tout cinégénique, les voyous deviennent des légendes à la française, histoire d'avoir aussi des Capone, Luciano et autres Jessie James de pacotille.

L'"acteur" français est viscéralement incapable de s'abstraire de son propre regard pour incarner un rôle, enfin jouer. Il ne peut s'empêcher de se projeter comme son propre spectateur et de moduler un cabotinage selon la vision qu'il veut donner et non selon son texte. Ça donne la médiocrité que l'on connaît. L'exception française. Il en est ainsi de tous les domaines de création. Le Français produit médiocre. Les Français le jugent divin. Il pontifie et ne sent plus. Les enfants sont élevés dans le culte de cette médiocrité, grandissent et la reproduisent. C'est plus simple que d'essayer de faire comme ceux dont les films vous touchent aux tripes. Et toulmonde est content. En France.

Et moi, je crois, bon sang, que certains Français se rendent parfaitement compte qu'il y a quelque chose qui cloche, qu'il est anormal que les "films" français tant adulés en France ne soient regardés qu'en France, que les "stars" françaises ne soient des stars qu'en France. Certains se sont forcément rendu compte de la minabilité de la production française et, par patriotisme, choisi d'en être complices avec l'espoir insensé qu'à force de durer, celle-ci se transformera en excellence.

Déjà que lorsqu'un bon film étranger est doublé en français, dès lors que l'on comprend la langue d'origine ou que l'on sait simplement à quoi s'en tenir quant au doublage français, il perd tout intérêt. Et toujours à cause du cabotinage : le Français joue faux, chante faux, parle faux, vit faux. Le comédien français, au lieu de chercher à ressortir le personnage joué pour le rendre crédible, se focalise sur la manière dont il sera perçu par sa copine, sa mère, son voisin de palier, sa concierge, et joue à se rendre intéressant à leurs yeux. Imaginez le désastre pour un jeune Français qui aurait grandi à Los Angeles et débarquerait à Paris à dix-sept ans, tout imbu de l'arrogance inculquée... Mais cela ne risque pas d'arriver. Les Français sont condamnés à vivre ensemble pour s'entre-congratuler et se sentir vivants. Bien sûr, aussi parce-qu'ils sont définitivement infoutus d'assimiler une langue autre. Tenez, croyez-vous que les journalistes envoyés permanents aux USA, à Rome ou à Moscou, en reviennent au bout de plusieurs années parfaitement maitres de l'anglais, de l'italien ou du russe ?? Comptez autour de vous et bonne chance !!

Si les Français pouvaient arrêter de se regarder le nombril en prétendant qu'ils sont bons à quoi que ce soit n'incluant pas le futile, s'ils pouvaient apprendre à rire d'eux-mêmes au lieu de rire des Belges -spécialité française- ils seraient, à leur surprise, plus heureux et avanceraient, non pas économiquement en trayant l'Afrique mais spirituellement, en s'approchant de l'absolu, et, donc, en s'améliorant.

La honte collective de ce défaut d'héritage glorieux est telle qu'elle est devenue un atavisme commun qui a justifié le travestissement de l'histoire de France par tous les courants de pensée politique en France.

En attendant, retournons à notre liste très loin d'être exhaustive. A ce propos, je ne suis pas du tout surpris que, sur Wikipédia France, la fiche de Toussaint Louverture soit un crachat du début à la fin, que celle de Félix Éboué ne mentionne pas sa place au Panthéon, alors que les fiches de la plupart des collaborateurs cités ne mentionne t pas leur attitude pendant l'Occupation ou survolent cet aspect pour mieux les glorifier.

Et donc, tous ces gens qui ont profité, frayé, festoyé, couché, se sont prostitués à l'occupant, gardent un prestige flamboyant : Piaf, Fréhel, Vlaminck, Paul Belmondo, Gaston Gallimard, Anouilh, Giono, Montherlant, Marcel Aymé, Colette, Carné, Valéry (ça surprend, hein ??), Audiberti, Giraudoux (la guerre pour la France n'aura pas lieu), André Salmon, Renaud-Barrault, Chardonne, Léautaud, Fabre-Luce, Derain, Barjavel, Benoit-Méchin, Charles Dullin, Claudel...

Si toutes ces figures et tant d'autres, devaient être bannies, reléguées au banc d'infamie, qui resterait-il à célébrer pour la "grandeur" de la France ??

DES TIRAILLEURS SENEGALAIS !!

François Hollande, en ce 28 décembre 2012, est, peut-être, en train de me surprendre agréablement en étant réellement le premier responsable français à, sinon reconnaître les fautes de la France, tout au moins, respecter sa parole d'être un président qui ne suivra aucun de ses prédécesseurs dans les chausse-trappes de la Françafrique. Il a, très officiellement, refusé que la France intervienne en Centrafrique pour maintenir le président aux abois, comme c'était l'habitude.

Mais je ne peux, non plus, m'empêcher de penser que la Centrafrique est le pays le plus démuni d'Afrique. Hollande serait-il aussi pertinent s'il s'était agi de la riche Côte-d'Ivoire ??

En ce jour, j'aime à le croire. Contre vents, marées et besoin français des richesses africaines au moment où l'avenir leur appartient. L'honnêteté terrassera-t-elle la cupidité alors que la crise est là et que le nombre de chômeurs connait un bond effrayant ??

11 janvier 2013, l'armée française intervient au Mali en prenant soin de s'entourer des apparences d'une légalité internationale qui ne trompe que les Français. Déloger les islamistes du Mali ?? Que nenni !! L'armée française est au Mali pour protéger l'uranium du Niger tout proche sans lequel il n'y aurait pas d'Areva tout comme Elf n'aurait pas existé sans le pétrole pillé d'Afrique. Sans lequel la France serait immédiatement à nu et dégringolerait carrément à sa juste place, bien plus bas que Chypre et la Grèce dont les économies effondrées n'étaient pas sciemment et systématiquement volées à d'autres pays.

La parenthèse de l'honnête Hollande est refermée. Pour quiconque s'y était laissé prendre.

La malgouvernance africaine tant décriée et fustigée n'est pas un héritage de la colonisation français comme aiment à dire les progressistes en et hors d'Afrique. Elle est la continuation du système d'exploitation négrière de la France. Le Royaume uni a désesclavagisé sur le tard mais il n'y a eu de décolonisation nulle part car il n'y a eu de colonisation nulle part.

À la fin des années 1950, la France, prise dans le courant des changements, s'est rendu compte qu'accorder une réelle indépendance à ses vassaux africains signerait son arrêt de mort en tant que nation respectée : outre les ressources africaines, elle n'avait strictement rien. Même pas une économie significative par elle-même. Parce-qu'elle sortait d'une période humiliante à la face du monde et parce-qu'elle pouvait servir les intérêts des vraies puissances qu'étaient les USA et le Royaume uni dans la guerre froide contre l'Union soviétique, les USA et le Royaume uni l'ont laissée perpétuer sa mainmise par les massacres et la corruption, sacrifiant encore des centaines de millions d'hommes en s'en détournant pudiquement. Auparavant, les chefs noirs étaient dépositaires des richesses qu'ils redistribuaient en accord avec des sages. Ils ne pouvaient avoir l'idée de thésauriser ces richesses pour leur propre compte pour la simple raison que cette idée de la richesse n'existait pas dans les sociétés africaines. Il ne s'agit pas d'une angélisation de cette Afrique d'avant les malheurs. La richesse, c'était la sagesse. Les mauvais rois étaient ceux qui étaient cruels envers leurs sujets. S'enrichir à outrance était hors sujet. Pour faire quoi d'une richesse personnelle ?? L'Askia du Mali est connu pour avoir distribué une telle somme d'or pendant son pèlerinage à la Mecque dans les pays qu'il traversait que le cours de l'or a baissé. Il n'a pas usé des richesses dont il disposait pour construire des palais ou asservir le plus grand nombre. Parce-que la question ne se posait pas : nous n'étions pas encore contaminés.

La France, rapace, a inculqué la rapacité à l'Afrique. Les vassaux francophones l'ont transmis à toute l'Afrique noire. Comme un mauvais virus venu d'Occident et mal assimilable par l'Afrique.

La France ne s'est pas contentée de continuer à piller jusqu'à la trame mais s'est également tristement appliquée à s'y venger des humiliations subies en Europe sur les populations nègres déjà tributaires de tout le passif humain de cette guerre qu'elles ont été contraintes de mener seuls au front pour la France.

La CPI du rodomont et très sélectif procureur Ocampo, si prompt à se précipiter sur les mauvais gouvernants africains qui lui sont désignés, devrait, pour être crédible, appeler la France au banc de ses accusés avec les plus lourdes charges jamais levées pour aucune accusation. Elles sont légions, imprescriptibles et les preuves irréfutables en sortent de plus en plus en France et en Afrique.

En France, la désinformation fait feu de tout bois pour, croit-elle, assurer la gloire imaginaire de la France. Elle abreuve, depuis des éternités, les Français de de cette stupidité absolue : "Jésus dit à Pierre : tu es Pierre et, sur cette pierre, je bâtirai mon église". Superbe, mais qui ne marche qu'en français actuel, langue laquelle, comme l'idée même d'une France en tant que lieu, était loin d'avoir encore l'ombre d'un embryon. Jésus est supposé avoir parlé araméen. Bonjour au Français que le curé et les écritures version française ont nourri d'hérésies qui, adulte, découvre soudain qu'en anglais, ça ne fonctionne pas. En italien non plus. Et pas plus en allemand ou en espagnol qu'en joolaa. Bien programmé, il niera le mensonge par le silence, acceptera de contribuer à le perpétuer. Pour la gloire de la France. Mais cela n'arrive que fort rarement, les Français n'ayant pas la capacité à appréhender des langues moins arriérées.

On reconnait le touriste français à ce que, à l'étranger, il est le seul à se ruer vers les restaurants français locaux. On reconnait le reporter français à ce que, en reportage à New-York, il se précipite sur la communauté française pour se faire une idée de l'Amérique.

Après les indépendances coloniales, la Grande Bretagne s'est construit économiquement tout seule, intégrant rapidement ses ressortissants originaires des colonies dans le même cadre juridique que les Britanniques. L'Allemagne, dont la discipline peut le pire comme le meilleur, s'est relevée de la WWII tout seule, malgré les réparations ahurissantes réclamées et obtenues par la France qui se vengeait ainsi sur le terrain de la rapacité de ce qu'elle n'a jamais obtenu sur le champ de bataille, oublieuse des conséquences funestes du traité de Versailles ayant directement donné lieu à cette dernière guerre gagnée par les USA, le Royaume Uni et, loin devant eux, les colonies du monde occidental par le monde. Seule la France ne doit son siège à l'Onu et son statut de pays développé qu'à l'appropriation éhontée des ressources de l'Afrique à coups de massacres et de génocides, d'assassinats de patriotes et de maintien de la traite négrière à travers des hommes de paille Père-de-la-Nation chaperonnés par des assassins d'État français, l'armée française et les pseudo-coopérants français. Cela a duré jusqu'en… tiens, nous y sommes encore.

Plus tôt que tard, cette vérité essentielle à l'Afrique éclatera au grand jour. Il faudra payer au tribunal de l'Histoire universelle.

      Les politiques et commentateurs français s'entichent de mots et les répètent jusqu'au bout extrême de la nausée. Aujourd'hui, sur BFM, il n'est question que de "temps long", "temps court", "temps politique", "temps donné au temps" et autres variations de temps si possible. Ils s'en gourmandent et me les brisent. Ça va durer trèèèèèèès longtemps. Comme auparavant, et toujours, tous les "-gate" qui, en France, ont découlé du Watergate, dégringolant jusqu'à un pitoyable "chevalgate", tous les "rétropédalage", "bling-bling", tous les "amis de trente ans", "enfumage" et autres "french-bashing", le Français s'emparant de mots qui lui sont exotiques comme les enfants de friandises sans savoir ce qu'ils sont ni ce qu'ils vont en faire, juste pour les répéter à l'envi et, ainsi, transmettre l'engouement à d'autres panurges.

      Les Français sont des outres emplies d'attitudes et de préjugés.

Larousse, le dictionnaire de référence de la langue française, définit ainsi arsenic : composé toxique de l'arsenic.

Chapeau bien bas.

Dans un avenir proche, les Français seront scolarisés en anglais. Pas seulement parce-que c'est leur unique chance de faire face à la globalisation mais parce-que c'est, de toute façon, inéluctable. Le français est une langue morte dont les locuteurs ne se sont pas encore aperçus de la disparition. Comme un coq à la gorge tranchée qui fait encore quelques pas. Les Français sont les derniers à parler français. Ceux qui parviennent encore à manier ce langage décadent sont ceux auxquels il a été imposé par la force, l'humiliation et la déculturation. Ils sont principalement à l'ouest et au centre de l'Afrique. Mais également en Asie. Cependant, leur évolution les pousse naturellement à se détourner du français. L'Oif aura servi à la France à récupérer le maximum de la richesse africaine qu'elle ne pouvait plus drainer par la force à travers ses têtes de pont de la franc-maçonnerie, les chefs d'Etat corrompus francophones, voyez Houphouët, Bongo, Senghor (eh oui, mais lui investissait discrètement en France sous le couvert de sa belle-famille), Nguema, Diouf, Wade, Bédié, etc. La liste est longue, hélas, sans même toucher aux fous imposés.

Ils se précipitent, ces temps-ci, à la radio et à la télévision française pour bien articuler **maline** en créant toutes les occasions pour ce faire. Un événement a dû les persuader que c'est un mot savant comme, hélas, ça a été le cas pour beaucoup des exemples cités plus haut. Il y suffit d'un Bouvard de passage, arrogant et bouffi de suffisance. Le mot **maline** n'existe pas dans la langue française. Tout au moins pas encore puisque les dictionnaires français, dociles, vont vite s'empresser de l'avaliser pour ne pas passer pour des cons. Le féminin de **malin**, en attendant, est toujours **maligne**.

Les Canadiens francophones du Québec sont largement moins ignares que les Français, bien moins arrogants et tricheurs grâce à la simple maîtrise du son **r** qui leur a ouvert l'apprentissage des inflexions. Les Français les moquent d'instinct pour pallier à leur incapacité à communiquer comme ils s'empressent de vilipender tout francophone qui articule convenablement. Les méridionaux, et certains Africains, les Senghor, arrivés en France avec la maîtrise naturelle parfaite du **r** et des inflexions, s'empressent de les gommer pour singer le parisianisme pédant, histoire de s'intégrer, et transmettent le **r** défectueux calamiteux à leurs premiers descendants qui entament ainsi la récession.

Le français est probablement l'unique langue au monde totalement dénuée d'inflexions. Á l'inverse du voisin italien, par exemple, qui devient immédiatement incompréhensible dès lors que l'on déplace l'accent tonique d'une voyelle, en français, on peut phonétiquement étirer jusqu'à plus soif ou, à l'inverse, raccourcir indéfiniment n'importe quelle syllabe d'un mot sans en changer la compréhension, ce qui rend le français, déjà difficile à apprendre à cause de ses règles confuses et anarchiques, incroyablement compliqué à restituer pour tout Occidental. Mais puisque le français ne sert pas à grand-chose hors de France sauf, peut-être, à se moquer des Français, ça n'a pas grande importance.

Les Français adorent se moquer des Asiatiques en imitant leur accent à grand renfort de voyelles nasales. Du moins en sont-ils convaincus. Á grand tort, comme toujours. D'entre les Japonais, les Chinois, les Coréens, etc. ceux qui ont la voix nasale prononcent les voyelles exactement comme toutes les personnes qui parlent un langage normal non tributaire des voyelles nasales propres aux Français. Et ces personnes, à l'exclusion des Français, disent de leur voix nasale : **o'nn**, **i'nn**, **a'nn** et jamais **on**, **in**, **an**, à la française. Par exemple, pour Bangkok, elles disent parfaitement **ba'ngkok** et non **ban'kok**. Elles prononcent **o'ng ko'ng** pour Hongkong et jamais **onkon** ni **onkongue**. Toute la différence entre une élocution nasale correcte, intelligible, universelle et compatible avec l'évolution et des voyelles nasales handicapantes dès le berceau.

Du fait des voyelles nasales, **in** ou **im** pour é nasal, **an, am,** **en** ou **em** pour a nasal, **on** ou **om** pour o nasal et **un** ou **um** pour e nasal, ils sont bloqués pour la prononciation d'énormément de mots. Ils disent "imbécile" ou "ondée" aisément mais faites abstraction de la racine de la voyelle nasale et ils sont incapacités. Pour exemple, le germanophone –j'allais utiliser saxon...- est à l'aise avec l'anglais parce-qu'il n'est pas tributaire des voyelles nasales et prononce sans difficulté les ng, mb... sans s'aider de voyelle.

De là les impardonnables déformations, parfois aux dommages irrémédiables comme dans les noms propres, propagées par les Français dans les territoires indûment occupées d'Afrique et d'Asie. Des siècles d'occupation ne leur ont jamais permis de vaincre le ridicule handicap car les Français n'ont pas le gène qui permet d'apprendre. Pour prononcer tout mot commençant par nd, mb, ng... qui sont légions dans ces régions, ils sont obligés de greffer phonétiquement une voyelle devant, faisant de Njaai "énediaai", de Ngoor "énegor" ou de Mbai "émebai". Cet héritage, comme précédemment expliqué, reste un fardeau culturel insupportable pour les anciens territoires occupés. Tout provient d'un malentendu stupidement entretenu par la France elle-même : les Français NE sont PAS des Latins mais des Germaniques auxquels le latin a été imposé pendant trop de siècles. Culturellement, ne pouvant se rattacher au Germain qui l'a naguère chassé de son groupe et incapable d'assimiler le latin forcé à cause de sa racine germanique toujours présente, le Français s'est trouvé obligé de se forger péniblement une langue de bric et de broc, faite de barbarismes irréconciliables et de règles aléatoires et s'emploie à vendre au reste du monde, qui s'en fout, l'illusion d'une vraie langue qui lui est propre.

Aux origines, les Français actuels, additionnés de tous les francophones occidentaux, était un peuple germanique de lâches et de cire-pompes, vite esclavagisé par les Germains dominants pendant des siècles. Jusqu'à ce que, intégrés, ils fussent affranchis.

D'où le nom de Francs, Franken en allemands, esclaves libérés.

Mais en dehors de ceux d'entre eux restés en territoire germanique et qui y vivent toujours sous le nom de Franken, tous les autres tombent rapidement sous le joug de Rome. Pour une occupation encore plus longue qui n'a jamais vraiment connu de fin.

Le drame français n'est pas tant dans l'asservissement en soi que dans le tiraillement entre deux langues maitresses également fortes, la confusion des parlers germanique et romain irréconciliables avec lesquels il leur a fallu faire pour s'exprimer et, hélas, pour penser. Il était humainement impossible d'extraire quoi que ce soit de positif de cette imposition forcée de deux langues antinomiques. La schizophrénie est arrivé très vite, étroitement suivie de l'aliénation qui perdure.

L'asservissement sans fin explique que, depuis que l'Occident s'est réunifié sous une même bannière pour piler le reste du monde, seule la France fait preuve d'une cruauté bestiale, inouïe, envers les peuples sans défense qui lui sont alloués. Elle a une starvation *(il n'y a pas d'équivalent français)*, une immense faim incontrôlée de gloire et de revanche qu'elle exerce sur tout peuple qui, grâce au parapluie occidental, tombe sous sa coupe.

Fondamentalement, la France n'a jamais changé ni dévié. Elle a toujours été et demeure un peuple de petitesse, lâche, soumis, rapace et mesquin.

Un jour récent, il y a moins de cinq ans, quelqu'un a dit à la radio ou à la télé : "passé au peign**eu** fin" pour "passé au peigne fin". Dans cette langue parisienne qui abhorre les inflexions au point de ridiculiser ceux qui les prononcent, cela aurait dû être un simple cas isolé. Eh bien non, c'est devenu un véritable phénomène. Pas un jour sans entendre divers commentateurs passer au peign**eu** fin alors que leur élocution, tout autour de l'expression, demeure bien plate, bien parisienne. À jurer qu'ils se contorsionnent pour insérer l'expression dans leurs textes avant de passer à l'antenne. C'est comme ça que tout se passe en France. Effet Panurge.

Les Français écrivent **béchamelle** pour béchamel, qui dérive d'un nom de famille, parce-que béchamel est féminin et ce féminin en **el** les terrorise. Celles d'entre eux qui prénomment leur enfant Magali, Muriel ou Alizé l'écrivent **Magalie**, **Murielle**, ou **Alizée** puisque c'est une fille, bien qu'il n'y ait pas de correspondant masculin pour ces prénoms. Pareil lorsque le prénom choisi est Abigaël, qui devient **Abigaelle** ou Jézabel et Gwénaël qui se retrouvent quand même **Jézabelle** et **Gwénaëlle**. Celles qui donnent comme prénom à leur fille Tatiana prononcent les trois lettres du milieu de son prénom, **tia**, comme dans tiare au lieu de **cia** comme dans acacia et comme il se doit. Ils évitent comme la peste les masculins en **ée** comme camée, scarabée, gynécée, mausolée, caducée, trophée… lesquels tombent vite en désuétude avec la notoire exception de lycée et musée pour une évidente raison. Et, lorsqu'ils sont obligés d'en utiliser un, par exemple "apogée" ou "périnée", ils le féminisent d'autorité dans leurs textes et leur langage ou en extirpent l'**e** perturbateur jusqu'à ce que le dictionnaire, docile, ratifie l'incorrection.

Veulent-ils faire du roman de Ronald Morrieson, "The Scarecrow", une BD aux éditions Casterman/Rivages/Noir que le traducteur français s'empresse d'orthographier le prénom de la victime de départ, qui apparait en 4 de couve dans le résumé, **Daphnée** au lieu de Daphné. Normal : c'est une fille, et les filles, c'est féminin, et le féminin s'écrit avec un e à la fin.

Ils écrivent "marquis de **La Fayette**" au lieu de "de

Lafayette", du nom du lieu aujourd'hui appelé –et orthographié correctement- Chavaniac-Lafayette, pour la simple raison qu'ils ne peuvent s'empêcher de voir en **La** autre chose que l'article. Ainsi, au gré des auteurs et des endroits, les deux orthographes sont utilisées, cela sans que l'Académie, prudente, française quoi, s'en mêle. L'avenue d'Asnières dédiée à Henri Becquerel s'affiche ostentatoirement **Avenue Becquerelle**. Normal, puisque "avenue" est féminin. Amusez-vous à chercher, vous en trouverez plein. Ainsi de Latour-Maubourg, correctement orthographié sur le métro qui porte son nom dans le Paris chic, lequel métro, hélas, s'ouvre sur le boulevard nommé, lui **de La Tour Maubourg**.

lavomatic était censé être le substitut français et pratique pour **laundromat**. Mais la terminaison en –tic était trop perturbant (sans **e**, merci, participe présent) pour les Français habitués à **automatique** pour tout ce qui est service technique. Le substitut commode s'est rapidement mué en un stupide et trop long **lavomatique** que les dictionnaires avaliseront bientôt, comme à l'accoutumée.

Ils disent, écrivent fréquemment **colocatrice** pour colocataire.

Et pourquoi donc maisonnette s'écrit-il avec deux **n** ?? Quelle raison est supposée justifier le grotesque n superflu… autre que l'irrépressible besoin, comme d'un éternel doudou, de se rassurer en raccordant chaque mot à un groupe qui permette de l'identifier et d'en assurer l'orthographe en dépit du bon sens. S'ils se contentaient d'ajouter le suffixe **-ette** pour exprimer la petitesse, avec leur voyelle nasale **on** au lieu de l'articulation des sons o et n, ils se retrouveraient avec **maison** d'un côté et **ette** de l'autre et se retrouveraient perdus à prononcer **maison'ette**. Ce n sans justification leur est une sucette en caoutchouc pour bébé, un leurre pour bébé qui ne leurre que les Français. Car derrière "maisonnette", il y a "maison" et, si jamais il n'était pas rajouté un n pour faire –nette, les Français, dépourvus de cervelle, de la moindre logique, risqueraient de se retrouver avec le mot **maiso** non répertorié, grands dieux, puisque, dans leur entendement et en dépit de la syntaxe, le suffixe n'est pas –**ette** mais bien –**nette**. Sinon c'en serait fini de chansonnette, bergeronnette, savonnette et autres jeannette. **minette**, lui, n'a jamais fait de tort à personne –tiens, **personne** justement, autre mot étrange, ahurissant… Pourtant, avec pour radical **devin**, **devinette** vit sa vie parmi les mots d'emploi courant avec son unique **n** de bon sens sans causer à quiconque aucun trouble. **kitchenette** a dû poser de graves problèmes lorsque son admission a tété incontournable – parce-que, justement, **cuisinnette** ne l'aurait jamais fait, pas davantage cuisinette qui ne sert à rien. Mais le radical **kitchen** se prononçant normalement en anglais, c'est-à-dire **kitcheune** pour les Français, la transition a pu se faire.

Le Français a la trouille de tout vissée à l'âme. Il s'imagine perpétuellement des complications qu'il se coupe les cheveux en quatre pour contourner, s'érigeant ainsi en institution nationale de la création de complications. **squelette**, lui, vit sa vie tranquille sans même que les Français s'aperçoivent de ce qui leur est un handicap insupportable : comme maisonnette, il finit en -ette mais est, lui, bien masculin, et unique dans ce groupe.

Depuis que les Français se sont mis à choisir leur moment pour articuler savamment "incessamment sous peu", ce qui est une incorrection abyssale et une redondance inqualifiable, avec l'imbécile confiance en soi de l'imbécile naturel qui les caractérise, j'envisage avec douceur la perspective de m'arroser de kérosène à combustion spontanée.

En remontant dans le temps, le mot **salaud** n'existait pas né d'une quelconque rationalité. Il y avait **salope**, destiné aux deux sexes. Mais dire **salope** d'un individu dont le genre ne s'accorde pas avec celui du mot était trop troublant pour les Français de l'époque. Ils ont d'abord commencé par masculiniser l'idiotisme en l'écrivant **salop** prononcé **salo** mais ce leur était plus inquiétant qu'autre chose. Alors, inconsciemment, le réflexe de simplification absolue pour mettre le terme au niveau de compréhension des français a, comme toujours, très facilement pris le pas sur celui, inconnu, d'adaptation à la nouveauté et de progresser. **salope** a fini masculinisé en **salaud**, auquel a naturellement suivi **salaude** qui n'a eu qu'un bref temps d'existence, **salope** gardant, contre vents et marées, sa pertinence et son verve. Les deux ont fini par se dissocier. Exactement comme ce qui est en train de se passer pour **espèce** qui ne faisait de tort à personne. Jusqu'à ce qu'il devienne courant de dire **une espèce de** et que cette expression se généralise à travers **une espèce de con**. Le con mâle français, largement plus répandu que son pendant féminin ou, du moins, bien moins discret, s'est vite retrouvé en porte-à-faux avec le genre du mot et s'est mis à le masculiniser **un espèce de con**.

À l'inverse de **salope**, **con** n'avait pas de féminin puisqu'il désignait au masculin, désigne toujours, le sexe de la femme, le vagin. D'**un espèce de con**, la France tout entière est passée à **un espèce**, tout court, pour toute espèce de chose. Depuis, désormais en France, les professeurs, les présidents de la République, les journalistes et tous autres guides présomptifs de la jeunesse française entonnent allègrement, chaque fois qu'ils en ont l'occasion, "un espèce" au micro devant les foules, à la radio, à la télé et dans toutes les conversations, l'écrivent sans la moindre hésitation dans les dissertations, les journaux et les textes de chanson. Cependant, n'étant pas à une contradiction près avec la logique, le Français continue de parler de son double féminin comme d'**une espèce de conne** -puisque c'est une femme- ignorant que c'est l'unique fois où il emploie le mot espèce à bon escient.

Les Français ne parlent aucune langue étrangère et ne maitrisent pas le français. Cependant, dans les reportages sur la crise grecque de 2015, tous les Grecs interrogés en Grèce, y compris ceux accostés au hasard dans la rue, délivrent un français irréprochable. Le téléspectateur français destinataire de ces tricheries n'y voit, évidemment, que du feu. Ces gens interrogés étaient visiblement sélectionnés avec le plus grand soin pour que la France aussi, à l'instar des vrais grands pays, puisse faire son cinéma en Grèce.

Ils prononcent le p de tous les mots commençant par **psy**. Et les dicos avalisent sottement. Ils disent "p'sikiatr" lorsqu'ils ne disent pas carrément "pisichiatr" avec le ch de chou. À la télévision et dans les media, c'est à qui se précipitera pour évoquer avec gourmandise "un mystère **insoluble**" au lieu de "**insolvable**", comme si on dissolvait les mystères au lieu de les résoudre.

Les mots "groupe", "majorité", "centaine", "douzaine", "million", "millier", "double", "triple", "quintuple"… ne provoquent aucune méfiance chez les Français. Ils les conjuguent au singulier sans états d'âme. Par contre, **la plupart**, par sa composition explicite et malgré son inséparable article, leur fait imaginer un groupe avec une part d'éléments plus nombreuse que d'autres groupes d'éléments et il ne peut se résoudre à le conjuguer au singulier, comme très exactement il se doit. Puisqu'il n'y a aucune raison, absolument aucune règle plausible pour faire autrement avec la plupart et non avec la majorité puisque plupart est exactement synonyme de majorité.

Il est peut-être rassurant et, en même temps, glorifiant pour les Français de colporter l'idée qu'ils sont rétifs à toute autorité mais c'est complétement inexact, et même carrément l'inverse.

Il n'y a pas d'autorité en France parce-que les Français sont incapables d'établir aucune autorité. Parce-qu'il est impossible aux Français d'édicter les règles qui régissent les peuples. Par simple ignorance. Lorsque l'autorité est imposée aux Français, comme le nazisme l'a fait à travers Pétain, ils font ce qu'ils savent faire le mieux : l'excès de zèle dans soumission, par ardent désir de complaire à qui les mate. D'où leur exclusion du groupe germain par les authentiques Francs, lesquels, aux dernières nouvelles, vivent toujours en Allemagne, vous savez, ce pays voisin où il y a la ville de Francfort.

Il serait bénéfique aux Français de réellement enfin ouvrir les archives de l'Occupation et exhiber toutes les prostitutions non réclamées par le vainqueur nazi, toutes, les millions de lettres anonymes de dénonciation. Toute forme de règle de vie commune adéquate a été inculquée à la France par une force occupante ou le législateur international. Lorsque les Français sont laissés à décider d'eux-mêmes comme après l'humiliation de la défaite de la Première Guerre mondiale, il s'ensuit les excès du Traité de Versailles, Hitler, la Deuxième Guerre mondiale et... l'humiliation de la défaite, de la fuite à travers champs ou en Angleterre, et de l'Occupation.

On leur a dit qu'il fallait respecter la présomption d'innocence. Sans réfléchir ni même jamais songer à se remettre en question -les Français ne se remettent **JAMAIS** en question d'eux-mêmes- les "journalistes" parlent de "suspect" ou de "présumé" à propos de flagrants délits ou de contrevenants dont la culpabilité a été depuis longtemps démontrée par la justice ou leurs aveux, comme c'est le cas depuis trois jours pour le tireur du train Amsterdam-Paris.

Mais, en France, comme d'habitude, il n'y a personne pour signaler l'absurdité et, comme toujours, la lâcheté partagée l'emporte sur la lucidité et le bon sens.

Ils disent spontanément "chui" pour "je suis" mais, à l'écrit, le rendent par "j'suis" qui ne correspond en rien. Ils disent "juié" pour "je lui ai" mais écrivent "j'y ai" dans toutes les bd qu'ils espèrent paraître modernes, inaptes à réaliser que leur conformisme fondamental prend le dessus. Comme lorsqu'ils écrivent "m'man" pour "maman" ou "p'pa" pour "papa" alors qu'ils disent "man" et "pa".

Les Français parlent faux comme ils chantent faux.

Ils écrivent d'office "passionaria" pour "pasionaria" et le Larousse, infiniment docile, ratifie comme toujours.

Ils s'emparent avec avidité des nouveautés US comme les références au Watergate tel "Irangate" pour ajouter –gate à tout bout de champ et les rendre écœurant à force de "chevalgate" et semblables abus. Par contre, les nombreuses déclinaisons de l'affaire appelée Wikileaks ne leur inspirent rien du tout. Un **i** qui s'écrit **ea** suivi d'un **k** final qui ne s'écrit pas **que** et parachevé du signe du pluriel **s** qui, lui, se prononce, merci bien. Ce leur est trop hors de portée. "Frenchbashing", en revanche, ils s'en gavent… Puisque French, ils savent ce que c'est et que le tuteur américain s'y réfère.

Ils confondent participes présents et adjectifs en **-ant** à un point tel que la plupart de ces participes présents sont systématiquement accordés. La correction exige, là également, de rédiger et exprimer **des chiennes errant** pour "des chiennes qui errent", **une voix trainant, une valse entrainant, des révélations dérangeant** mais **une oraison poignante, des rythmes lancinants**. Car un participe présent s'accorde impérativement avec son verbe, ce qui ne peut être le cas de "poignant" ou "lancinant" puisqu'ils ne correspondent à aucun verbe. Ainsi on devra écrire **des musiques alanguissant** mais **des mélopées languissantes** puisque "alanguissant" correspond à "qui alanguit" du verbe "alanguir" tandis que "languissantes" est un adjectif dont le sens est "qui **fait** languir".

Pour éviter de rédiger des conneries du genre "j'ai passé mes vacances entre Rennes et Nant" dont vous êtes parfaitement capables, apprenez à réfléchir. Ce n'est pas la syntaxe découverte qui est compliquée, c'est l'erreur persistée trop longtemps qui fait un peuple de veaux. Usez de bon sens, le bon sens ne demande que ça. Et, à propos de bon sens, les Français prononcent correctement le mot "sens", avec son s final bien prononcé, grâce aux panneaux de sens interdit visibles partout dans leur environnement et aux nombreuse rues à double sens. Mais ils redeviennent amorphes et stupides dès "encens" dont ils ignorent complétement le **s** final obligatoirement audible et qu'ils prononcent "en sang".

Certaines règles que les Français s'imposent sont justes incongrues, désespérant chez un peuples aussi diminué au départ. Pourquoi aller s'emmerder avec des chevaux, des animaux, pleins de x et de u... alors que la simplicité et le jugement offrent gracieusement des chevals, des animals... L'adn du Français contient les gènes de la prétention étroitement entortillés autour de ceux de la lenteur d'esprit.

Les Français sont si avides d'obtenir enfin une raison de fierté qu'ils se précipitent sur tout ce qui leur semble prometteur, au mépris de toute raison. Ainsi le ministre des Affaires étrangères en 2013, à peine se murmure-t-il que les États-Unis pourraient s'en prendre à la Syrie, se met à jouer des coudes pour prendre d'assaut toutes les caméras et tous les micros du monde et claironner l'attaque imminente de la France sur la Syrie pour "punir" le président Assad de ses "crimes atroces", convaincu que la France pourra, comme d'habitude, s'emparer de morceaux de la victoire américaine imminente pour pavoiser. Las, le président américain décide de soumettre le projet au Sénat US majoritairement défavorable à sa personne et le projet tombe à l'eau. La France s'est ridiculisée une fois de plus aux yeux de la planète. Les autorités essaient de corriger le tir mais autant tenter de vider le Pacifique avec une cuillère à café. Non, rien, décidément, n'est récupérable dans cette histoire. Trop de rodomontades, trop de fanfaronnades, mais surtout trop de micros et de caméras : l'univers entier est au courant. Et les journalistes français, brutalement amnésiques, en oublient leur expression fétiche du moment qu'ils s'empressaient pourtant de mettre à toutes les sauces : rétropédalage.

Ainsi des "spécialistes" français de toutes sortes qui se jettent sur tous les media pour pérorer savamment sur tous les sujets dont ils ignorent tout. Dans tous les documentaires animaliers français ou traduits en français, il est pratiquement impossible de louper une séquence sur le **pygargue à queue blanche**, ce qui démontre qu'aucun de ces savants éminents n'a jugé utile de s'abaisser à se référer à une connaissance acquise ou à consulter un dictionnaire avant de s'élancer : pygargue, mot français dérivé du latin comme bon nombre de mots français, signifie littéralement "à queue blanche", "qui a le bas du dos blanc".

pygargue ne leur parlerait pas. Il leur faut absolument, pour éviter de sombrer dans le chaos mental, ajouter ce qui est familier à leur entendement : à queue blanche.

Chaque fois que tout, l'adverbe, est utilisé avec un adjectif, les Français l'accorde comme un adjectif, oublieux que les adverbes ont pour constante l'invariabilité. Ainsi écrivent-ils systématiquement, surtout dans les livres, les ouvrages scolaires et universitaires et les journaux : **une branche toute sèche, des branches toutes sèches**. Et lorsqu'arrive le redouté masculin pluriel, ils détectent à l'intonation, que **des arbres tous secs** n'a pas de sens pour décrire des arbres complétement secs. Alors seulement, sonnés et malcontents, ils écrivent : des arbres tout secs. Mais l'ahurissement absolu émane de ce qu'ils ne deviennent pas pour autant aptes à remettre en question les deux autres fausses formulations des quatre possibilités. Ils continueront d'utiliser imperturbablement l'adverbe comme un adjectif et de s'appliquer à écrire, butés, **des feuilles toutes sèches, une branche toute sèche**.

Ils disent et écrivent sans hésiter "Vas-y", "Profites-en", "Joues-en", etc. au mépris de leur propre grammaire. La deuxième personne du subjonctif n'admet pas le s au présent. Jamais. S'il est correct d'enjoindre : "Sors !!", c'est parce-que sortir, comme tous les verbes qui donnent un s final à la deuxième personne du singulier du subjonctif présent sont des verbes irréguliers comme courir, rire, mourir, etc. Les rédacteurs qui usent de "Profites-en" et de "Vas-y" (*perturbé, le correcteur orthographique refuse "Vas-y" et propose "Vas y" qu'il refuse tout aussitôt à son tour mais continue de proposer, essayez, c'est amusant*) sont les mêmes qui retrouvent le bon sens pour écrire : "Va dans ta chambre", "Profite de ta journée", "Joue-moi un air", etc.

Un jour, Corneille a sottement écrit : "Ôte-moi **d'un doute**". Ce n'était pas une licence poétique et cela ne servait à rien dans la taille ou la sonorité du vers.

C'était une connerie.

Depuis la France entière, éblouie par ce qu'elle croit être la révélation d'un micron de son ignorance et, surtout, docile, répète la connerie adoubée par l'Académie française. Eh bien, il se dit et écrit "ôte-moi un doute" exactement comme vous dites, à très bon escient, "ôte-moi cette chaise". Est-ce que vous diriez : "Ôte-moi de ces lunettes, elles ne te vont pas" ou "Docteur, ôtez-moi de cette dent qui me martyrise" ??

La longueur de temps de la faute n'exclut jamais sa pertinence. Elle démontre simplement à quel point le groupe qui la répète est composé d'éléments sans personnalité, sans jugeote. La "langue française" n'est pas faite pour l'expression, encore moins pour la réflexion. Le simple exercice de la langue française active un gène de dépersonnalisation et de carence de repères.

Petite histoire de la Révolution française.

À l'origine, en 1788, des notables privilégiés, bourgeois grenoblois, se révoltent pour défendre leur parlement du Dauphiné sapé dans ses moyens d'exploiter les serfs maintenus sans droits et sans éducation, dont les revenus du travail allaient leur échapper au profit de Paris. Au bout, le roy fuyard –mais en France, cela est une tradition farouchement respectée- son tuteur l'église et des serfs vendéens s'associent à un "quarteron" de misérables hugoliens parisiens pour être les vaincus pendant que côté vainqueurs, des révolutionnaires au couteau sanglant entre les dents, Maximilien de Robespierre, le marquis de Lafayette, Louis Antoine de Saint-Just, le marquis de Condorcet, le prince Philippe d'Orléans, le marquis de Saint-Fargeau, le roturier se faisant appeler Fabre d'Églantine et pléthore d'autres que l(histoire officielle française se garde bien de nommer "nobles révolutionnaires", encore moins "enculés manipulateurs génocidaires de la pseudo-révolution" Les histoires transmises d'Olympe de Gouges sont une égale fumisterie : c'était une prostituée dans le sens vénal du terme qui se foutait éperdument du sort des femmes ou des "nègres", pareille en cela au monde occidental d'alors comme à l'actuel.

L'histoire vraie de la "Révolution" française réside dans le secret en béton armé soigneusement gardé depuis trois siècles et totalement anéanti par les réécriveurs de l'histoire de France : les amours peu discrètes de Saint-Georges, fils d'esclave africain et de la reine de France Marie-Antoinette sous l'œil sinon bienveillant, du moins indifférent du roi asexué Louis XVI. Tout ce qui vous est enseigné de la "Révolution française" est du pipeau.

Les soulèvements ont bien été organisés par la franc-maçonnerie française après qu'il eût fallu un siècle pour que la Révolution anglaise, réelle, elle, de Cromwell ait eu lieu. À ce propos, devant l'ignardise –tiens, le correcteur automatique ignore aussi ce mot, comme Wikipédia, les deux me proposant mignardise, comme quoi, le chemin est long et désespérant- absolue en France : non, Cromwell n'est pas mort décapité mais de sa bonne mort si je peux dire, de mort naturelle, comme on dit, en 1658, après avoir cédé le pouvoir à son fils. Son corps a été exhumé trois ans plus tard, après le retour de la monarchie avec Charles II. D'où sa tête exhibée sur un pieu pendant vingt-quatre ans devant l'abbaye de Westminster.

La France est l'unique pays à exercer, au jour le jour et à tous les niveaux, la discrimination active contre les Africains. Elle n'est pas pire que les États-Unis ou la Grande-Bretagne ou les Pays-Bas. Mais son histoire fait qu'elle a viscéralement besoin de techniquement plus faibles qu'elle pour se donner des illusions et noyer, comme d'autres dans l'opium, sa lâcheté, marque de fabrique jamais démentie.

C'est un pays dont l'histoire réelle, depuis la nuit des temps, est jalonnée de défaites, d'occupations, de soumission, de délations collectives, de trahisons nationales, de prostitution à l'ennemi, quel qu'il soit, et d'acharnement mesquin inouï, sans égal dans l'histoire du monde, sur les peuples désarmés. La France a un besoin vital des anciennes terres d'occupation offertes par l'Angleterre et l'Amérique, de la Francophonie, pour avaliser et vendre la jolie nouvelle histoire qu'elle s'est forgée de toutes pièces ainsi que la paternité de sa langue et faire oublier ses origines bâtardes (*tiens, le dictionnaire automatique français ne veut rien avoir à voir avec ce mot et, du fait de l'absence de circonflexe, propose des* **bavardes**, **bazardes**...) germaniques.

Toutes les guerres françaises modernes ont été menées – quasi exclusivement- par des Africains et, forcément perdues puisqu'ils étaient commandés par des Français de souche germanique. En 1944, après qu'ils aient libéré la France avec les Alliés et sans les Français de souche germanique, ce général d'opérette qui, quatre ans auparavant, de ses guibolles démesurées, avait franchi la Manche sans mouiller son slip dans sa hâte d'aller se réfugier à Londres, chez "l'ennemi éternel", avait fait consigner tous les combattants qui avaient redonné un semblant d'honneur à la France et les avait faits remplacer par des collaborateurs qui n'avaient jamais approché un combat pour célébrer la "victoire" en défilant dans Paris sur des chars qu'ils n'avaient jamais vus.

Les Français croient-ils **vraiment** qu'il y ait quoi que ce soit qui puisse les laver de ces bassesses et leur conférer une virginité ?? Oui : la méthode Coué intensive généralisée, le temps qui passe et les blanchisseurs.

Ces soldats africains du sud du Sahara, qui se foutaient

complètement de gloire et voulaient seulement rentrer chez eux revoir leurs familles, furent regroupés dans un camp militaire français à Thiaroye, au Sénégal, où l'armée française, selon sa grande tradition, les mitrailla jusqu'au dernier pendant leur sommeil.

Parce-qu'ils avaient osé réclamé leurs soldes de combattants pour rejoindre les leurs disséminés dans des territoires différents.

Voilà l'histoire de la France, ce grand pays de la liberté et des droits de l'homme.

C'était la fin de la deuxième guerre des Occidentaux, Western War II, l'époque des tribunaux de Nuremberg et des tribunaux aléatoires de France qui tondaient des malheureuses inconnues en laissant à Coco Chanel, les Bettencourt-Schüller, Sartre et Beauvoir -futurs faux parangons de liberté pour faire oublier leur couardise, comme toujours les Français lorsque la sécurité leur revient- Duras, Cocteau-Marais, Pompidou, Couve de Murville, le père Giscard et tant d'autres collabos ou taiseux fameux la piste aux étoiles.

Sinon qui d'autre existerait dans cette histoire de France ?? Un général fuyard qui revient sur le territoire à la fin de la guerre, lorsqu'il a été sécurisé par les armes des Américains et le sang des Africains et qui, de nouveau, prendra la fuite, en 1968, à Baden-Baden, en Allemagne, mort de trouille, persuadé qu'il allait être renversé et égorgé par Krivine, Cohn-Bendit et leurs copains aux couteaux entre les dents ??

Les présentateurs et, surtout, présentatrices, africains francophones sélectionnés pour présenter les JT et toutes les émissions grand public sont pires pour l'Afrique que le sida pour le corps humain. C'est eux que les plus jeunes regardent, qui les subjuguent et qu'ils rêvent d'imiter parce-qu'ils prononcent les r à la parisienne et s'expriment la bouche en cul de poule. Ils n'obtiennent pas leurs diplômes par leurs compétences mais pour leur aptitude à singer. Même si la faute est française entièrement, il est d'une extrême urgence de les mettre à l'index. Ils lobotomisent les jeunesses de leurs pays en leur délivrant un unique message : Piétinez votre culture, adoptez la contrefaçon et vous aurez le charisme qui ouvre toutes les portes. Mais, en réalité, cela fera uniquement d'eux des traitres, d'autres propagateurs du mensonge qui ne bénéficie qu'à ceux qui les réduisent et au rêve de prestige de la France. Leur cerveau, devenu prisonnier du r fatal, occupé par le cours de leur babil, ne leur permettra plus de penser à leur réelle condition d'esclaves partout dans le monde, de leur envoyer les impulsions qui qui leur permettraient de réagir contre cette situation.

Dans ce documentaire de 2015 consacré à la Chine diffusé sur ARTE, la chaine de la désinformation, un Chinois, complètement occidentalisé, francisé pire que les présentatrices TV sénégalaises, vautré à la Récamier sur un canapé, glousse comme une pintade effarouchée son érudition sur la Chine, s'appliquant à bien souligner les r parisiens, les u germaniques et les voyelles nasales sifflantes pour bien effacer tout rapport physique avec son sujet, revendiquer haut et fort son assimilation totale parfaite. Cela m'a fait plus de peine que l'attelage de tous les perdus définitifs de la culture et de l'authenticité. Visiblement, sans l'ombre du moindre doute, cette perruche ridicule, cette outre de suffisance, était un homme satisfait de soi, heureux.

Lors du premier mandat de François Mitterrand, un attentat à la bombe tue une cinquantaine de paras français au Liban et près de trois cents marines US. La France décide de frapper un grand coup. Tout désigne l'Iran de Khomeiny comme commanditaire. Futés, les services secrets français bourrent une camionnette d'explosifs et le déposent devant l'ambassade d'Iran à Beyrouth. Au bout du temps imparti, la camionnette n'explose pas. Loin après le temps imparti, la camionnette n'explose toujours pas. Alors, ils se rendent compte qu'aucun travail de maquillage n'avait été préalablement fait sur la camionnette et que le premier petit poucet venu pourrait aisément retrouver le vendeur d'icelle et, ainsi, remonter jusqu'à la France. Secoués, les agents français décident alors de tirer à l'arme lourde sur le véhicule. En vain, la voiture refuse d'exploser. À mon avis, connaissant les Français, ils avaient dû tout bonnement oublier les explosifs sur la table de cuisine au moment de les placer dans la camionnette. Toujours est-il que, dans le monde arabe, on en fait encore des gorges chaudes à l'heure où je parle, de cette manie française de transformer toutes leurs initiatives d'envergure en farces burlesques. Dépités, les services français se sont rabattus précipitamment sur un navire d'une association écologique, Greenpeace, au large de la Nouvelle-Zélande… pour y assassiner vaillamment un photographe brésilien. Ou portugais. Définitivement pas iranien. Las, cette affaire Greenpeace, impossible à museler comme celle du camion qui n'explosait pas dont la presse française n'a soufflé mot, exposera encore plus violemment la nullité absolue des Français aux ricanements du monde entier puisque là, en plus, les agents secrets saboteurs sont arrêtés par les services néo-zélandais et exposés dans la presse mondiale !!

Impossible n'est pas français.

Septembre 2015. Maintenant que les Kurdes ont fait reculer Daesh et stagner significativement son avancée, la France, n'écoutant que son courage légendaire, envisage "sérieusement" des troupes au sol -de vrais combattants quoi- en Syrie pour suppléer ses deux canadairs de poche qui font des ravages dans les rangs djihadistes frappés de terreur à la simple vue de la cocarde française sur leurs flancs des hélicos et qui se mettent à trépasser à qui-mieux-mieux . Il est loin le temps des rodomontades de Fabius tentant de phagocyter une implication américaine qui n'eut pas lieu et se traduisit, ENCORE, par une reculade précipitée de la France aux yeux du monde. Mais seule la France ignore, s'efforce d'ignorer, l'image pitoyable définitive que le monde a d'elle, depuis très très très longtemps, dans tous les domaines où elle tente de s'impliquer.

Les Français ont fait quelque chose de grand. Ça leur a fait peur. Ils n'ont pas l'habitude. En fait, ça ne leur arrive jamais. Ne s'en estimant pas dignes, ils ont offert la statue de la Liberté aux États-Unis qui, en retour, leur en ont rétrocédé une copie miniature plus en rapport avec le statut de la France, que les Français ont fièrement hissé sur l'île aux Cygnes, à Paris.

Chacun a ce qu'il mérite et tout le monde est content.

La Francophonie, l'OIF, disparaitra très vite parce-qu'elle ne tire pas seulement l'Afrique vers le bas, mais également la France. Le pragmatisme l'emportera et les Français, pour survivre, seront contraints de se mettre à l'anglais, quitte à aller naître et faire leurs premiers pas aux USA puisque ce sera une question de survie.

Ils font mine de s'étonner chaque fois que le Front national progresse. Pure hypocrisie. Ce sont les militants de droite dite républicaine et de gauche qui votent facho. Les jeunes qui défilent contre l'expulsion de la lycéenne au Kosovo sont ceux-là même qui votent FN en masse. En France, l'hypocrisie a toujours mené le bal politique. Il n'y a ni gauche ni droite mais des fascistes épidermiques. Les responsables de droite qui clament aujourd'hui –de moins en moins fort d'ailleurs à mesure que le FN augmente ses scores- leur rejet éternel du FN seront les premiers à aller à la soupe demain, lorsque le vrai visage de la France, longtemps occulté par les défaites face à l'Allemagne, se découvrira.

Toute la production alimentaire française est sujette à caution. Les fruits et légumes, la viande, les laitages… sont bourrés de pesticides et autres perturbateurs endocriniens. Les producteurs le moins malhonnêtes se réfèrent aux normes françaises lesquelles, comme toute législation française, sont à géométrie variable.

Je ne supporte définitivement plus ces atroces grimaces que s'imposent les Français pour parler "chic", parisien. Et les Africains de France qui ont accès à un micro se damnent pour parler de la même atroce manière !! Les Français, eux, sont tellement habitués à ce maniérisme qu'il leur parait naturel de l'imiter. Moi, j'en peux plus. Les Africains francophones sont beaucoup plus dénaturés par la France qu'ils ne le perçoivent, infiniment plus déculturés. Ils continuent, comme leur a inculqué la France, à copier l'inculture française même lorsqu'ils croient la combattre. Ils ne se contentent pas de s'exprimer en français, ce qui, pour l'instant, est normal par la force des choses. Ils singent cet exécrable parler parisien déjà si ridicule exprimé par les Français. C'est infiniment triste.

20 octobre 2013, France 24. Le bandeau qui présente Jean-Pierre Chevénement cite : Président du Mouvement d'Honneur et Citoyen au lieu de Président d'honneur du Mouvement républicain et citoyen. Mais c'est juste de la connerie pure ou c'est assaisonné d'analphabétisme ??

Ce qu'on appelle droite républicaine en France regorge de charognards qui ne roulent que pour eux-mêmes, pour le pouvoir pour eux-mêmes, pour l'argent public détourné à leurs profits personnels. Puisqu'ils sont nombreux sur le même créneau, chacun, conscient de mentir et tout aussi conscient que son adversaire de sérail ment, se livre a la surenchère dans l'abjection.

Cet homme, devenu président de son parti par une gigantesque tricherie révélée à toute la France à l'issue de premières élections "démocratiques" au sein de sa formation, monte au créneau pour réclamer l'abrogation du jurs solis, le droit du sol, en surfant sur l'affaire de l'expulsion d'une lycéenne sans papiers. Juif honteux, il s'en est longtemps caché jusqu'à ce qu'un juif, qu'il abhorre, qui porte sa judéité sur son visage, impossible à dissimuler, devienne président de la République. Toujours mal en juif, il s'est fait le paillasson de l'homme détesté pour profiter de sa popularité dans le parti. Chaque jour, il en fait un peu plus dans la justification des pires instincts que représente le parti qui se réclame du fascisme et de l'antisémitisme qui a le vent en poupe. Son adjoint à l'Assemblée nationale est le seul qui en fasse autant que lui dans l'obstruction et la malhonnêteté intellectuelle, la manipulation politique et, donc, la poussée vers le haut du parti fasciste. Il n'y a jamais eu beaucoup de morale dans la politique française mais jamais il n'y avait eu autant de dévergondage dans la bassesse et l'indignité. Jusqu'à son concurrent du même parti, réputé social –pour ce que ça veut dire en France- avant d'être ci-devant Premier ministre avaleur de couleuvres hors-pair qui suggère aux électeurs de voter pour l'extrême-droite. Chacun de ces trois hommes possède les qualités requises pour être chef de l'Etat dont la principale, en France, est n'en avoir aucun.

Et François Hollande, ce président sans charisme qui a choisi de jouer la vertu politique, ballotté entre ce choix jamais fait en France et des Laurent Fabius imposés, d'une arrogance tout UMP, trébuche à chaque pas et s'enfonce aux yeux stupides des électeurs et des journalistes.

Ainsi va la France.

Comprendre l'imbécillité absolue des électeurs français peut être aidé par le visionnage du Grand Angle de BFM intitulé "Fillon, la métamorphose"

Les Français disent –et les journalistes répètent à foison- "... disent tout haut ce que les autres pensent tout bas". On ne pense pas audible.

Ni haut ni bas.

En France, pour parler des personnes, on dit systématiquement "les hommes". Ce sexisme grave n'est même pas relevé par les Françaises. "The people" ou "la gente" n'ont pas le même sens en français du fait de la prépondérance de "les hommes". "Les gens" a une connotation argotique qui sied mal à un texte sérieux. Et moi, lorsque je désire parler des femmes et des hommes, je n'entends pas le faire à travers "les hommes". Voilà pourquoi je m'efforce de m'éloigner de la mauvaise habitude et d'écrire "les femmes et les hommes" ou "les personnes" le plus souvent possible.

Le problème de la langue française est que, germanique à l'origine, elle a dû se plier au latin de l'occupation latine qui n'a jamais pris fin. Cela donne des provençaux au parler chantant et aux r bien roulés de la Méditerranée et, dans la partie nord, un parler rocheux qui devient carrément de l'allemand en Alsace-Lorraine. Tous ces gens se retrouvant à Paris pour s'enrichir, le parler nordique s'est adouci tandis-que celui des sudistes, plus économiquement faibles et complexés, s'est affûté exagérément. Tout cela a donné cet épouvantable parler parisien si caricatural et ridicule qui, moins qu'une langue, est devenu une affectation et l'outil par excellence de communication du mensonge et de la tricherie. Le bannissement de l'empire germanique et l'interminable colonisation romaine sont également insupportables à l'historien qui se cherche une identité française, surtout depuis qu'au premier plan de la traite humaine, la France est devenue, en même temps qu'esclavagiste, occupant pour la première fois au lieu de se retrouver asservie comme à l'accoutumée. De ce double refus d'une bien réelle double appartenance sont nés la schizophrénie et la mythomanie. Toujours s'inventer une histoire de courage et de sang ennemi versé et l'embellir au fil du temps et de l'oubli des autres. Déguiser pour son panache les vrais héroïsmes d'autrui.

Enfant, j'avais lu un texte intitulé "Histoire de l'enfant Bara", l'histoire tout simple d'un garçon auquel les royalistes demandent de crier "Vive le Roy" pour lui laisser la vie sauve et qui choisit de crier "Vive la République" et de mourir. Elle m'avait ému jusqu'à ce que j'ai eu l'âge de discernement et que je découvre que cette fable était totalement incompatible avec la réalité des Français. Qu'elle était à ranger dans le même tiroir aux blanchiments d'histoire que Napoléon déclarant doctement "Du haut de ces pyramides quarante siècles nous contemplent", "Nous y sommes par la volonté du peuple et n'en partirons que par la force des baïonnettes" généreusement prêté à Mirabeau et autres appel du 18 juin.

L'Angleterre est un pays dont les politiciens de droite ne m'écœurent pas autant que ceux de la droite dite républicaine française.

Dans un ouvrage consacré à Google, l'auteur, dès les premières pages et l'air de rien, se met à placer les biscuits Lu et les boules Quiès sur le même plan que Coca Cola et Microsoft. Évidemment, je clos le bouquin aussitôt. Les Français, eux, continuent de lire en se persuadant qu'ils ont toutes les raisons d'être fiers tandis-que, dès que tu mets un pied hors de France, tout le monde s'en fout, person n'ayant jamais la moindre idée de ce que sont boule Quiès ou biscuits Lu. De la même manière, les Français mentent continuellement en tenant compte de ce que, au fur et à mesure, les non Français fermeront les yeux et, qu'avec le temps, leurs mensonges finiront par s'imposer comme d'authentiques vérités. Non sans raison. Mais qui trompe qui ??

Doc sur l'assassinat de Robert Kennedy sur LCP, 28/10/2013. Une intervenante est présentée par le bandeau de sous-titrage : "témoin occulaire"

BFM, 29/10/2013. À propos d'une agression : "Vol à l'arrachée"

RFI, 30/10/2013. Libération d'otages au Niger : "... libération des quatre **z'**otages" avec un s bien accusé, sans doute pour rendre quatre plus pluriel

France 24, 30/10/2013. Journal du soir : "Nous pensons bien évidemment aux sept otages encore en Afrique". Ils sont deux. Les autres sont détenus en Syrie.

RFI, 31/10/2013. Un jour après les quatre *zotages* : "... quatre anciens **n'**otages"

Ils disent **ladidi** pour Lady Di, **mikayeljaksone** pour Michael Jackson, **solédade** pou Soledad, **cantérburi**, **bukin'game**, etc. alors que toulmonde s'efforce de bien dire bonjour qui est une horreur absolue avec son r, son j et son on imprononçables dans aucune autre langue.

Nougarrrrôô, ce Toulousain qui place des textes affreux, pleins de r plus proches la jota espagnole que de la consonne universelle, sur des musiques pillées aux Africains d'Amérique, est un bon exemple de la recherche éperdue du maniérisme propre, si je peux dire, au parler parisien alors que le parler toulousain authentique fleure si bon la Provence.

En Afrique, les francophones, au premier rang desquels les Sénégalais, ont reproduit localement, à travers la langue défectueuse, les pires travers français. Ils sont devenus cupides et arrogants. C'est humain après des siècles d'abâtardissement. Mais c'est infiniment tragique lorsque l'on rencontre encore dans les campagnes sénégalaises des gens démunis de presque tout et qui partagent généreusement le peu qu'ils glanent, sans prétention, juste avec une incroyable facilité. À croire que la vertu ne s'accommode pas de l'opulence. Les Africains anglophones, eux, restent africains d'abord. Sans effort, simplement, parce-qu'ils n'ont jamais cessé de l'être, s'étant moins compromis avec un oppresseur qui, du reste, pour être aussi mauvais que les Français, n'en était pas pour autant psychopathe avide de revanche sur l'Histoire.

Si l'argent des dépenses somptuaires et superflues de la France provenait du travail des Français, les sommes allouées à des médiocrités comme les avions renifleurs de pétrole ou la tentative avortée de vacciner la totalité des français contre une épidémie de grippe inéluctable qui ne s'est jamais produite, à raison de millions de doses, n'auraient pas eu lieu. Au dernier moment, le personnel hospitalier, médecins et infirmières en tête, a refusé de se soumettre à un vaccin non maîtrisé aux effets secondaires potentiellement plus graves que la maladie dont il est censé protéger. Eux savent mieux que le lambda. Du coup, person n'en a voulu. Et les millions de doses achetées et stockées sont passées à l'as. Mais l'argent des transactions, lui, vous pouvez être sûr qu'il n'a pas été perdu pour toulmonde.

Pour effacer les défaites incessantes et les humiliations, la mémoire collective française a choisi d'occulter la réalité et d'imposer aux Français une histoire fabriquée selon laquelle la Française est vaillante et victorieuse et l'a été en tout temps. Le résultat est que les mensonges historiques on façonné un Français d'une rare suffisance, persuadé d'être ce qui se fait de mieux en tous domaines et que la France est un pays accompli. Un Français qui dissimule ses innombrables carences sous l'illusion qu'étant français, il n'a besoin de rien savoir concernant toute autre culture, toute autre langue, tout savoir.

Je regarde avec indifférence les Français joyeusement précipiter leur pays dans le gouffre –il y serait tombé anyway- à coups de grèves irrationnelles, occupations d'usines, manifestations monstre contre l'homosexualité... décrédibiliser le président maladroit qu'ils ont élu au lieu d'en faire, au contraire, un rempart contre la nullité absolue, la corruption et la gabegie qui accompagnaient son prédécesseur et de l'encourager à établir en France les règles démocratiques de bonne gouvernance réclamées chez les Africains que l'on pille sans vergogne à grand renfort de paternalisme imbécile.

France 2, 03/11/2013. Un général français au mali, à propos de Kidal : "... **un** espèce de zone de non-droit..."

ARTE, 28 Minutes, 04/11/2013. Ils disent "en sardine" pour Ansar Din qui se prononce **ann'saar'dinn**. Comment prendre au sérieux ces gens qui se prétendent journalistes et spécialistes ??

Pour pouvoir parler de démocratie en France, il faudrait déjà qu'existent des instances crédibles de contrôle du fonctionnement de la police et de la justice envers les minorités fragiles. Or cela, qui mettrait à plat l'extraordinaire discrimination de ces institutions envers les Africains, les Arabes, les Asiatiques et les Roms de France principalement, n'est même pas envisageable en l'actuel état des choses dans ce pays et, encore moins, dans un futur prévisible.

Ils disent tous **la gente féminine** parce-que **gent** tout court précédé de l'article féminin, ils disjonctent. Personne n'a proposé à l'autre cette masculinisation infondée. L'esprit collectif panurgien a fait son chemin tout seul. Comme d'hab.

Comme toutes les villes traversées par de l'eau, Paris est une belle ville. Dans mes souvenirs d'avant que je prenne conscience de la nature de la France, Paris est une belle ville. Sauf qu'à présent, je ne suis plus sous influence et m'en fous à mort.

France 24, 07/11/2013. À propos de la rebellion du M23 en RDC : "…en attendant l'**assignation** d'un accord". Pour **signature**.

Ils disent **kéîte richar** pour Keith Richards, soit **kisse rit'cheud'z**.

En France, ceux qui poussent aux pires discriminations ne sont pas les fachos ayant pignon sur rue. Ceux-là circulent avec une croix gammée au poing. Les pires ordures sont les rapaces politiques ayant déjà gagné la confiance des honnêtes gens qui, croyant –ou certains de- faire un maximum de voix ainsi, se mettent sans scrupules à faire l'apologie de ce qu'ils savent abominable. Voyons voir : Chirac, Fillon, Valls, oh et puis zut, la liste est bien trop longue.

Le président français a lancé une commémoration à grande échelle de la fin de la WW1. Pour célébrer, évidemment, la gloire française. Pas un mot sur les tirailleurs sénégalais défendant jusqu'au dernier Rouen désertée par ses habitants en fuite. Pas un mot sur les vrais et uniques résistants de Verdun et Douaumont tombant comme des mouches, bien loin de leurs savanes africaines, pendant que le général Nivelle, chef des armées "françaises" tonitrue à ses officiers "**Surtout n'épargnez pas le sang des soldats noirs si vous voulez que la race blanche survive en France**" Qui se souviendra qu'en ces temps héroïques où les lauriers étaient à prendre, l'état-major français, incapable de convaincre ses soldats de monter à l'assaut, passait son temps à fusiller à tour de bras ses déserteurs ??

Depuis 2008, les media français parlent des USA quasi exclusivement pour dénigrer Obama sans trop donner l'impression d'y toucher. Infâme et lâche mais habituel en France.

Les Français ne sont pas faits pour la démocratie. Ils n'ont aucune idée de comment s'en servir. Il leur faut une monarchie absolue parce-qu'ils ont un besoin absolu d'être guidés et d'avoir à obéir. Regardez donc les innombrables ouvrages énamourés qu'ils consacrent à chaque soubresaut chez les Windsor. Privés de tutelle, ils deviennent vite les animaux dont ils ne sont pas moins éloignés que les autres, se réfugient dans leur nature profonde de mesquinerie grégaire et s'en prennent aux sans-défense. L'Arabe, certes, par obligation, mais surtout l'Africain pacifique dont il ne supporte pas le bonheur naturel qui ne respecte aucun critère de "bonheur occidental" et qui, heureusement, n'a aucun moyen de défense puisqu'il n'en a jamais vraiment eu besoin.

RFI, 11/11/2013. "La centaine de militaires rester**ont** sur place"

RFI, 11/11/2013. À propos des commémorations de 14-18 :

"Ils étaient venus prêter main forte à l'armée française". Il s'agit des "tirailleurs sénégalais" auxquels la France n'a même jamais accordé l'honneur d'une majuscule. Mais quelle impudence !! On croit rêver... Comme si ces hommes avaient décidé tout seuls, en parfaite connaissance de cause et de plein gré, d'aller servir de chair à canon à Pétain et à Nivelle, de tenir la France à la place de la France et puis, une fois le sacrifice accompli, s'en retourner à l'état d'esclaves de la France après un détour sur les rives du Rhin où la France, armistice ou pas, n'osait toujours pas s'aventurer pour garder "sa" part d'Allemands vaincus !! Sans la moindre compensation, le moindre salaire, la moindre reconnaissance pendant un siècle !! Cela s'appelle cracher sur leurs tombes.

Les Francs originels, ceux qui n'ont pas été ostracisés, frappés d'infamie, sont toujours en Allemagne. Ils ont gardé le nom qu'ils ont toujours porté : les Francs. Les Français, eux, sont des outres emplis de suffisance et de certitudes infondées.

L'humour français est d'une platitude consternante. Tout ce qui, d'aventure, devrait être celé par le narrateur est étalé gros comme le nez rouge au milieu du visage du clown, de manière à bien être sûr que l'auditeur n'aie aucune chance de louper le moment de rire ainsi téléphoné. Cerise sur le gâteau, le racontant rend de lui-même son récit insipide à force de l'entrecouper de ses propres gloussements et mimiques imbéciles que l'auditoire français, débile profond, s'empresse de reprendre de confiance. En fait, en France, la meilleure façon de raconter une blague serait juste d'annoncer : j'ai une blague. Pas besoin de rien ajouter pour que les Français se tordent de rire puisqu'ils seraient prévenus qu'il s'agit d'une blague. Coluche et Fernand Raynaud sont des rois du rire désopilants pour les Français. C'est d'un triste. Et, ne comprenant jamais les blagues réellement drôles puisqu'ils n'en ont jamais compris une, ils décrètent que les Anglais ont un humour pince-sans-rire. Mais pas que les Anglais, ballots, lorsqu'on raconte une histoire drôle, c'est pas pour se faire rire à la place de son audience !!

La France est un pays d'extrême-droite avec une mentalité d'extrême-droite sans courage, velléitaire. Mai 2013. L'UMP s'associe encore, de manière très claire, avec le fascisme national en prenant à son compte les insultes mesquines à l'encontre de Madame Taubira (*tiens le correcteur orthographique qui corrige les noms le moins connus ignore celui-ci*), ministre africaine de la Justice.

Le nauséabond chef de file de ses députés, un juif, ne rate pas une occasion de manipuler les faibles d'esprit qui composent l'électorat qui les élit et de pousser au crime.

Pas une voix à droite, ou dans ce qui se dit le centre, ne se dissocie de l'infamie, n'ose se désolidariser des atteintes gratuites et mensongères à la probité du président faible mais bien moins incompétent et largement plus présentable que son prédécesseur de déplorable mémoire même en France. Les enseignants sont dans la rue… ah mais ça, c'est normal, sinon les Français auraient peut-être un minimum de connaissances élémentaires. Les policiers sont dans la rue, et ça aussi tend à devenir la norme, et leur ministre, Valls, comme tous les ministres de l'Intérieur qui l'ont précédé, se soumet. L'armée menace mystérieusement en chocotant. Des militaires de haut rang déclinent leurs griefs –une première en France métropolitaine- sur le plateau de BFM, 16/11/2013. Jusqu'au PS où certains exigent la tête du PM Ayrault. Ils ne savent pas encore que dans un an, cet homme éjecté, c'est avec la tête du président issu de leur famille qu'ils joueront. Les Bretons se sont mis hors-la-loi. Le président de la République est copieusement hué –encore une première en France- lors des cérémonies du 11 novembre. TF1 et BFM manipulent leurs JT pour accentuer les huées et assourdir les acclamations.

Mais personne, absolument personne, en France, ne semble être ne serait-ce qu'effleuré par le soupçon d'un complot à grande échelle occulte fomenté par des forces bien plus puissantes en France que celles dont dispose un terne François Hollande et qui viserait à remettre en scène le pitoyable ex, et les prébendes en-veux-tu en voilà, sans avoir à attendre encore quatre longues années.

Français, vous êtes de vrais veaux !!

C'est le fait que le Français soit au-dessous de tout lorsqu'il s'agit de prendre ses responsabilités et ne se préoccupe que de tricher qui rend l'Angleterre brillante dans sa reconversion. En GB, la présence des anciens esclavagisés et colonisés n'est pas de pure façade godiche mais réelle et active parce-qu'ils n'ont trouvé sur place un système essentiellement fait pour les brimer et les broyer, avec une police et une justice impliquées à fond. Le représentant de la Couronne au Canada était une femme et une Africaine, Michaelle Jean, deux décennies avant que la France ait un ministre africain Christiane Taubira, qui se trouve être une femme qui ne soit pas un croupion, une simple décoration pour donner le change comme tant de Senghor, Houphouët, Bambuck et autres Yamgnane.

Elle se fait massacrer par l'extrême-droite ET la droite dite républicaine –en clair, cela signifie qu'il n'y a pas de républicains en France- sous les applaudissements et avec l'approbation tacite de toute la France… dite de souche.

Même la réaction de Madame Taubira qui peut être considérée digne, faisant appel à la France des libertés, de la fraternité, démontre qu'elle n'est, malgré elle et à son corps défendant, elle-même, qu'une victime plus gravement atteinte par l'aliénation que ceux qui en ont une moindre conscience, les balayeurs maliens et les tirailleurs sénégalais. Parce-que son intelligence a été, dès le départ, aiguillonnée vers une impasse par les mensonges énormes qui lui ont été inculqués tels la possibilité d'une France d'honneur, de liberté, de fraternité, de courage. De mensonges imposés aux Français et que les Français aiment à s'imposer, qui n'ont rien de bon ni pour elle ni pour moi. Madame Taubira, forte personnalité, n'a pas eu l'opportunité de se rendre compte qu'à son corps défendant, elle coupe en plein dans les travers qu'elle croit combattre en leur accordant son crédit. Elle croit pouvoir croire que certains français sont honnêtes et désirent sincèrement changer les choses vers une réelle égalité, une réelle justice là où, à l'instar de créations mensongères comme le CRAN ou SOS Racisme, elle donne de la vigueur à ceux qui sont tous unis pour continuer à esclavagiser et à exploiter et se partagent les rôles entre ceux qui jouent les fachos et ceux qui font les mères Térésa.

Lorsqu'elle lève les bras et s'écrie "La France, c'est nous", elle m'inspire infiniment de peine, instrumentalisée à son insu, à faire le jeu des salauds, représentant l'Afrique aux abois, réduite à se réclamer de ses bourreaux.

Les Français sont condamnés à l'ignorance par un système qui leur inculque des mensonges et les cloisonne contre tout ce qui pourrait leur faire entrevoir la vérité. Ils peuvent paraître gentils, elles peuvent sembler belles, mais tous restent profondément stupides. Et plus encore parce-que, persuadés par la fable constamment réécrite qui leur sert d'histoire qu'ils sont supérieurs, ils plastronnent et s'érigent en donneurs de leçons.

Si certaines affirmations sont répétées, c'est que ces répétitions sont nécessaires pour que des vérités tout simples s'ancrent bien dans les cerveaux enfumés par des siècles de désinformation.

Les faiseurs d'opinion français tentent désespérément de dresser l'opinion française et l'Europe contre l'Allemagne pour que celle-ci comble les déficits dus à la malgouvernance, aux turpitudes et au gaspillage français ou, à défaut, que madame Merkel soit mise au pilori du nazisme pour avoir scrupuleusement respecté les règles et thésaurisé suffisamment d'économie pour maintenir son pays bien loin du gouffre. Comme la France aurait pu faire si elle n'avait pas commencé, dès le début, à tricher sur l'état de son économie et à falsifier ses comptes.

Un magazine français pour la jeunesse : " ...Beyoncé, Lady Gaga, Rihanna..." suivi, savante orchestration croient-ils, d'un obscur wannabe chanteur ou acteur français absolument lamentable, même pour la France.

Promo ?? Non, blanchiment.

Il serait bon d'enfin mettre les Français au courant –parce-que cela ne nuit qu'à des non-Français dits de souche en France-que l'on ne condamne pas les gens parce-qu'ils ont dit ou fait quelque chose qui, pour offensant que ce puisse être, n'est pas explicitement proscrit par la loi avant les faits. La justice est une chose hautement sérieuse, le fondement d'un état crédible. On ne doit pas la tripoter selon les humeurs pour complaire. Ce journal excrémentiel, très français malgré sa feinte mauvaise réputation, est un journal d'opinion nonetheless. Il ne doit pas être condamné par la justice pour "Maligne comme un singe, Taubira retrouve la banane" parce-que ce n'est pas insultant aux yeux de la justice. C'est juste une preuve de plus, s'il en fallait, de l'inanité, de l'extrême carence de créativité en France. Il aurait dû l'être s'il avait nommément désigné une personne pour affirmer qu'elle est un singe, ce qui aurait été une atteinte à cette personne, à sa parenté jusqu'au plus éloigné et à tous ceux considérant l'assertion erronée. La justice tire sa légitimité de sa rigidité également applicable à tous. Cette décision stupide sert uniquement la propagande de ce journal. Parce-qu'entre nous, condamner en France parce-qu'une connerie a été proférée serait une nouveauté. Que les Français sont des cons n'est pas un secret. Les Français s'en offusquent mais aucun ne le nie. Faute d'argument.

"L'idée qu'une partie du pouvoir soit exercée par la droite et l'autre par la gauche **ou inversement**..." Inversement, c'est à dire : ou qu'une partie du pouvoir soit exercée par la gauche et l'autre par la gauche. Trouvez la différence... ou la redondance éblouissante. (Histoire Secrète Des Cohabitations, doc)

Entre Makomé et Oussékine, Zyad et Bouna, c'est Oussékine et Zyad que les media français ont délibérément choisi de faire passer à la postérité. Arabes, détestés, mais moins sombres.

Cela n'amusait pas Mitterrand de semer la zizanie entre Balladur et Chirac. Il montait juste une soupape de sécurité pour rendre certain qu'aucun prétendant de sa famille politique ne lui succède.

De la même manière que Chaban, Couve, Pompidou, toutes les victimes des résistants de la dernière heure déchainés et tous ceux qui feront la France dès l'immédiat après-guerre, François Mitterrand a été un lâche absolu qui a renié sa famille fasciste naturelle de l'époque, le pétainisme collaborationniste chocotard pour s'empresser d'embrasser en catastrophe cette illusion de participation de la résistance à la victoire qui n'avait jamais eu lieu mais dont, rusé, il savait pertinemment que la France l'avaliserait et n'en renierait pas les héros imaginaires car l'histoire de France s'est ainsi tricotée de tout temps. Les uniques résistants en France ont été des tirailleurs sénégalais et personne d'autre. François Mitterrand était le collabo à la francisque, aux côtés de Chaban et Couve de Murville, lorsqu'il était un dignitaire collabo officiel à Vichy. Ensuite, il a retourné sa veste et est devenu président de la République car ce chemin bien français, il le connaissait par cœur.

Couve est devenu Premier ministre du "héros de la Résistance", Charles de Gaulle, lorsque celui-ci sera penaudement rentré de sa seconde fuite à l'étranger en mai 68.

Quant à Chaban aura également les honneurs de Matignon après avoir été inamovible président de l'Assemblée nationale longtemps après avoir été déclaré, au sortir de l'Occupation allemande, plus jeune général de France dans les troupes de la Résistance imaginaire. Deux étoiles pour trouver son chemin de Vichy à Paris : champion. Ou alors seulement Français.

Depuis 2007, il est devenu sans équivoque aucune, clair qu'il n'y a pas de droite en France. Il y a ce qui se dit la gauche et l'extrême-droite qui englobe tous les partis dits de droite républicaine et, en réalité, toutes les gauches également. La France est un pays discriminant. Le "racisme" n'y progresse pas comme le dit cet intervenant guignant une auréole sur BFM 16/11/2013, il a toujours été là, bien présent, réchauffé et chouchouté par l'ensemble des Français et, surtout, la gauche et l'extrême gauche.

17/11/2013 ARTE. Le documentaire "Léonard de Vinci : dans la tête d'un génie" est présenté sur le bandeau d'information "doc. d'histoire – France 2013" ; Constatant que les mouvements des lèvres des intervenants ne s'accordent pas avec les mots prononcés, je fais une recherche Google. Il s'agit d'un documentaire britannique d'un nommé Julian Jones qui date de 2012. Comment voulez-vous vous améliorer lorsque vous ne pensez qu'à tricher et à usurper et qui revient à autrui ??

17/11/2013. Invité d'une émission politique sur France 5, Mélenchon met enfin le doigt sur le criant complot mêlant UMP et extrême-droite que je soupçonnais il n'y a pas si loin, visant à foutre en l'air le pays pour en reprendre les rênes. Pas trop tôt.

Mélenchon, dans l'émission précitée : "Moins vous êtes riches, plus ça va vous coûter cher, plus vous êtes riches, moins ça va vous coûter cher". Redondance, quand tu les tiens !!

À entendre Mélenchon parler de la France avec des trémolos "Nous sommes la France" s'en prendre connement à Madame Merkel et remettre en cause l'Europe qui a remis en cause le budget de la France, au même titre que ceux de plusieurs autres pays européens, je me dis mais c'est pas possible, y croirait-il réellement ?? Est-il vraiment persuadé que la France –nous sommes un grand pays crie-t'il- doit bénéficier d'un traitement de faveur parce-qu'elle est supérieure aux autres pays ?? Ils sont souverainistes, c'est-à-dire fascistes, sans même sans rendre compte, arcboutés sous un label France qui fait fuir tout le monde et que seuls les Français semblent avoir la faculté de voir alors que la France a entamé une chute inexorable à laquelle toute la classe politique française ne trouve comme solution que de boucher les trous avec du PQ. Il n'y en aurait vraiment aucun pour réfléchir à sang froid à être plus lucide ?? Les Français sont encore plus fachos lorsqu'ils sont persuadés d'être aux antipodes du fascisme. Comme si le fascisme était dans l'air qu'ils respirent. Il s'agit d'une situation d'hypocrisie nationale qui n'aura aucune chance de disparaitre tant que les Français ne choisiront pas d'y faire face lucidement : je ne veux plus faire semblant d'être celui que je ne suis pas uniquement parce-que tous ceux qui m'entourent le font. Point de salut autrement. Mais la France n'a jamais fait front.

Un otage français détenu au Nigeria a profité de la prière pour s'enfuir à vélo jusqu'à un commissariat de police. Qu'aussitôt voilà la France qui entre en transes. Le président : "il s'est libéré", Mélenchon : "J'admire cet homme. Vous avez vu son courage ? Des hommes comme ça, ça existe ?" Il est en droit de se poser la question. Pourtant la fuite est une spécialité tout française puisque le dernier héros du Panthéon national ace statue géante, place prestigieuse, boulevards en-veux-tu en voilà, a trouvé sa place dans l'histoire de France en fuyant en prenant la poudre d'escampette au début et à la clôture de son épopée. La poudre d'escampette, cette invention française qui tant leur sert mais dont ils s'abstiennent sottement de faire la publicité au lieu de tricots de corps dont nul ne veut et d'automobiles inaptes à la mobilité. La France a un besoin désespéré de héros mais, hélas, n'a que des Français à proposer à côté de ceux qu'elle usurpe. L'épouse de l'otage répète sans fin sur France 24 "Mon mari est un n'héros", prononçant "néro" avec le plus chic accent parisien.

Petit à petit, le bandeau d'urgence de France 24 se met à distiller de l'eau dans son vin. Le héros aurait été libéré par une opération coup-de-poing de l'armée nigériane. La présentatrice s'empresse d'ajouter que "les circonstances restent floues". Moi, je suis sûr qu'il s'agit d'une mise en scène française orchestrée pour forcer la main aux faits, les obliger à faire de l'otage le héros que la France éternelle n'en finit pas d'attendre, ce ne serait pas une première. Inventeurs de la méthode Coué à côté de celle de la poudre d'escampette citée plus haut, les Français ne se laissent pas émouvoir par une réalité encombrante et continuent la litanie : "Circonstances exceptionnelles", "Il s'est évadé", "Une prise de risque qui a porté ses fruits"... François Hollande se déclare "fier de lui... C'est un héros sorti d'un livre d'aventures".

Voilà. C'est dit au plus haut niveau. Braves gens ; Tant pis si dès demain, plus personne ne reparlera plus jamais de l'exploit ni du héros. La France se sera gargarisée pendant un jour et c'est ce qui compte.

Ils disent, dans le documentaire sur les derniers instants de JFK, attribué à Labro bien que le bandeau info dise États-Unis "Oswald était entré dans le **théâtre** Texas" traduisant **theater** par **théâtre** au lieu de **salle de cinéma** pour pouvoir correctement donner "Oswald s'était réfugié dans le cinéma Texas". Crétinisme et recherche de la facilité sont les deux mamelles de la France.

Chaque fois que "France" a été associée à "victoire", ça a été, précisément, par association, alliance avec une ou x vraies puissances. Et Napoléon alors ?? s'inquiétera l'étranger qui a gobé ce que la France choisit de maquiller. Eh bien, pourquoi croyez-vous donc que Napoléon ne se voit pas dédié la moindre impasse si l'on excepte l'impersonnelle ingrate rue Bonaparte dans le 6ème arrondissement ?? L'unique Route Napoléon connue n'est pas une appellation de prestige ou une dédicace mais le réel parcours du début de son retour. Napoléon était un Corse. Les Corses sont des Italiens avec un patois italien et des coutumes italiens et ne se préoccupent d'être Français que chaque fois que cela leur rapporte. Eux ont encore des couilles. Pour les Français, Napoléon demeure l'usurpateur. Et il n'est pas un usurpateur parce-qu'il a utilisé la Révolution qui avait aboli la monarchie pour établir son Empire mais bien parce-que, malgré la francisation de son non nom originel, Nabulio Buonaparte (à prononcer **bouoonapaarté**) est un Corse. Un estranger. Un non-Français de souche.

18/11/2013 ARTE. La présentatrice annonce d'une voix entrainante l'émission qui va suivre par "C'est ici, au Texas, que ça se passe". Las, il s'agit de l'Arizona et le titre de l'émission ne laisse pourtant aucun doute à ce sujet : Sun city, Arizona.

23/11/2013. ARTE, Le Dessous Des Cartes : "Quelques éléments de réponse abordés sans **à-priorisme**". Notez que ARTE, chaine franco-allemande, est la référence culturelle de la télévision française.

Les Français sont fachos par rejet viscéral de leur réalité, de ce qu'ils sont.

La tare collective, en France, est plus puissante que nulle part ailleurs à cause de l'esbroufe consistant à glorifier le futile, l'inutile, pour en faire une gamme de spécialités "incontournables" : champagne, sacs à main, foie gras, camembert et autres parfums et soutien-gorge. Les non-Français, gens de bonne foi, ne perdent pas leur temps à analyser si Paris est le plus belle ville du monde et les Champs-Élysées le plus belle avenue, pas plus qu'à questionner la "grandeur" de l'endroit. Eux sont juste à la recherche d'un ailleurs que chez eux pour s'amuser. Ne mentant pas à une telle échelle, ils n'imaginent pas que quiconque en soit capable. Alors, devant l'énormité du mensonge et le peu d'intérêt à tracer des équations, ils choisissent de faire confiance. Tant que la chose ne leur nuit pas. Seulement voilà, la chose nuit à tout le monde puisqu'elle fausse les rouages de la machine. La France se retrouve à engranger des fortunes indues sur le dos des touristes attirés par une publicité mensongère, prétendant un savoir-faire domestique dont tout le monde dispose sauf elle qui se contente de la copier et de se l'approprier. Mais cela n'est encore qu'un tour de passe-passe honteux mais point trop grave. Lorsqu'on débarque en France, d'où que l'on vienne, on tombe sous le charme de ce parler bizarre. Ce qui est grotesque dans ce langage bâtard, mélange improbable de germanique et de latin, parait, au premier abord, chic. On en perçoit pas le maniérisme, l'affectation, parce-que l'on a aucune raison de les soupçonner. Et c'est là que l'on est piégé. Les boites de nuits françaises, que l'on voit avec la confiance dans ce que l'on ignore être des mensonges, se trouvent soudain dotées de ce fameux je-ne-sais-quoi qui les rend féeriques. L'avenue des Champs-Élysées, par la grâce de la drogue, prend des proportions et des oripeaux qui la rendent la plus belle avenue du monde. La plus haute tour parisienne, du haut de ses cinquante et quelque étages, se met à prendre une allure que l'Empire State n'atteint pas. Et Paris, par la grâce du mensonge, devient la plus belle ville du monde l'affirmation nous a été tellement imposée que l'on ne voit plus que ce que l'on s'attendait à voir. Ça, c'est une réussite française. Une vraie. Éclatante. Mais les Français ne s'en rendent pas compte. Décidément décervelés, ils se prennent au piège de leurs propres mensonges et se convainquent que Paris est réellement la plus belle ville du monde puisque le monde entier le croit.

Cependant, le non-Français qui s'installe en France, à l'inverse du touriste qui s'en retourne chez lui la tête pleine de souvenirs au champagne, de schön mademoiselles et de Moulin Rouge, apprend très vite à déchanter car le naturel est impossible à dissimuler sur le long terme. Il se rend compte que les Français sont crades, d'une inculture crasse et, surtout, qu'ils mentent à tout bout de champ. De là, vient le constat que la langue si jolie n'est que l'incapacité à une élocution intelligible. Un mignon ronron, mais en aucun cas, un langage intelligent. Mais chez a plupart d'entre ceux qui restent en France, il se produit un phénomène unique : le syndrome français. Ceux-là qui attrapent le syndrome français, sont frappés du refus de se rendre compte qu'ils se sont plantés. Au lieu de trouver la force de se recommencer ailleurs ou, au moins, celle de reconnaitre lucidement la réalité, ils se voilent la face, effacent les aspérités pour ne conserver que les apparences d'uni, de soyeux et se retrouvent piégés : sans le savoir, ils deviennent français. Ils rejoignent la cohorte de ceux qui ne savent plus vivre autrement qu'en trichant avec eux-mêmes et avec les autres. Ils sont identitairement morts. Dans les livres, films, ouvrages qui tournent la France en ridicule en disant la vérité à propos des Français, comme les Français qu'ils ne savent pas encore être devenus, ils ne voudront voir qu'une chose : le monde ne peut pas se passer de la France. Comme eux, ils sont devenus malhonnêtes, amnésiques et blanchisseurs de réalités.

19/11/2013. Depuis quatre jours, un individu tient Pais en haleine. Armé d'un fusil de chasse, il investit les locaux de Libération, de BFMTV, "prend en otage" *(presse française)* un chauffeur de taxi, le temps d'une course de la Défense aux Champs-Zé, une ligne droite ; L'homme ne cache pas son visage et ne se cache pas des caméras de surveillance. Ses photos, bien reconnaissables, défilent à la télé. La police n'a aucune idée pour le coincer. Faut dire que la semaine dernière, elle était occupée à défiler devant l'Assemblée nationale.

La littérature française a donné deux contributions au monde. Un roman, "Le Petit Prince", et une phrase : "Il faut imaginer Sisyphe heureux". Les Français ont une connaissance plus que sommaire de la première et, généralement, aucune de la seconde. D'autres, par le monde, se chargent de les apprécier.

Tout le reste est mineur, dans le meilleur des cas et, très souvent, plagiat. Baudruches gonflées par la France et imposées au monde honnête et, surtout, à elle-même, la France. Car les Français lisent français quand ils lisent. Ils lisent léger, fuient la littérature qui demande réflexion ou donne à réfléchir. Ils se pavanent sur les plateaux dits culturels en France car il faut entretenir la réputation factice vendue aux autres et commentent des livres qu'ils se gardent bien de lire, qu'ils survolent pour les besoins de la cause. Lorsqu'ils décident de lire de vrais livres, ce n'est jamais désintéressé. Il s'agit de pouvoir en installer à bon escient, même si l'on y a rien compris.

19/11/2013. D'un côté, doc sur la mort de JFK, énième du genre mais français celui-ci. Tendancieux et ennuyeux, il s'efforce de faire croire à tout prix que LBJ est le commanditaire de l'assassinat de Kennedy avec un mielleux, une componction gerbante à vous retourner l'estomac de dégoût. Á vous amener à remettre en question vos propres déductions car, enfin, si les Français mettent autant d'ardeur dans la médiocrité pour accuser Johnson, c'est bien qu'il est innocent et qu'on couvre autre chose, non ?,

De l'autre, doc sur Hitler tout aussi tendancieux à gerber et trémolant. On se demande pourquoi cette émission maintenant, l'Allemagne ayant perdu la guerre depuis 70 ans et tout ayant été dit sur le sujet.

Les deux docs sont ponctués, à trop vive fréquence, d'affirmations péremptoires ne pouvant provenir que de quelqu'un qui lit, à la fois dans la cervelle des gens et à travers le temps. La seule chose qui n'a pas été dite dans le second et qui aurait été nouvelle est que, la France, avec ses exigences démentielles de vaincu hargneux au traité de Versailles, a généré Hitler et la WWII. Ce qui aurait pu entrainer cette conclusion utile : la France d'aujourd'hui, avec ses exigences déraisonnables dans le traité sur le nucléaire iranien et sa faconde stupide et grotesque et cette prétention arrogante qui lui est indélébile, entraine à nouveau le monde dans un engrenage qui peut déclencher l'apocalypse.

Ils disent les **déspéradeaux** (comme pour perdreaux ou le radeau de la Méduse) pour l'espagnol "desperados" (voix française introduisant le film Sundance). Et, pour les Français, une **étape** est toujours **décisive**. Et elle est toujours **franchie**. Ni étape ni franchie ne semblent avoir de synonymes pour désengorger, colorer un peu le paysage français.

Ils disent "la majorité veulent..." alors que l'usage du répandu "la plupart veulent...", adoubé par l'Académie par incapacité à décider, ne répond à aucune logique mais uniquement à un rafistolage-bout-de-ficelles bien français, consensuel par absence de lucidité et de courage.

J'apprends à l'instant, par un documentaire, que les Perón argentins étaient notoirement ouverts au nazisme. Bordel !! Mais comment cela a-t'il pu m'être passé au-dessus de la tête ?? Je sais : je vis depuis trop de temps en France où l'histoire fait des Perón des héros respectables.

De la même manière que la presse française tape régulièrement, tous les jours, chaque jour, sur Barack Obama, elle ignore régulièrement les meurtres d'enfants africains commis en cascades aux USA... depuis que Obama y est président. C'est que la France est piégée dans ce coup. Les crimes ségrégationnistes aux USA sont régulièrement portés devant les instances de justice. Les ficelles utilisées pour ne pas les condamner existent bel et bien dans les législations américaines depuis. Elles ont été prévues dès le départ, lorsque les Africains d'Amérique ont été dépossédés du droit de vote et d'être élus, à l'issue de la glorieuse révolution américaine qui fonda la nation Us telle qu'elle est actuellement. La sophistication de la justice est incluse de plein droit dans la législation américaine. Tandis-qu'en France, où la gloriole tant désirée prime sur tout, y compris l'usage du cerveau, on s'est empressée de peindre les murs aux couleurs de la liberté –universelle, la seule qui vaille- pour laisser enfin une trace. C'était stupide puisque les Français, comme les autres, n'ont jamais eu l'intention d'accorder aux Africains les mêmes droits. Par grande gueule et précipitation, ils se sont mis dans la situation de trahir en permanence les idéaux dont ils ont tant abreuvé le monde et qui leur retombent en pleine face chaque fois qu'ils les bafouent. Comme la trahison de ces idéaux est pluriquotidienne en France, qui c'est qui a l'air d'un con en permanence ??

Depuis la fin de la guerre, tout est flou en France. Á dessein. L'observateur ne sait plus quoi croire. Cependant, connaissant les desseins de la France, l'analyste lucide tendra naturellement vers l'inverse de ce qu'elle affirme et que toutes les autres nations participantes, elles, ne disent pas. Cela donne aussitôt accès à des cratères abyssaux.

Avec plus de trois mille manifestations de revendications *(grèves, marches de protestations)* par an, la France détient le record du monde absolu toutes catégories confondues.

Ils traduisent l'anglais **officer**, simple agent de police, par **officier**, militaire de grade important, les foutus ânes.

Un pseudo-réalisateur français fait un tabac en France –où d'autre ??- et se hisse en classe supérieure avec un film dont il a tout pompé sur le ***Gloria*** de Cassavetes. C'est un exemple éclatant : les Français sont naturellement dupes, d'abord parce-qu'ils veulent croire tout ce qui est susceptible de les hisser et, ensuite, parce-qu'ils sont ignares, dénués de toute culture sortis des crétineries françaises dont ils sont abreuvés et qui ne leur servent qu'en France, autant dire qui ne leur servent jamais. Le reste du monde n'a aucune raison de douter, à priori, de la bonne foi française puisqu'à chaque tricherie, ce leur est juste une petite mesquinerie sans importance, une peccadille. De plus, c'est inoffensif. Même si c'est dégoûtant.

Le statut des Africains en France est, sournoisement mais méticuleusement, organisé par toutes les instances de décision et d'opinion depuis ce qu'ils appellent extrême gauche jusqu'à l'extrême droite nazie qui est l'unique famille naturelle commune aux Français.

Les Africains de France ne quittent pas leur scolarité. Dès le départ, ils sont mis en situation de délinquance par exclusion systématique des cursus réservés aux Français dits de souche et autres Occidentaux. Ils sont froidement préfabriqués pour devenir soit hors-la-loi et justifier la ségrégation à posteriori ou esclaves.. Quelques-uns sont hissés à des positions enviables pour les autres Africains pour servir d'alibi "Vous voyez bien qu'il n'y a pas de ségrégation puisque Mamadou est avocat". Mais il n'y a pas plus de médecin africain à Paris qu'il n'y a de scientifique de haut niveau. Y'en aurait-il eu qu'ils n'auraient pas de clientèle ou d'employeur, rejoignant ainsi la cohorte des avocats africains de Paris. S'habiller à l'africaine pour aller à son travail lorsqu'on est pas balayeur ou éboueur n'est même pas envisageable. Lorsque la stratégie implique des Africains à des postes de prestige, ils sont moqués et ridiculisés lorsqu'il ne sont pas sciemment choisis stupides ou rapaces, voyez Yamgnane, Bambuck, Michaux-Chevry et autres croupions. Lorsque Madame Taubira s'exprime, elle est inaudible car tout ce que l'on entend, c'est le babil parisien insupportable, encore plus insupportable chez elle, d'une adolescente besançonnaise –et non pas "bisontine" qui est stupide- montée à Paris. Quel Africain de France ayant échappé à la schizophrénie voudrait d'une égalité qui l'obligerait à s'exprimer ainsi ??

Lorsque vous vous avérez indocile, ils vous créent le RSA pour que vous vivotiez sans moyen de leur nuire et vous n'en sortirez jamais de leur fait. Vous serez sous contrôle pénitentiaire obligatoire serré, vous imposant de rencontrer votre agent de probation chaque mois... pour lui dire que vous n'avez toujours pas trouvé d'emploi. Bien sûr, ce n'est pas pour vérifier que vous cherchez effectivement du travail puisque vous pouvez leur faire parvenir tout justificatif par mail. C'est pour vous humilier, vous briser, vous montrer qui est le maître absolu de votre vie. Les chômeurs occidentaux servent d'alibi et eux, il va de soi, ne sont jamais traités ainsi sauf lorsque la mise en scène l'exige. Vous n'avez qu'à voir, lorsque vous marchez sur un trottoir et que des dits de souche arrivent en sens inverse, à plusieurs ou seuls, ils font semblant de ne pas vous voir. Et vous avez la réaction saine de vous écarter pour leur céder le passage. Ils vous voient parfaitement. Vous forcer à faire un détour ou à vous arrêter pour les laisser passer leur est un attribut de leur supériorité et de la soumission qu'ils vous imposent.

24/11/2013. Un événement historique se produit. Un accord, dit fort, solide par le secrétaire d'État américain Kerry, a été conclu entre les puissances mondiales officielles + l'Allemagne et le strapontin français d'un côté et l'Iran de l'autre sur le nucléaire iranien. Il n'y a pas une chaîne en France pour l'annoncer et le commenter à chaud. Les "journalistes" des services politiques, y compris ceux des chaines dites d'info en continu, sont tous bien au chaud entre leurs draps. La nuit, en France, il n'y a aucune chaine pour commenter quoi que ce soit : on rediffuse toutes les quinze minutes, et ce jusqu'à l'écœurement, les mêmes images. Heureusement, avec les nouvelles techniques, on a accès à travers le monde à de vraies chaines d'info en continu dont les journalistes font leur boulot au lieu de se commenter de disséquer les propos de leurs collègues étrangers et restituent l'actualité internationale en temps réel.

24/11/2013. Les responsables politiques, comme tous les dimanches, défilent sur les chaines françaises. Quelles que soient les familles politiques dont ils se réclament et leurs différences revendiquées, la gestuelle et la rhétorique sont exactement les mêmes. Ils parlent de la France comme d'une vraie puissance, de la "responsabilité de la France" d'empêcher l'Iran de se doter de la bombe atomique. Le ministre des Affaires étrangères a-t'il seulement idée que ses froncements de sourcils tartarinesques datant de sa période Premier ministre "Vous vous adressez au Premier ministre de la France" indisposent ses collègues internationaux pour le ridicule absolu qu'ils lui confèrent ?? Ont-ils conscience de tromper les Français, et seulement les

Français, les autres n'en ayant rien à cirer, pour se faire reluire ?? Ou sont-ils autistes ??

Ils sont autistes.

24/11/2013. Aujourd'hui, la TV française, toutes chaines confondues, fait une très large place aux manifestations des petits privilégiés en bombes et culottes de cheval qui défilent avec leurs parents, ravis, et les bénéficiaires de la filière équitation, si quintessentielle à la vie française. Le Titanic coule, l'orchestre joue. Personne, absolument personne, et surtout pas les innombrables "observateurs" politiques français, ne semble voir le lien avec la déstabilisation à très grande échelle du gouvernement socialiste par l'UMP et ses satellites. Tellement hallucinant que c'en est remarquable.

Dans un reportage en République dominicaine, le commentateur, avec assurance, parle du cuisinier Jorge en prononçant **yorgué**. Peut-on faire plus minable et pitoyable en plus d'être offensant à l'égard d'autrui ??

En se basant sur le mot anglais **inflation** et, comme d'habitude, sans chercher plus loin, les Français on fallacieusement traduit **théorie de l'inflation** ce qui, en fait, est une "théorie de la dilatation". Du coup, lorsque tu googles "théorie de l'inflation", tu obtiens tout sur la bourse et la finance et zéro sur la dilatation du continuum spatiotemporel. Parce-que "inflation de l'espace" n'a strictement aucun sens dans le cadre de la théorie de la dilatation.

De la même manière, en traduisant hâtivement **string theory** par **théorie des cordes**, s'agissant de quelque chose d'aussi énorme, Français et francophones sont largués à la première minute. Théorie des filaments aurait bien mieux fait l'affaire, les ficelles dont il est question étant supposés microscopiques, quantiques pour tout dire. Mais à ce sujet, il n'est pas de scientifique, si prestigieux qui ne se soit foutu le doigt dans l'œil. Les strings dont il est question n'ont pas d'existence physique, même à l'état subatomique. Il ne s'agit pas de sortes de cordes –d'où l'erreur monumentale de la précipitation française- de violon mais de sons semblant provenir de ces cordes lorsqu'elles sont pincées. Ce que la science officielle appelle **masse** n'existe pas. Il n'y a que des ondes émanant toutes d'une unique onde originelle. Mais cela reste à la science officielle à découvrir.

En pleine explication de la théorie des cordes sur ARTE, la voix française traduit boussole par compas. En anglais, le mot français boussole se dit **compass** tandis que le mot français compas se traduit par les pluriels **compasses** ou **dividers**. Dans une discipline aussi pointue, que seuls les vraiment intéressés regarderont, la faute est criminelle, impardonnable. Á ce propos, quand j'étais petit, à l'école française, tous les élèves africains étaient tenus d'acheter, en plus de règles, crayons, cahiers, protège-cahier, buvards, etc. des compas, des rapporteurs et des équerres qui ne servaient jamais durant toute l'année scolaire. Pourquoi ?? Pour enrichir la France, pardi !! On était également obligés d'acheter des porte-plume en pagaïe toute l'année puisqu'on écrivait à l'encre salopante malgré l'existence de stylos à bille. Mais, à ce point de rapacité, c'est à la France qu'il appartient d'avoir honte d'aller se faire psychanalyser si elle avait seulement la moindre idée de la décence.

Dans la même émission : "…libère une bombe *équivalante* à…"

Pour un chef d'État africain, il n'y a pas pire manière de dire merde à soi-même et à ceux que l'on représente que de se rendre à l'Élysée en costume-cravate. Mais déjà qu'ils font une règle d'en porter lors de leurs propres conseils des ministres... Déculturés total, ils font parfois vraiment ce qu'ils peuvent mais ne pensent jamais aux détails qui sont, la plupart du temps, largement plus importants que l'essentiel. Rendre leur dignité à ses administrés en situation d'occupation –car c'est bien toujours de cela qu'il s'agit, foin des faux-semblants- c'est d'abord simplement les respecter en s'habillant comme leurs pères et modèles, ceux qu'ils respectent, bien plus urgent que de construire un hôpital ou une université.

La France siège à l'Onu uniquement en remerciement pour sa grande capacité, bien involontaire, à abâtardir les Africains rien qu'à travers la langue française. Les Africains anglophones sont restés authentiques et, Kwame Nkrumah, lorsqu'il a arraché l'indépendance du Ghana, l'a fêtée publiquement avec son peuple drapé dans ses vêtements africains. Évidemment, ça a une autre classe tout naturelle, qui n'a rien à voir avec les esclaves choisis, encostume-cravatés, le petit doigt sur la couture du fute, qui sont allés la "recevoir" à Paris, des mains du général De Gaulle, avec un Foccart imposé, en proconsul chargé de les chapeauter et de veiller à ce que l'Afrique d'occupation française continue d'être l'Afrique d'occupation française à travers cette simple mascarade... qui dure toujours. L'Afrique centrale, gigantesque et éloignée du funeste Ouest gangrené, a gardé sa culture malgré les coups de boutoir et la cruauté des Belges, des Français déguisés. Au Congo, il y a une culture congolaise qui prime sur toute acculturation. La Guinée ostracisée de Sékou Touré a donné les seuls joyaux culturels ouestafricains avec ses ballets et son jazz authentique incomparable.

Tout le reste de l'Afrique a complètement abdiqué sa créativité. Les musiques des hymnes nationaux sur des paroles françaises sont composées par des pseudo-musiciens français qui n'ont jamais rien composé d'autre. Les grands griots ouestafricains se contentent de plaquer des paroles sur les mêmes airs, engourdis par la lourde présence française. Comme les Français, ils ne cherchent plus à créer, comme s'ils avaient oublié qu'ils en sont capables. Ils plaquent les mêmes accords, reprenant des refrains à l'infini qui, si beaux soient-ils par lasser... ou, pire, instaurer l'appréciation de l'inutile et du mauvais goût dans les esprits. Comme pour les Français.

Les Sénégalais n'aiment pas leur musique traditionnelle parce-qu'elle est bonne mais parce-que c'est la leur et ils y sont habitués et en comprennent les paroles. Jaangaake et Ñaani. Pourtant ils ont des xalam et des doigts magiques mais, grâce à la torpeur intellectuelle induite par la présence française, ils ont mis leur cerveau en pause, oublié comment s'en servir pour se renouveler. Ils ont oublié l'usage de la créativité. Cependant, contrairement aux Français définitivement et naturellement amoindris, un sursaut de colère ou de honte dû à ces lignes leur fera retrouver tout leur brio en jachère tandis-que les Français, eux, sont dépourvus de toute créativité.

Les écrivains africains francophones respectables ?? Qui ?? Fanon, Damas, Césaire et Biraago Joob. Trop maigre pour justifier ce pluriel. Tous les autres, à commencer par l'incontournable Senghor, larbin dans l'âme –et mon ami revendiqué- par lâcheté apprise, cupidité apprise, souvent inconsciemment, se sont bien appliqués à complaire aux Français puisque c'est eux qui délivrent les honneurs. Là encore, les authentiques honorables se trouvent hors d'Afrique francophone qui n'a, hélas, pas encore produit de Chinua Achebe. Mais il ne faut pas s'y tromper. L'Afrique francophone regorge de talents respectables. Mais, bâillonnés, ils n'ont aucune chance d'être édités tant que l'édition restera tributaire de la France et de ses âmes damnées, OIF en tête à la suite d'Agecoop de mauvaise mémoire à tel point qu'il est impossible de trouver par Google aucun nom de ses anciens directeurs généraux, tous escrocs de haulte volée adoubés par Paris.

Le discours, apparemment incongru de Sarkozy à Dakar, n'avait rien d'une maladresse. Il s'agissait de faire endosser aux Africains la responsabilité pleine et entière de leur déculturation. Fort heureusement, le délivreur du message étant français, et donc plus stupide qu'une motte de saindoux, la ficelle s'est désentortillée d'elle-même laissant place à une pantalonnade humiliante pour la France. Mais qu'est une humiliation de plus pour la France ??

Aucune chance qu'ils écrivent le correct **gérania** au lieu du fautif **géraniums** quoiqu'en disent leurs références perturbées. Déjà qu'il écrivent **un média**, **des média**, à la place de **un medium, des media**…

En France, c'est tragique. On y a tellement l'habitude de glorifier à tort des Français au lieu de faire connaître aux Français de vrais génies dont ils pourraient s'inspirer, de toujours mettre en avant un français plutôt qu'un autre méritant, de trafiquer tout au bénéfice d'une France minable que les Français, que voulez-vous, restent minables par taylorisation.

Dans les pays qui ne sont ni la France ni pollués par la France, lorsque tu dis à une fille qu'elle est jolie, si flagrante soit sa beauté, sa réaction instantanée est de répondre merci. En France, le plus modeste des filles baissera peut-être les yeux, montrera de l'embarras peut-être, mais l'idée de dire merci ne lui viendra pas à l'esprit. C'est devenu culturel, ou absence de culturel dans ce cas, à force de prétention ne reposant sur rien d'autre que du vent. À force de subir défaites et humiliations en cascades, les Français d'en temps de paix ont fini par rayer de leurs comportements tout ce qui pourrait ressembler à de la soumission. Les équipes de France de n'importe-quelle discipline se ramassent à chaque test international ?? Qu'à cela ne tienne, on fait les matchs internationaux en France avant le coup d'envoi à travers pléthores d'émissions radio et télé et d'articles de journaux encenseurs. Par précaution, on ouvre largement les équipes aux Africains détestés mais performants et qui pourront toujours servir de boucs émissaires. Après le match sans gloire et l'humiliation, plus aucun commentaire jusqu'à la prochaine fois. Où l'on recommence comme si la fois précédente n'avait jamais eu lieu.

28/11/2013. BFM annonce fièrement que l'appel à témoins, sur l'affaire du bébé retrouvé mort sur la plage à Berck, a produit plus de cent appels. La police française, incapable de solutionner aucun cas impliquant la moindre perspicacité, a désormais recours à la technique qui ne lui a jamais fait défaut : l'appel à la délation. À quoi sert d'inculquer à ses enfants le sens de l'honneur si les parents, sollicités par les plus hautes autorités officielles -comme d'habitude- se précipitent à la balance ?? Jusque-là, un Arabe a été trouvé par ce biais écœurant, il y a dix jours, et, là, l'image d'une femme circulant en boucle sur les écrans promet l'arrestation imminente d'une Africaine. Bravo !! À ce propos, les présentateurs de BFM n'arrêtent pas de répéter "femme d'origine africaine ou antillaise", ce qui me laisse perplexe. Jusque-là, je croyais sottement que les Antillaises étaient d'origine africaine.

Dans le jingle introductif de la série US Different Strokes diffusé en France sous le titre Arnold Et Willy, là où l'auteur dit en anglais : *Il faut différents apports pour faire évoluer le monde, chaque individu a sa propre histoire...*, se référant clairement à la situation de deux orphelins recueillis, le traducteur français, lui, discriminant et paternaliste, et surtout sot, traduit : *Il faut de tout pour faire un monde. Personne dans la vie ne choisit sa couleur...*, distillant sournoisement, à partir de la complexion des enfants africains-américains recueillis par une famille européenne-américaine, que si les Africains avaient eu le choix, ils auraient été Occidentaux et imposant cette saloperie immonde aux enfants français et francophones qui chantent innocemment ces paroles, s'imprègnent de leur nocivité et la perpétuent.

BFM 28/11/2013. Replay : "Un sur deux **sont** contre" l'ouverture des magasins le Black Friday aux USA.

Lorsqu'ils traitent quelqu'un de poule mouillée, les Américains imitent le caquètement de la poule sur l'air de la Marseillaise. Exemple : Mon Oncle Charlie, saison 4, épisode intitulé Dr Charlie Et Mister Hyde, régulièrement diffusé en France. Mais les Français ne le remarquent JAMAIS, cela pourrait les embarrasser. Ils se contentent d'avaler à vide et d'attendre la suite.

Saint-Exupéry n'a ni rue ni place ni station de métro à son nom. Les Français ont une compréhension limitée du Petit Prince qui ne leur est qu'un simple conte pour enfants. Il est plus apprécié hors de France où Saint-Exupéry est considéré à la juste valeur de sa contribution. Pour les Français, Saint-Exupéry est surtout un aviateur. Point.

Tragique.

Les Français ne sont pas hypocrites par une sorte de nature profonde machiavélique. Ils sont élevés dans des mensonges qui leur sont imposés par ceux qu'ils aiment et respectent. Tout petits, on leur enseigne qu'ils sont d'anciens fiers Gaulois descendants de Francs, leur laissant volontairement croire que ces ancêtres francs ont cessé d'exister puisqu'ils ont donné naissance aux Gaulois qui, eux-mêmes, ont généré les Français. Or les vrais Francs sont toujours plus que jamais là. Ils vivent en Allemagne, autant dire de très proches voisins, qui est leur pays d'origine, celui des Francs devenus Français, bannis depuis plus d'un millénaire et latinisés par asservissement aux Romains. Les Français vivent leurs vies entières sans avoir la moindre idée que les authentiques francs vivent toujours juste de l'autre côté de la frontière commune naturelle entre la

France et l'Allemagne qu'est le Rhin.

C'est ainsi qu'ils perpétuent des mensonges et en fabriquent d'autres au gré des défaites.

Ils écrivent à l'entrée des crèches de France "CRÈCHE COLLECTIVE". Comme s'il existait des crèches individuelles. Pourquoi pas "lycée collectif" voire carrément "collège collectif" ??

03/12/2013. LCP, la chaîne parlementaire, diffuse "Trente ans de guerre au nom de la religion" sobrement présenté "France 2011". Mais lorsque le générique de fin défile, il n'y a plus rien de la France à part, tout en bas, une collaboration de la chaine LCP

La langue française n'est pas faite pour être chantée. Elle n'est même pas faite pour être parlée.

Je n'ai jamais rencontré un Français qui ne soit, fondamentalement, facho.

BFM 03/12/2013. Président Hollande à propos de l'état de l'intégration en France : "La France a perdu son rang" en étant classé que 11ᵉᵐᵉ sur 28. "Ce n'est pas notre rang". Ils ne se rendent pas compte. De fait, ils sont tous aussi convaincus que cet intervenant d'hier sur LCP, je crois, qui a hurlé : "La France est, de loin, le meilleur pays d'intégration au monde. C'est le **seul** pays où un Noir peut se marier avec une Blanche *(je ne suis pas sûr qu'il mettait les capitales requises par le code typo)*. Nous avons le meilleur système d'intégration qui existe au monde". Mais pourquoi faut-il avoir besoin d'un système d'intégration. Il fallait ne pas commencer à esclavagiser. Et, maintenant que c'est trop tard, si l'on était sincère, l'on payerait sans barguigner, et avec les excuses contrites, toutes les réparations de cinq siècles d'un asservissement qui dure toujours. Je n'aurais pas cité le nom de ce brillant intervenant même si je ne l'avais pas oublié, si jamais je l'ai su. Les Français, ridiculisés sur leur propre place publique par l'exposition de ce qu'ils s'évertuaient à celer, s'accrochent encore vigoureusement au mensonge. Contre vents et marées.

Les Allemands ont fait un semblant de ménage chez eux. Ils ont clairement désigné le nazisme comme le mal, sans chipoter. Ils ont travaillé, sans avoir recours au sang et à la sueur des peuples occupés sur leurs terres, pour revenir au top en Europe malgré le poids des réparations chiffrées dont le dernier versement a été fait à la France en 2010 par Mme Merkel, soixante-cinq ans après la fin d'une guerre perdue par la France. Ils n'ont pas cherché de boucs émissaires et s'en sont sortis haut la main, à la force du poignet. Sans forfanterie aucune. La France, qui s'est évertuée à traire l'Afrique jusqu'au sang, à vivre sur un pied d'égalité qui était bien trop loin de son potentiel, à profiter de l'Europe et à rejeter ses tares et ses responsabilités faillies sur tout ce qui lui est plus faible, elle, a entamé à nouveau une descente aux enfers dont, cette fois-ci, les stratagèmes habituels ne la tireront pas dans un monde globalisé où chacun devra faire ses preuves sous les yeux de toulmonde.

France 5, La Planète Bleue. Ils disent "Les orques sont des chasseuses redoutables" au lieu de chasseurs. Comme s'il n'y avait pas d'orques mâles du simple fait que leur nom générique est féminin. Cette stupide erreur est faite chaque fois qu'un groupe est doté d'un nom féminin.

La France se retrouve à un rang catastrophique dans un classement des meilleurs élèves de quinze ans du monde remporté haut la main par les écoliers asiatiques. Suivant l'éternel schéma, les responsables français imputent l'humiliation cuisante aux enfants d'immigrés non intégrés. Pour parler clair, aux Africains et aux Arabes. Pas un iota sur la crasse nullité et l'effarante incompétence françaises.

04/12/2013. Une loi vient à peine d'être votée aujourd'hui, qui pénalise les clients de prostituées –et donc les véritables cibles que sont les prostituées elles-mêmes- que le secrétaire général du plus important syndicat de police affirme péremptoirement sur BFM : "Cette loi ne sera pas appliquée". Point. Dans les semaines suivantes, il n'y aura aucune allusion dans la presse à une sanction, ou même à une simple mise au point.

Journal officiel. La France vient de rendre à l'Égypte cinq pièces archéologiques volées lors des émeutes de 2011. Joli tour de passe-passe. Ç'aurait pu être ainsi exprimé : la France renonce à partir d'aujourd'hui à profiter de toutes les situations pour piller les pays pauvres. Mais ça aurait fait mauvais genre.

La Cour suprême a annulé l'annulation en première instance et en appel du mariage d'une femme avec son ex-beau-père. L'affaire se fait sur fond d'héritage contesté à la suite du décès du beau-père devenu époux et n'a aucune importance ici. Ce qui est remarquable, ici, c'est que cette plus juridiction de France a notifié que sa décision se limite à ce cas unique et précis. Plutôt inique, non ?? Mais il en est ainsi de la justice en France où chaque cas est traité différemment selon des critères de jugement qui relèvent bien davantage des préjugés, des partis pris, des intérêts et des humeurs que d'aucune forme d'équité.

Il n'existe pas de journaliste français. C'est impossible puisque les Français sont totalement dépourvus du sens du raisonnement. Ils sont tendancieux, hypocrites, dépourvus de culture de leur sujet quel qu'il soit, sans déontologie, souvent tout cela à la fois et, quasiment toujours, bien plus préoccupés par leur ego que par leur boulot. La France est éduquée de telle manière que les pseudo-chanteurs, pseudo-acteurs, pseudo-écrivains, etc. deviennent tous des sortes de stars car, en France, ce qui est l'exception ailleurs est la norme. La France voue un culte à la personne –français dit de souche ou occidental of course- qui, sans être le méchant d'un fait divers, passe à la télé à intervalles réguliers sans aucune raison valable, à toute personne –français dit de souche ou occidental- dont on voit la photo dans les journaux. De là, l'étouffante ridicule propension des présentateurs de nanars de toutes sortes à se mettre en scène dans les journaux de programmes TV là où l'on s'attendrait à trouver une image extraite de l'émission en question.

La France cherche à se forger une réputation guerrière en intervenant à tour de bras sur le continent le plus vulnérable et déshérité au monde qu'est l'Afrique. Mais qui croit-elle tromper, à part elle-même ?? Il est facile de brasser du vent en déployant son armée dans des pays démunis du moindre. Mais lorsque les choses deviennent sérieuses, avec des adversaires répondant, comme tout récemment en Syrie, et que les USA ôtent leur parapluie sans prévenir, la France se retrouve tout péteuse à déclamer des excuses foireuses pour se défiler. Comme en 14. Comme en 40. On ne lave pas la honte syrienne avec le sang centrafricain. C'est indigne. Mais la France n'est pas à ça près.

David Cameron, le conservateur britannique, de la même manière que Ken Livingstone, le libéral, n'hésitent pas à exprimer ce qu'ils pensent. Même -et surtout- lorsque cela coïncide avec l'adversaire politique. À l'inverse de la France où c'est un enseignement quasi militaire de taper sur l'autre sans réfléchir dès lors que nous n'appartenons pas à la même mouvance et, spécialement, lorsque nous concourrons pour un poste électif. Alors, il n'existe aucun point d'ancrage commun envisageable mais voyez plutôt chausse-trappes et coups bas nauséabonds.

06/12/2013. Contrairement à ce que pérorent les radios vautours de France, Nelson Mandela n'a pas "sacrifié" sa vie pour l'Afrique du Sud. Il a fait ce qu'il savait devoir faire comme responsable politique. Il y a un bonheur immense à faire ce que l'on doit faire pour répondre aux engagements que l'on a pris. Voilà pourquoi il a toujours arboré cet extraordinaire sourire qui exprimait le bonheur même tout en étant le plus humble des hommes. Mais les abonnés perpétuels au mensonge et à la tricherie se sont exclus de la faculté de percevoir cela car, pour eux, la force, c'est d'aller tuer en

Centrafrique à l'exclusion de toute autre solution préservant les populations centrafricaines.

       Ce journaliste, dit de souche, de RFI, qui se veut observateur pointu de l'Afrique, invité régulier des plateaux TV au détriment des journalistes africains bien plus concernés de la même station, affirme que l'Afrique du Sud est aujourd'hui bien pire qu'au temps de l'apartheid. Ben voyons, tout s'explique : quel journaliste africain, même de France, accepterait de cautionner ce message sur une radio très écoutée en Afrique ?? de la même manière que la France sape consciencieusement tout ce qu'est censé représenter Barack Obama, elle s'efforce, sans avoir l'air d'y toucher, du moins le croit-t'elle, de vaillamment salir le cadavre encore chaud de cet immense personnage qui appartenait à l'histoire déjà depuis bien longtemps. Pendant ce temps, le Venezuela et l'Inde décrètent trois et cinq jours de deuil national. L'intégrité sait se montrer tranquillement.

       06/12/2013. France 24. Ils disent , à propos des funérailles de Mandela : "...**plusieurs chefs d'États internationaux**... ". C'est vrai qu'ils auraient pu être plusieurs chefs du même état.

       En France.

       08/12/2013. France 24. M. Raffarin, ancien Premier ministre généralement reconnu comme "sage" dans la droite dite républicaine, explique qu'il ne faut pas toucher à M. Dassault, industriel milliardaire bienfaiteur des droites françaises, inculpé de corruption pour la énième fois, arguant que sa famille est importante pour l'économie française. À gauche, M. Fabius fait mourir de rire le reste du monde non achevé par l'énormité de M Raffarin en se surjouant en Tartarin. Pendant ce temps, autour de la France immobile, le monde tourne à une vitesse incroyable, et ceux qui prennent les vraies initiatives qui la font mouvoir continuent de se manifester autrement qu'en ridicule : le président israélien vient de se déclarer prêt à rencontrer le nouveau président iranien Rohani. Voilà du panache, du réel, ni inventé ni usurpé, qui découle de la trame des vrais décideurs dont il n'existe pas, n'a jamais existé l'ombre d'un en France. Ça vous a une autre gueule que d'aller sans cesse taper sur les Africains sans défense auxquels on continue de tout voler en y perpétuant des pseudo accords secrets et en maintenant des corrompus au pouvoir pour le plus grand bénéfice de la France. Et, à propos de M. Dassault, n'allez surtout pas vous inquiéter, il va très bien aller car M. Raffarin a raison. C'est le fait même qu'il éprouve le besoin de l'énoncer qui est énorme.

Désormais, la France –ses principaux décideurs ayant l'expérience du pouvoir en tout cas- pense que seule l'Europe est sa tout dernière chance de s'en sortir. Mais elle se trompe. Pourquoi l'Europe, lorsque les travers, l'incompétence, les mensonges, la gabegie, la duplicité françaises seront étalés aux yeux du monde, accorderait-elle à la France un traitement de faveur ?? Alors même que des pays moins lotis, sans Africains à spolier, tels la Grèce, Chypre et tous les nouveaux venus de l'Est, doivent, eux, être soumis à des diktats contraignants et des retraits de souveraineté économique ?? Les Français tenteront de se présenter comme un élément au-dessus de toute pénitence indispensable à la révolution terrestre autour du soleil an arguant fille aînée de l'Église, patrie des Droits de l'Homme, membre privilégié puisque fondateur, champagne, vins fins, cuisine raffinée, sacs à main et tout le royaume de l'inutile. Mais qui pourra encore s'y laisser prendre après avoir découvert que tout ce qui venait de France, auquel toulmonde avait accordé foi spontanément, était faux, entièrement faux, fabriqué ??

Les Français ne critiquent jamais la France. C'est une religion d'État. Critiquer la France suscite uniformément la haine et le déni automatique. Jamais, au plus grand jamais, la réflexion.

Le président Hollande, à propos de la Centrafrique envahie à nouveau sous couvert d'humanitaire mais à but réel de prestige et de gloire militaire : "Nous ne pouvons pas maintenir ce président". Lapsus ?? Pas du tout. Et ce n'est plus de l'outrecuidance, c'est un crachat à la gueule de l'Afrique, quel que soit le dirigeant et ses fautes. Et la suffisance de Laurent Fabius ne fait plus rire, elle écœure. Pseudo-journalistes et politiques se précipitent sur toutes les chaines pour expliquer la noblesse de la France face à la faiblesse de l'Afrique –subsaharienne, ça va de soi- à se sécuriser seule.

La merde au chat, en l'occurrence le diamant centrafricain qu'il fait si bon giscardiser au chaud les soirs d'hiver, dans les veillées, les innombrables richesse minières de la République centrafricaine, elles, sont passées sous silence absolu de la vertueuse France. La République centrafricaine, le Soudan et le grand Congo sont artificiellement entretenus en état d'instabilité permanente pour que leurs richesses incroyables, dont les ultra précieux pétrole (si si !!), diamants et, désormais, terres rares, puissent être tranquillement siphonnées et transportées en Occident et en Israël. Et, à l'Onu, seuls les Africains sont dupes.

09/12/2013. LCP : "Le sud de la Lybie est en train de devenir **un** espèce de..." d'une journaliste du Figaro qui ne fait pas deux phrases sans sortir "La France fait le job" à la place de l'Afrique, à la place de l'Union européenne qui doit rembourser les frais à la France... Pire que de la simple mesquinerie. Pour intervenir, ils évoquent les liens prétendument forts entre l'Afrique et la France, les idéaux de la France, la grandeur de la France... et, dans le même temps, ils clouent l'Europe au pilori pour avoir des sous de ce côté-là aussi. Fabius pousse désormais l'acharnement à paraitre guerrier et à incarner une grande France à ce point que, pour parler du coût de l'"intervention", il dit désormais : "le koute". Chic !! Mais voilà que la journaliste en peau de lapin du Figaro commet la bourde monumentale en sortant :"C'est pas pareil puisqu'en

Centrafrique, c'est la France qui tient les manettes"... Contrairement à l'Afghanistan où c'était les Américains. Mais baste, qui va s'en préoccuper en France, voire simplement s'en apercevoir ?? Les Français sont élevés, éduqués, enconnés à vie dans cet énorme mensonge d'une grandeur exceptionnelle de la France parmi les nations, au-delà de toutes les autres nations. Ils sont fascistes sans même avoir eu l'occasion de faire un choix et, lorsqu'ils sont confrontés à leur extrême intolérance, ils biaisent, ils trichent. Ainsi va la France depuis tellement longtemps qu'aucun Français ne sait que son ethnonyme provient juste de l'autre côté du Rhin.

Des funérailles de Mandela où s'est rendu le monde entier moins Israël, fervent soutien de l'apartheid et du nazisme d'antan, ce qui a valu à son actuel président, M. Pérès, le prix Nobel de la Paix, la France n'a retenu que les huées sur Zuma, à en croire tous les media français. Comme d'habitude, sans concertation, juste par osmose d'hypocrisie, elle tente de déstabiliser un dirigeant africain farouchement anticolonialiste et, donc, antifrançais. L'occasion choisie est particulièrement ignoble.

Retour des funérailles de Mandela ce 10/12/2013, le président Hollande est à Bangui pour décider qui remplacera l'actuel président centrafricain. Quelque chose de l'essence Mandela échappe toujours à la France.

Deux soldats tués en Centrafrique. Début de la débandade française. Deux !! Pour combien de guerriers centrafricains et d'enfants centrafricains violés par les militaires français sous les yeux baissés de l'Onu ?? Ils partent à la guerre chez les pauvres en pensant tuer toulmonde et revenir tous indemnes. Les soldats français, qui, jusqu'à hier plastronnaient à Bangui à grand renfort de caméras et d'envoyés spéciaux venus les immortaliser, ont déjà adopté la célèbre position de la poudre d'escampette que tant ils connaissent, dont, il faut leur rendre cette justice, ils sont les champions du monde incontestés. Aujourd'hui, les rares images qui ont été prises sur le vif et diffusées par des téméraires en recherche de gloire journalistique qui ont court-circuité la censure, montrent des véhicules de l'armée française filant à toute vitesse loin des foules tant vendues hier encore pour être archi pro-français.

Débats sur toutes les chaines depuis la clôture des funérailles de Mandela. Mais comment tous ces gens peuvent-ils –tous, mais absolument tous- à ce point faire semblant de croire à l'intégrité de la France, à la pureté de ses intentions en Centrafrique ?? C'est extraordinaire !! Tous, "stratèges" militaires invités en hâte sur les plateaux, politiques, journalistes, présentateurs surtout, qui modulent les questions pour téléphoner le sens des réponses, tous parlent d'humanitaire. Est-ce qu'il existe un Français lucide ?? C'est effrayant.

Pendant ce temps, à Bangui –et c'est montré avec jubilation à la télévision française- l'armée française a exacerbé, libéré et encouragé les chrétiens à s'attaquer aux musulmans, ce qui est fait avec allégresse, dans l'indifférence de l'armée française qui les a armés, et sous les yeux des reporters français avec leurs caméras. Sans seulement penser une seule seconde aux probables conséquences puisque cela équivaut exactement à adresser une missive aux jihadistes du monde entier leur enjoignant de venir dare-dare prendre la Centrafrique et ses richesses.

Ils n'apprennent jamais rien. Le Rwanda est effacé de leur mémoire puisque personne en France n'a jamais été blâmé pour le génocide froidement élaboré par la France en 1994.

Deux morts donc. Deux morts pour une armée qui a décidé unilatéralement d'envahir un État souverain, du moins censé l'être. Deux morts et la France baisse -à nouveau- son froc et en appelle à cors et à cris à la participation active des autres pays de l'Union européenne pour des raisons qui relèvent de tout sauf de la défense des pauvres Centrafricains dont les soldats français violent les enfants à tour de bras. Tout ça avec le plus détestable paternalisme esclavagiste bien français en Afrique et la naturelle tendance à s'abattre comme une épidémie de lèpre sur tout pays sans défense à sa portée.

12/2013. Ils disent : "Un petit **aéropage**..." pour **aréopage**. M. Bockel, ministre de gauche et de droite, sur LCP.

Et voilà. Le cadavre fume encore et leurs larmes de crocodile n'ont pas séché que l'entreprise de déboulonnement de Mandela est déjà mise en œuvre sur toutes les chaines de France : BFM *(Grand Angle)*, LCP *(Ça Vous Regarde)*, France 24... C'était un terroriste avant. Son bilan économique est naze. Et ainsi de suite. Ainsi va la France. Le Royaume uni n'a pas attendu la mort de Mandela pour lui dédier une statue à Trafalgar Square, sa plus prestigieuse place, à côté de celle du héros britannique l'amiral Nelson.

11/12/2013. Aujourd'hui, sur CNN, il est enfin affirmé par une reporter américaine sur place à Bangui que "le fait *(pour la France)* de distribuer des machettes *(aux chrétiens centrafricains)* n'est pas une bonne manière de résoudre la situation". Même si ça ne sert strictement à rien.

Les policiers français qui se suicident tous les jours sont ceux qui, de par leur métier même, se sont rendu compte de la saleté d'être flic en France. Aussi crûment, ils ne l'ont pas supporté. Ayant été élevés au lait de la France "supérieure", prêtresse de tout ce qui est noble, de tout ce qui est moral, ce qu'il est bien de penser, de dire, de faire et de vivre, la déception lucide a été plus forte que le désir de continuer à vivre. La découverte de l'extrême mesquinerie non d'individus mais de chefs chevronnés impossibles à admirer, l'immensité du mensonge, le remords d'avoir participé par lâcheté aux pires saletés policières sur des innocents et des faibles les ont condamnés à se tuer en déclenchant une paranoïa normale et parfaitement prévisible chez tout individu doté de sensibilité.

Entendu dans une émission dont je ne me rappelle plus : "95% des tziganes" victimes de la WW2 étaient dénoncées, fournies aux camps d'extermination.

Aujourd'hui, Mandela va être inhumé dans son village natal de Qunu. Depuis ce matin, lorsque j'ai allumé la télé, CNN, la BBC, Al Jazeera, Euronews et toutes les grandes chaines internationales font vivre l'événement en direct ; mais en France, championne du faux bruit et de la mesquinerie, l'événement n'a pas plus d'ampleur qu'un match de foot encore perdu. L'on y fait semblant de respecter l'homme pour être au diapason du reste du monde mais le pays le plus conservateur du monde le déteste de toutes ses fibres. Comme il déteste Obama, Luther King, Césaire et toutes les personnalités issues du tiers-monde à faciès qui acquièrent une renommée internationale positive.

L'Afrique francophone a hérité de l'administration française la kleptocratie *(ce correcteur de merde réfute* **kleptocratie** *mais, en revanche, me propose* **kleptocrate** *ou* **kleptocrates***)* et le goût des honneurs. Tandis-qu'en Afrique anglophone, même les leaders vénaux travaillent effectivement à redresser économiquement leurs pays et à en améliorer les structures. Houphouët-Boigny, lui, fait édifier dans son village natal la plus grande cathédrale de la Chrétienté avec le soutien actif de cette même France qui avait activement soutenu le grotesque couronnement de Bokassa. Trente ans plus tard, à la mort de Mandela, son village natal n'a ni eau courante ni électricité.

Avec l'invasion de la Centrafrique, le président Hollande en peau de lapin a définitivement renoncé à la moralisation de la vie politique en France. Il a rejoint le Sarkozy de la Libye qui flagornait Khadafi avant de l'assassiner en même temps que des milliers de Libyens dont le calvaire dure encore et le Chirac qui faisait massacrer les Ivoiriens en Côte d'Ivoire juste parce-qu'il le pouvait et se savait à l'abri de représailles par le bouclier occidental. Pour M. Hollande, avec un tel ministre des Affaires étrangères fourbe disposant de plus de pouvoir que lui, qui avait violemment combattu sa candidature en le ridiculisant à chaque occasion, dort dans un palais plus illustre que l'Élysée, péte dans la soie et est l'unique membre du gouvernement à voir sa côte stable quand tous les autres dégringolent, protégé de puissances occultes plus fortes que la France et Tartarin hors-pair, aussi habile à fanfaronner qu'à se débiner et à faire taper sur les sans-défense, moraliser la France, c'était mission impossible. Désormais, par la bouche de Hollande, c'est Fabius qui fait des trémolos sur "la France qui défend ses valeurs partout où des innocents meurent, qu'ils soient ou non Français.

Le mensonge, l'hypocrisie, la triche, ont à nouveau réintégré les places dont ils n'avaient jamais été bien loin.

Plutôt que de tenter de créer, d'imaginer, le Français préfère donner l'impression qu'il est créatif. Il manque totalement d'imagination et d'ambition honnête. C'est un médiocre indécrottable qui vit à crédit sur les réalisations d'autrui qu'ils s'approprie en les plagiant ou en les endossant. D'où l'extrême nullité de sa culture.

Il est VITAL de changer le système scolaire occidental partout en Afrique. Et d'abord, créer des établissements auxquels tout le monde, chacun pourra accéder à n'importe-quel moment en réussissant des tests de capacité adéquats, les mêmes qui seront imposés indifféremment à ceux qui auront eu l'opportunité d'études encadrées comme à ceux qui se seront rendus aptes par d'autres voies et moyens. L'unique critère doit être l'efficacité.

Comment veux-tu progresser dans n'importe-quelle direction en France lorsque tout y est francisé, c'est-à-dire médiocrisé depuis la maternelle jusqu'au quark ?? Veux-tu connaître Freud qu'aussitôt ils te submergent de Lacan et autres, encore plus nuls et obscurs. Tu parles d'Einstein, hop, à la rescousse Langevin, Poincaré. Pas la peine d'essayer les vrais philosophes, ils t'opposeront Sartre ou Coluche. Cheikh Anta, Al Khawarizmi, Locke, Heidegger, Ibn Sinna, Kierkegaard, Khayyam sans même parler de Kooc Barma et Saabuuya Mbaai, oh ils connaissent parfois les noms, mais juste, uniquement pour savoir qui démolir pour donner sa place et son œuvre à des Français inconnus même des Français, et pour briller en société pédante en les citant, après en avoir mémorisé un minimum.

Ils s'arrogent toutes les avancées de manière d'autant plus éhontée et surmultipliée que le reste du monde, indulgent mais pas dupe, ferme les yeux sur les mesquins larcins. De fait, ce n'est ni ce pays ni ce peuple qui sont à déplorer mais cette épouvantable mentalité qui est une calamité pour le reste du monde, un frein au progrès collectif des honnêtes.

Areva, remplaçante d'Elf Aquitaine de sinistre mémoire de pillage de l'Afrique mais uniquement remplaçante de nom, vole ignominieusement l'uranium d'Afrique, en reversant moins que des miettes aux pays concernés, y exige -et obtient- totale exonération d'impôts. Pendant ce temps, la France, qui dirige tout le juteux trafic en sous-main depuis toujours avec à sa solde des demi-sel, escrocs et des assassins tels Patrick Balkany, Bob Denard, Alfred Sirven, Charles Pasqua, Roland Dumas, André Tarallo... affirme au monde entier qu'elle est en Centrafrique par pure humanité lorsque, ses soldats ayant, encore, tourné casaque au premier coup de feu, elle réclame l'implication de l'Union européenne.

Avec un Hollande qui sort du bois, désormais menteur assumé comme tous les autres.

Ils disent : "Pasque vous **disez** aux Français..." lors d'un débat à propos de... l'école. Fort et bien distinctement. Person n'a semblé noter. Hypocrites !! La journaliste de RFI à son invité du 21/12/2013 : "Et puisque vous avez forcément lu Simone de Beauvoir...". Mais qui s'emmerde à lire Simone de Beauvoir en France ??

Ils mettent des VM (version modulable, c'est à dire, en pédant moderne, possibilité de regarder un film en VO) partout dans les magazines de programme TV pour racoler large. Sciemment. La plupart du temps, seule une misérable version française au doublage à gerber est proposée. Et lorsqu'il s'agit de plusieurs épisodes d'une série la même soirée, tu organises ta soirée pour n'en rien louper mais, hélas, ils mentent encore et c'est uniquement le premier épisode qui est en VO.

BFM 22/11/2013. Cette chaine, dans un reportage sur la situation en Centrafrique, et pour glorifier la France contre toute raison, utilise les plus sales méthodes de désinformation, imposant au téléspectateur sans parti pris des images de

Centrafricains dans une rue de Bangui criant aux militaires français de les débarrasser de leurs adversaires, lesquels sont, vous aurez deviné, également les adversaires des intérêts économiques de la France. Vite dit, d'autant plus vite que sans ces basses manigances, toulmonde se souviendrait que depuis une dizaine de jours et la perte de deux soldats français, l'armée française a cessé de fonctionner en Centrafrique, ayant transféré ses prérogatives -prises tout seule- à des Centrafricains qu'elle a vaillamment équipés de machettes et lancés aux trousses des rebelles, et a, donc, tout le temps qu'il faut pour se prêter à ses simulacres ridicules puisque, désormais, en vacances au soleil.

22/12/2013 ARTE. Trad du doc Pacifique Sud : "Si l'orque s'échoue, il est sûr de mourir". Malgré leurs "orques chasseuses" que je dénonçais il y a peu, sitôt que "orque" est écrit avec son article défini élidé, ils reperdent complètement les pédales et le masculinisent. En plus, la traduction correcte était : "Si l'orque s'échoue, elle mourra à coup sûr"

Et ce trésor : "La tortue vient pondre ses œufs sur la même plage que celle où elle a vu le jour" au lieu du simple, correct "La tortue vient pondre ses œufs sur la plage où elle a vu le jour". Galimatias éloquent d'imbécillité

Ils traduisent le film d'animation "Tangled" par "Raiponce", mot imbécile sans rime ni raison, au prétexte que le titre original du conte des Grimm était "Rapunzel", nom d'une plante. Mais lorsqu'on est à ce point pauvres en imagination – notez bien qu'il s'agit d'une équipe d'experts soi-disant dont pas un ne s'est élevé par son veto contre la nullité qu'ils ont collégialement endossée- pourquoi ne pas juste traduire **tangled** ou **Rapunzel** pour obtenir **embrouillé** ou **mâche**, n'importe-quoi faisant un meilleur titre que l'affreux absurde "Raiponce".

Frédéric Dard, un timide maladif -à la manière de Gainsbourg qui jouait les provocateurs mais qui, sans avoir biberonné sa dose, tremblait comme une feuille et bafouillait- a introduit l'impertinence, le délire et la liberté dans un genre qui se sent obligé d'être pompeux et emmerdant sans jamais rien dire d'intéressant. Bien qu'étant l'auteur le plus vendu et le plus lu de France, il est considéré comme un nauséabond pestiféré qui souille la langue. Dès sa mort, ses livres commencent à disparaitre brutalement. Aucune bibliothèque parisienne n'en présente la collection exhaustive.

Grand Ins' était un pur, un authentique héros de guerre. De ceux que la France envoyait au front faire se sales guerres. Il avait été en première ligne en Indochine et en Algérie. Démobilisé sans le sou et sans la moindre reconnaissance comme des milliers de soldats Africains dont le général Nivelle, à Verdun, vous vous souvenez ??..., Ins était devenu un ivrogne solitaire, bagarreur, habitant la maison de son enfance avec sa mère. Il nous terrorisait, les écoliers de mon âge et moi, sans jamais nous faire le moindre mal. Un beau jour, il a pris un bain de minuit et s'est noyé. Je me suis toujours demandé s'il s'agissait bien d'une noyade ou d'un suicide, un autre meurtre de la France..

Chapeau bas, Grand !! Accepte mon respectueux hommage.

En RCA, les assassins montrent leur vrai visage. Comme Chirac en Côte-d'Ivoire, Hollande, chaperonné par la très détestable Fabius, cautionne le meurtre en masse de Centrafricains arbitrairement choisis pour venger la mort de ses deux soldats. Pitoyable partout et en tout, la France se découvre des témérités rares dès lors qu'il s'agit de massacrer des Africains sans défense qu'en d'autres occasions, périlleuses pour elle celles-là, elle arme et pousse au front pour faire ses guerres à sa place. Il n'y a pas encore un siècle que le péteux général Nivelle galvanisait ses officiers... Tu te souviens, t'es sûr ?? Tu sais, c'est important à restituer puisque la France ne le fera jamais.

Ça nous appartient à jamais. Des cicatrices de bravoure que nous ont léguées nos pères.

Le film, probablement le plus ridicule de l'histoire du cinéma, intitulé La Soupe Aux Choux, est régulièrement proposé par les chaines françaises et fort bien accueillie par le public. Aberrant et écœurant.

Français.

Ils disent régulièrement : "Si ça s'avère exact...". Ce qui équivaut à **Si ça s'avère vrai**. Cette fois, sur BFM, 22/12/2013

Que le Front national ne soit pas représenté à l'Assemblée nationale française malgré le nombre de ses électeurs est un déni de justice et un déni de démocratie.

En France, la méthode Coué qui consiste à affirmer tous les

jours, jusque dans les moindres magazines, la grandeur de la France, que la France est le plus beau pays du monde, qu'elle est la patrie des libertés constitue une des facettes du système français de blanchiment du passé et de son inconscient collectif. D'autant plus que si elle marche à fond sur les Français, elle perd inéluctablement du terrain chez les francophones –et je vais les y aider- et ne suscite que du mépris partout ailleurs.

        Les traductions de films, séries, documentaires et tout ce qui se traduit parce-que les Français ne comprennent que le français, sont atroces. Pas seulement par la gestuelle gerbante, d'une fausseté à pleurer d'ennui et d'emmerdement, mais aussi par l'inadéquation des traductions et l'abondance des fautes… de français.

        Les Français sont intellectuellement médiocres et historiquement insignifiants. Mais du fait qu'il leur est répété à longueur de temps qu'ils sont intelligents et merveilleux en prenant garde à équeuter tout le négatif –c'est-à-dire à peu près tout- et à puiser dans le positif des autres et le mensonge permanent, ils sont fats, prétentieux, présomptueux, arrogants, veules, égoïstes et menteurs. En attendant que le réservoir africain leur soit fermé, qu'il n'y ait plus aucun bouc émissaire, aucune échappatoire et qu'il faille enfin faire ses preuves au grand jour.

Imitant maladroitement un dynamisme américain CNN, les chaines françaises imposent jusqu'à l'envie de suicide des bandeaux d'alerte info mal foutus qui, des heures durant, vous obligent à porter le regard sur eux en disparaissant et réapparaissant aussitôt avec exactement le même texte. Désormais, elles appellent les journaux Newsroom, comme CNN mais je ne suis pas sûr qu'ils savent que Newsroom désigne la salle et pas du tout les informations.

Quand il s'est agi d'énoncer de vibrants anathèmes, à l'abri du parapluie US, contre le président syrien estimé coupable de massacrer son peuple, la France était aux avant-postes avant de s'humilier tout seule lorsque le président Obama a décidé de soumettre la décision au Congrès. Mais dès lors qu'il s'agit d'actes concrets pour les deux millions et demi de réfugiés syriens, la France s'engage à en accueillir... 500. Là où l'Allemagne s'est engagé pour 10000 et la Suède pour 1200, aucun des deux pays n'ayant les liens d'amitié indéfectibles que la France généreuse a su tisser avec son ancien protectorat. Championne du monde d'esbroufe toutes catégories.

Tartuffes !!

Ils disent sans hésiter, à la télé et partout **puniace** comme ils disent Ignace au lieu de **pug'nas** pour "pugnace". Il est impossible d'avoir une connaissance du monde si on n'a pas la compréhension de sa propre culture.

Impossible de parler de la présidence Giscard sans évoquer cette innovation audacieuse que furent les causeries au coin du feu par lui initiées à la télévision. En France, personne ne sait qu'en réalité, c'est le président américain Franklin Delano Roosevelt qui, dès 1933, institua cette pratique de communication que les Américains baptisèrent Fireside Chats, soit, traduit en français : causeries au coin du feu. Les Français n'inventent rien et, même lorsqu'ils plagient, ils n'ont pas assez d'esprit pour rajouter rien du leur aux originaux.

Les plumes dans le cul en public et à la télévision, faut avoir assez de caractère pour les assumer plus tard, lorsque l'on se retrouve avec femme et enfants qui grandissent et découvrent, avec leurs copains à l'âge cruel, leur papa ridicule avec ses plumes d'autruche dans le trou. Autrement on risque de finir par précipiter sa belle moto contre un camion en constat définitif d'échec total.

La liberté d'expression tant manipulée en France dans son principe est semblable à la justice. Elle doit être solide, stable et inaltérée. La loi, scellée par le vote législatif, est <u>immuable</u> tant que l'autorité législative ne la change pas pour flagrant délit d'incomplétude ou de cohérence. Hélas, en France, la justice est rendue au faciès et selon que l'on est puissant ou misérable. Les politiques y sont les pires crapules et malfrats et ne vont jamais en prison. L'ancien et possible futur président Sarkozy, malgré neuf affaires juridiques, toutes graves et nauséabondes, occupe les devants de la scène politique. Son intime, Balkany, croule sous les condamnations, à croire qu'il cherche carrément à monter qu'il est au-dessus de la justice, ce dont personne ne semble douter. Pasqua est mort avec ses paquets de casseroles en tous genres. Roland Dumas, protagoniste éminent des affaires Elf en même temps qu'éminent ministre des Affaires étrangères socialiste intimement lié avec l'extrême-droite et sans s'en cacher, lui, semble dire merde à la justice. Guéant, collaborateur de Sarkozy et ancien ministre vient d'être condamné... à deux ans de prison avec sursis pour complicité de détournement de fonds publics et recel. Il lui reste toujours six casseroles judiciaires aux basques dont la plupart partagées avec Sarkozy. Cahuzac, ministre socialiste a été exclu du gouvernement pour avoir publiquement menti à la France entière sur un compte secret dissimulé à l'étranger. Auparavant, an 2007, il avait été condamné "sans peine ni inscription au casier judiciaire" pour avoir fait travaillé au noir une femme de ménage philippine qu'il payait 250€ par mois pour 10 heures par semaine, soit 6,25€ de l'heure alors que le smic horaire était à 8,44€ à l'époque. Mais ça, la justice française s'en bat les couilles. Cahuzac, en 2015, est à nouveau poursuivi pour fraude fiscale.

Un Français dit de souche accusé d'avoir tenté de violer une policière est condamné à deux ans de prison... avec sursis. Moi, je rentre chez moi en taxi après avoir bu un coup. Devant chez moi, comme convenu, je monte lui chercher ses sous. Je reviens, avant de traverser pour le rejoindre, six policiers m'entourent et me demandent si j'ai bu. Je refuse de répondre arguant que même si c'était le cas, ils n'ont aucun droit puisque je sors de chez moi pour payer un taxi, ce qui n'est absolument pas ce qu'on peut appeler désordre sur la voie publique. Mon taxi que j'avais l'habitude de prendre pour le même trajet, plus perspicace, lui, me crie "s'il te plait, paie-moi d'abord", ce à quoi j'obtempère sans être retenu ni suivi par les flics. Lorsque je vais pour retourner chez moi, ils me sautent dessus, me menottent et m'embarquent pour un commissariat très éloigné de chez moi où je passe la nuit et la journée suivante. Au crépuscule, lorsqu'ils se sont assez amusés et me relâchent, comme toutes les autres fois, j'ai affaire à de nouveaux flics sans agressivité mais je connais la musique et je n'ai qu'une envie, aller me décrasser de fond en comble et me restaurer. Dans ce pays de merde, voici comment fonctionnent police et justice. Je n'ai jamais eu affaire, ni de près ni de loin, avec la justice et donc, casier judiciaire immaculé. Mais moi, Africain, je prends quand même pendant que violeurs, assassins et malfrats dits de souche ou en col blanc, eux, se la coulent douce. Aucun gouvernement africain ne se risque à défendre les intérêts de ses citoyens en France. Alors, les Africains subissent et la ferment, fatalistes. Je m'estime mieux loti puisque, moi, à défaut de justice, je leur dis mes quatre vérités de manière cinglante, refusant de partir du commissariat sans avoir été notifié du délit qui m'y a fait amener. Si bien qu'à la longue, excédés et conscients de n'avoir rien, ils me jettent hors de leurs commissariats pourris. Mais passer la nuit dans un commissariat parisien pour la peau, y a vraiment mieux. Finalement, c'est bien les autres Africains qui ont raison puisqu'au final, je trinque pareil.

Fumiers de flics de merde fils de chiennes vérolées !!

Les voyelles nasales sont nées de la nécessité de prononcer des mots que tout le monde prononce tels monde, **mu'ndo** en espagnol, simple, **si'mp'l** en anglais, Congo que les Africains prononcent **co'ngo**, ingérer pour l'anglais **i'njest**, etc.et de l'impossibilité dans laquelle se trouvent les Français pour articuler les sons nd, mp, ng, mb et nj. Pour arriver à communiquer, ils ont été obligés de recourir aux sons des tout débuts de leur apprentissage de l'élocution que tous les autres groupes n'utilisent plus que pour exprimer des onomatopées, vestiges de l'ère lointaine des grognements et des vagissements que rendent les voyelles nasales désormais propres aux seuls Français. Pour approcher de l'articulation évoluée, ils ont besoin de retourner à an, en, in, un, on en sortant **in'gérer**, **Con'go**, **Thailan'de**, **Bin'go**, **mon'de** ou **im'béciles** et **ban'de de con'** .

Cette merveilleuse dame malienne, Aminta Tarawore, se bat courageusement contre la tutelle française sur l'Afrique francophone. Sur les plateaux de télévision de France. Faisant la preuve qu'elle détient à elle seule la solide paire de couilles qui manque à tous les chefs d'État africains francophones réunis. Mais, si courageuse soit-elle, Madame Tarawore ne dit rien qui risque d'indisposer le système de prédation. La France n'y est qu'un petit pion minable. Car il n'y a pas de USA, Royaume uni, Allemagne, France, Italie, Espagne et autres. Ça, c'est leur mise en scène bien huilée. La réalité, c'est que tout l'Occident et tout ce qui s'appelle Péninsule arabique sont un unique espace de gouvernement du monde avec des rôles partagés bien déterminées. Dans ce schéma, la France a gagné sa place au conseil permanent de l'Onu et le soutien sans faille de l'Occident chaque fois qu'elle est en difficulté parce-que, bien malgré eux, les Français transmettent à qui la langue française dégénérée est imposée leur propre dégénérescence. Voilà de quoi elle est récompensée. Car la France livrée à elle-même serait bien incapable de régenter ses chiottes. D'ailleurs elle _est_ incapable de régenter ses chiottes. Ce qui fait qu'elle a de tout temps été méprisée, ballottée d'une occupation étrangère à une autre, s'avère aujourd'hui sa poule aux œufs d'or. Mais chut, les Français l'ignorent car les vrais dirigeants de ce qu'ils ont appelé pompeusement –et à tort- race blanche lui font croire qu'elle est indispensable à la marche du monde. Et les Français le croient. De temps en temps, il leur est offert un Oscar alors qu'ils n'ont pas de cinéma, un Nobel alors qu'ils n'ont ni littérature ni sciences, la Coupe du monde le moins intéressante de l'histoire du foot puisque ses organisateurs la savaient truquée ou l'un ou l'autre colifichet en hommage à ses camemberts, champagne, foie gras, parfums, andouillettes et autres foutaises dont toulmonde se fiche. Vous continuez à être invitée dans leurs émissions car vous leur servez à bien répandre que l'Occident et la Péninsule arabique sont des zones clairement séparées. À bien enraciner dans l'esprit des Africains que 9/11, Daesh, Ben Laden, les talibans, Saddam Hussein, la Syrie sont bien réels et non des mascarades soigneusement élaborées pour nous faire prendre des vessies pour des lanternes pendant qu'ils sucent notre sang. Encore plus efficacement lorsque vous croyez les destabiliser en proclamant qu'un analphabète, un imbécile primaire clinique d'une totale incompétence comme Sarkozy, âne bâté qui, pareil à tous les présidents français ne sert que de leurre, potiche vide, est responsable de la gabegie en Libye et du terrorisme qui s'implante en Afrique de l'Ouest.

Les décision du monde occidental ET arabe qui jouent à se détester sont prises à un niveau où même Obama n'est qu'une godiche qui exécute.

Un consistoire suprême qui se moque à mort d'élections, de démocratie ou de justice qui sont un théâtre à nous réservé.

Le dictionnaire français-anglais Harrap's Shorter traduit **pageant** par "spectacle pompeux", auquel il ajoute "cortège *ou* cavalcade historique". Les bras m'en tombent !! plus c'est incapable de comprendre la moindre chose, plus ça tient à en installer. Entendez-vous souvent dans vos conversations à bâtons rompus surgir, au détour d'une envolée "spectacle pompeux" ou "cavalcade historique" ?? Qu'est-il donc arrivé à la tout simple et rigoureusement exacte traduction de **pageant** qu'est "parade" ??

Non content de ça, voilà-t'il pas que mon œil d'aigle vert est attiré par un mot composé bizarroïde : **Paki-bashing**. Curieux comme une armoire à rascasse, je pique du nez. La définition est : "persécution des Pakistanais". Bien entendu, c'est faux, "persécution" étant, en anglais, tout connement **persecution**. **Bashing** signifie "dénigrement". Et les Français, surtout ceux qui se mêlent de traduire leur propre outil de communication qu'ils ne maitrisent pas, ont toutes les raisons de connaitre ce mot puisque le premier peuple associé à **bashing**, oui, c'est bien ça, c'était les Français. Né en 1790 aux USA lorsque les Français, soupçonnant les Américains de collaborer avec les Britanniques à leur détriment, se mirent à tenter d'empêcher les bateaux anglais à destination des États-Unis d'arriver à bon port, le French-bashing revient régulièrement à la mode, devenant même un temps la coqueluches des rédactions parisiennes mal informées. Sans doute revenus de leur erreur d'utilisation de cette expression tant publiquement bichonnée et répétée, les Français ont pris le parti de l'exclure de leur vocabulaire… et de leurs dictionnaires. Ce qui pourrait explique qu'il n'y ait pas trace de **French-bashing** dans le Harrap's Shorter et qu'il aient discrètement refilé le bébé aux Pakistan.

Intégration ne veut pas dire mouler son propre modèle en enlevant toute spécificité, toute personnalité, toute identité propre, toute saveur. Cela est de la déculturation. Et c'est ce qui se pratique en France de tout temps parce-que les Français sont incapables d'assimiler tout apport extérieur non-imposé. À leur décharge, ayant perdu tout patrimoine propre à travers les interminables occupations subies, ils sont condamnés à se cramponner sans cesse à ce qu'ils tiennent dans la crainte devenue atavique d'une prochaine occupation qui le leur ravirait. Cela ne saurait excuser, même de très loin, la sauvagerie française envers tous ceux dont elle est sûre de la faiblesse absolue et de l'absence de risque à se venger de leurs déboires sur eux.

Débarrassé de toute richesse propre, l'"intégré" de France n'a plus rien à apporter à la France et ne se préoccupe plus, comme il lui a été ordonné, que de devenir un ersatz de Français dit de souche, ce qui est un terrible destin. Voilà comment, au long des siècles, se constitue une nation de dégénérés.

"Tout est dans tout. **Et réciproquement**". Un M. Eckert, sur BFM, 11/02/2014

Il s'agit de la visite "du premier Européen..." à propos du président français aux USA, ce 11/02/2014 sur BFM, selon cet individu à la tête bizarre et bigarrée sorti de nulle part dans le sillage des emmerdements Strauss-Kahn à New-York et qui, depuis, occupe seul tous les écrans dès qu'il s'agit des USA. En France, on s'intronise expert en se faisant couper des losanges dans les cheveux.

Le problème français est unique, en ce sens que tous les autres peuples possèdent une base culturelle réelle, solide, qui leur est propre. Le déplacement des Français dans le temps se fait sur une base inexistante, irréelle, uniquement faite de mensonges, de plagiats et d'usurpations tellement anciens, renouvelés, enracinés dans un néant temporel et spirituel qu'un Français qui aurait été intelligent, ou, bon, pas trop débile, n'aurait d'autre voie naturelle d'utiliser ses capacités, sa non-francité miraculeuse, que de quitter le mensonge-mère, sa patrie pour tenter de se renouveler ailleurs.

Le français tel qu'il est parlé par les Africains spontanés, non déculturés, est l'unique façon dont cette langue doit être parlée. Avec les voyelles et les consonnes normales naturellement prononcées. Car si les Américains ont été tirés vers le haut par l'apport africain, ils ne savent toujours pas prononcer les r même si, au lieu d'émettre le ridicule grognement français, ils le zappent ou l'effleurent sans vraiment le prononcer. Leur vestige néandertalien auquel seuls d'entre eux tous, les Méditerranéens échappent. Au Québec où le français est parlé avec un r africain presque parfait mais mâtiné d'un soupçon de r anglais, malgré les quolibets dont les Français les abreuvent, leur parler est bien plus intelligible que celui du nord de la France. Dans la moitié sud de la France habitée par des descendants de méditerranéens grecs, italiens, espagnols, arabes... les r sont bien audibles, bien prononcés, presque totalement distincts du r néandertalien parisien et chez eux, ceux d'entre eux qui ne cèdent pas au mirage destructeur de l'imitation du parisianisme, les voyelles nasales sont complètement inexistantes.

Les "grands hommes" français, qu'ils soient politiques, culturels, scientifiques, artistiques ou tous autres domaines honorables possibles, jouissent en France d'une grandeur proportionnelle à leur anonymat hors de France. Les Français s'autocongratulent, se transmettent entre eux toute l'expression de leur self admiration en restant hermétiquement sourds au retentissant silence hors de France sur les qualités des

Français qu'ils vantent jusqu'à l'écœurement.

Les Français tentent d'imiter les Américains pour faire reculer la discrimination. Mais en France, il semble impossible de progresser dans ce domaine car les Français freinent des quatre fers. Ils veulent être sûrs que seuls en profiteraient ceux qui ont renoncé à leur culture et à leur personnalité et ceux qui leur obéissent. Cela ne peut pas fonctionner car cela est un rajout de discrimination. Dans les feuilletons US, pour respecter la discrimination positive, les rôles inutiles de juges, flics, présidents de tribunal sont toujours confiés à des Africains. C'est de la foutaise, mais des Africains y tiennent effectivement des premiers rôles. Et dans la vraie vie, il y a de vrais présidents de tribunal africains, de vrais juges africains et, même de vrais ministres africains et de vrais chefs d'entreprise africains. En France, il n'y a pas d'Africain significatif visible qui ne soit alibi ou utilisé d'une manière ou d'une autre. Et chacun d'entre eux le paie très cher en humiliations et vexations largement tolérées et encouragées par tous.

Les séries US "Sabrina the teenage witch" et "Randall and Hopkirk" rebaptisées "Sabrina, l'apprentie sorcière" et "Mon pote le fantôme" sont sobrement présentées "France 2013, série d'animation française" sur Disney Channel France alors même qu'elles sont à disposition en VO sur la même chaine. Ce ne sont pas les seules –discrètement ??- usurpées non plus.

Ils prononcent **gni** de "cognition" comme ils ont dégénéré "magnifique" au lieu de bien séparer g et n comme dans **magnum**.

07/03/2014. Des personnalités politiques régulièrement invitées sur les plateaux TV, à propos d'une information judiciaire visant Sarkozy. L'un, de droite : "J'ai pitié **pour** eux", l'autre, de gauche : "…un échappatoire…"

Chaque fois qu'un objet fabriqué en France est vendu à l'étranger, la télé annonce fièrement : "Notre savoir-faire s'exporte". Méthode Coué forever.

09/04/2014 France 24, à propose d'une manif antinucléaire : "…ambiance très bon**ne** enfant".

Alors que les soldats africains qui ont été les seuls combattants "français" des deux guerres dites mondiales sont tous désormais morts dans l'oubli, sans pension ni reconnaissance, le gouvernement français négocie avec le Département d'État américain le versement de plusieurs milliards de dollars aux survivants juifs français devenus américains qui furent déportés dans les camps nazis par la France.

Le juif s'engraisse toujours avec le sang africain.

Ils croient pouvoir traduire littéralement, les doigts dans le nez, le titre du film The Pelican Case par L'Affaire Pélican, complètement ignorants qu'un Pelican case est une boite à outils de la marque américaine Pelican. Le film fait un carton dans le monde avec Denzel Washington et Julia Roberts mais, en France, aucune allusion à la bévue : personne ne s'en est seulement aperçu.

Auparavant, ils avaient traduit The Seven Year Itch, un film encore même plus emblématique, dont le titre fait référence à la période de sept ans entre le mariage et le moment où l'on commence à désirer d'autres partenaires que son conjoint, par Sept Ans De Réflexion, complètement à côté de la plaque et sans rapport aucun avec le titre –à part l'ânonnement docile des deux premiers mots en français- ni avec l'intrigue. Pourquoi, au lieu d'essayer de faire le malin puisque ça foire toujours, simplement traduire par ce qui est à sa portée, à savoir Le Démon De Midi, qui était très joli en plus d'être l'exacte traduction du titre US ??

Mais ça ne s'arrête pas là, pas plus qu'à ce qui suit. Ils ont rendu My Girl Friday par La Dame Du Vendredi. Il n'y a rien dans le film qui ait le moindre rapport avec une femme et vendredi. Strictement rien, si subtile soit la recherche. De fait, le titre fait un clin d'œil au roman de Defoe, Robinson Crusoé et à son esclave personnel -puisqu'il faut appeler les choses par leur nom- Vendredi. Dans la culture américaine, Vendredi est devenu synonyme d'esclave personnel, d'homme à tout faire et ainsi, dans le titre du film, Girl Friday signifie bonne à tout faire. Ce qui fait complètement sens avec le film mais rend le titre français totalement anachronique, hors de propos.

En France, il est évident qu'ils ne prennent pas la peine de regarder les films dont ils doivent chercher une traduction aux titres étrangers ou alors, s'ils le font, il est clair qu'ils les comprennent complètement de travers.

Des générations d'Africains ont été élevés dans l'idée que la

France est une vraie puissance, une grande puissance, que Rabelais et Corneille sont de vrais écrivains, que Johnny Hallyday est un vrai chanteur, que Delon et Belmondo sont des acteurs… Des générations d'Africains sacrifiés.

   Il est une autre catastrophe de la langue française que la lettre r qui est aussi dévastatrice : l'absence totale de repère pour les inflexions qui fait que n'importe-quelle syllabe est indifféremment longue ou courte. On dit dame ou damier en écourtant ou en allongeant le a selon son humeur. Cela rend le français extrêmement difficile à apprendre mais cela n'est pas le pire. Le pire, c'est que, le simple r ou la simple absence d'inflexion sont chacun rédhibitoires à tout apprentissage d'une autre langue par les Français de souche et de culture française. Alors les deux calamités réunies…….

   La Gaule, qui comprenait à l'époque la France, la Belgique, la Suisse, le Luxembourg et l'Italie du nord, fut conquise par Rome en 203 BCE.

   En 486 AD, la Gaule romaine, qui comprenait la France actuelle moins le Midi et la vallée du Rhône qui étaient alors romains et non gaulois, la Belgique, la Suisse et le Luxembourg, fut conquise par les Germains après leur victoire à Soissons. Ses habitants devinrent Franken germaniques ou Francs, esclaves libres, **affranch**is. De fait, ils ne furent jamais libérés puisqu'ils ne sont jamais revenus à leur état précédents de Gallo-Romains ni à celui jamais connu d'hommes libres mais sont simplement passés de Francs à Français, avec toujours, bien accrochée, la notion de franchise, d'esclaves libres. De plus, une partie non négligeable d'entre eux est restée implantée en Allemagne et est devenus allemande débarrassée d'une partie des tares françaises tout en gardant le même nom de Francs.

   Certaines répétitions sont nécessaires.

   Les entreprises françaises, lorsqu'est arrivée sans crier gare la mondialisation, ont été obligées d'apposer en catastrophe la mention "français" sur l'étiquette de leurs produits pour que les Français se sentent obligés d'acheter français par patriotisme, à défaut de qualité.

Lorsque, d'aventure, tu te hasardes à rechercher sur le YouTube français **Géants du jazz**, tu tombes sur **Georges Brassens**, puis sur **Géants du jazz du latin**.

No comment.

Un jour, je quitterai la France et plus personne n'y parlera français.

Ils disent, tous, systématiquement, **tomawak** pour "tomahawk", poussent l'ignorance et la stupidité jusqu'à introduire la prononciation erronée dans des expressions idiomatiques populaires sketchs, chansons, noms d'éditions… sans qu'il ne vienne à aucun single individu en France l'idée de s'élever. Et, comme toujours mais cette fois de manière stupéfiante, le Larousse avalise et admet tomawak au même titre que tomahawk. Une prononciation qui n'est donc ratifiée qu'en France pour un mot emprunté, non français. L'Académie, habituée, baisse encore son froc. Sidérant !! Un pays où absolument personne ne décide de rien…

Ils disent **réale sossiédade** pour Real Sociedad, **scénariaux** pour scenarii, **janjisskan** pour Gengis Khan, **nérobi** pour Nairobi.

"De tous les couples de la terre, nous serons **les** plus heureux". Si la phrase avait commencé par "De tous les hommes de la terre…", alors il n'y aurait pas eu faute. Le rédacteur aurait correctement fini par "…je serai le plus heureux" puisqu'autrement, la faute lui explosait aux yeux. Mais un rien fait perdre les pédales aux français. Là, il y a **les** pluriel, suivi de **couples**, pluriel d'un composé lui-même pluriel……. Un lecteur reprendra la formulation fautive. Puis un autre. Tache d'huile. Ensuite la France entière se mettra à soutenir mordicus la bienséance de la formule erronée. L'Académie, dont tous les membres se seront allègrement laissés piéger par l'incorrection, regardera ailleurs en attendant que la répétition accorde à la faute une légitimité nationale française.

Voilà comment une minuscule connerie non rectifiée à temps par lâcheté généralisée finit par avaliser le mensonge, puis, pourquoi stopper en si mauvais chemin, le vol, le meurtre, la guerre et toutes les pires injustices et le caractère définitivement détraqué d'un peuple.

30/08/2013 Oui, je vais à reculons si je veux, je ne suis pas français. Depuis peu, on voit apparaitre des présentateurs africains à la TV française. Non par normalité, bien sûr, mais, comme toujours en France, parce-qu'il est impossible de ne pas se mettre au niveau de ceux que la France sait être des grands pays influents. Cependant, tandis qu'aux États-Unis et en Angleterre, les présentateurs africains sont une réalité depuis longtemps, à l'aise, naturels, sans complexe et performants, en France, ils sont formatés, guindés, dépourvus de toute personnalité propre, singeant le maniérisme et le ridicule français à tel point que, bientôt, pour faire illusion, il va falloir les pousser à faire moins grotesque pour paraître nature.

Lorsque le Parlement britannique refuse à Cameron son imprimatur pour attaquer la Syrie, BFM annonce triomphalement que Paris et Washington vont se passer de Londres. Paris devant Washington. Sur France 24, un expert sorti des limbes affirme, péremptoire, que, désormais, c'est la France et les États-Unis contre la Grande-Bretagne. Avec leurs proverbiaux tact et discrétion, Fabius et la France sautent à pieds joints sur l'occasion de piquer, s'illusionne-t'elle, gros comme le malheureux porte-avions Charles-de-Gaulle, à la Grande-Bretagne sa place de principal allié de l'unique puissance globale. On est loin du péteux désengagements de la Coalition contre l'Irak de Saddam alors estimé détenir une puissance militaire extraordinaire, et qui venait de sortir d'une guerre sans vainqueur avec son voisin l'Iran. Le Mali a tourné des têtes.

Las, quelques jours après, le président Obama décide à son tour de soumettre son entrée en guerre éventuelle contre la Syrie à son Congrès. Patatras. Bafouillages et bredouillages succèdent en catastrophe au courage national, au devoir sacré de la France. Une excellente occasion d'user enfin, à bon escient, de "rétropédalage". Je me demande pourquoi il n'est pas venu à l'idée des commentateurs français.

Lâches, menteurs, sales, fourbes, hypocrites, tricheurs invétérés, vélléitaires, sournois, stupides, fanfarons et, surtout, cire-pompes dans l'âme.
Guess who ??

Dans les documentaires français, les documentaristes n'ont aucun intérêt pour leur sujet. Il leur est un simple prétexte pour se monter sous tous les angles. Au détriments des requins ou des paysages brésiliens magnifiques et, à tous les coups, du spectateur intéressé.

Ils disent et écrivent : **la tête la première**. Et pas seulement des journalistes crétins et des individus lambda mais également ceux qu'ils couronnent grands écrivains et grands intellectuels, Hugo, Voltaire, Lamartine, Molière, La Fontaine et tout le saint-frusquin du bordel de Zeus. Cela équivaut exactement à -fautivement-exprimer **la tête en première**. Au lieu de <u>**la tête le premier**</u> et <u>**la tête en premier**</u>, uniques formulations correctes.

03/09/2013. Interviewé par un journal français, le président syrien Bachar Al-Assad déclare qu'en cas d'attaque française, la France serait un ennemi de la Syrie. Auparavant, le président Hollande a voulu jouer son Sarkozy en se déclarant prêt à aller "punir" le régime syrien. Qui plus est, pour un "crime contre son peuple" encore sous enquête de l'ONU, dont aucune preuve n'a été fournie par voie légale. La raison voudrait que l'on trouve le président syrien plutôt calme et mesuré. Nonobstant, toute la presse française met en avant la "menace" de M. Assad. Pas cinq minutes sans qu'une chaine TV sonne l'alarme sur "les menaces du président syrien contre la France". À se demander si toute la France et moi entendons la même chose. Le plus fort, c'est que les gens derrière la désinformation ne sont pas assujettis à un joug. Rien ne les oblige à travestir. Juste l'inconscient collectif profondément ancré et profondément malhonnête qui les pousse, tous comme un seule entité, à manipuler l'information pour toujours donner à la France le beau rôle qu'il n'a jamais. Malgré ses déconvenues très amères à chaque fois. Ils sont couverts de ridicule internationalement mais, eux, seuls entre tous, ne le savent pas parce-qu'ils ne veulent surtout pas le savoir. La force du déni. En France, avec les Français, ça marche à merveille. Mais ça ne fonctionne qu'avec eux. Ils n'apprennent jamais ; Même après le coup de grisou que va incessamment provoquer la décision américaine… et l'humiliation aux quatre coins du monde qui s'ensuivra.

Les Français, dès qu'ils doivent prendre la parole en public, se mettent à parler par saccades entrecoupées de euh plus ou moins longs et appuyés. Depuis les enseignants jusqu'aux présidents de la république, en passant par les journalistes, les politiques, les universitaires, les gens du spectacle... Tous !! Or ceci dénote un fort manque de confiance en soi, une prédisposition au mensonge et un désir de convaincre en étant conscient de ne pas dire la vérité. Caractéristiques françaises par excellence. Cela fait que les documentaires et émissions de toutes sortes traduites en français ne reflètent absolument pas les originaux. Métamorphosés par le maniérisme français, ils ne sont plus intéressants que pour les Français qui ne connaissent pas autre chose. À tel point qu'un documentaire bien fait, sans tricherie ni fatuité, leur parait fadasse, raté. Tragique. Et les enfants, même en France hélas, imitent leurs parents.

Il y a un défaut criant dans l'alphabet anglais que person n'a déniché à ce jour. En réalité, il s'agit d'un défaut abondamment répandu en anglais mais présent dans tous les alphabets d'origine latine. En wolof, **mâchoire**, par exemple, est impossible à transcrire avec l'alphabet adopté puisque la consonne première de ce mot d'une syllabe n'existe pas en caractères latins. De fait, c'est la consonne qui devrait terminer **king**, **young** et une infinité de mots anglais comprenant tous les participes présents illégitimement orthographiés avec **ng** qui n'est pas le son rendu. Rajoutez **o** à **king** et vous obtenez le son réel de **ng** dans **Congo** ou **bingo**. Or le son de ng dans king est exactement le son qui manque dans l'alphabet latin pour écrire mâchoire en wolof. Pour un locuteur du wolof, la démonstration est flagrante puisqu'avec **ng** pour faire mâchoire, on obtient **ngaam** qui, à l'évidence, très audiblement, n'est pas la bonne restitution du mot, **ng** étant parfait pour exprimer soir en wolof : **ngoon**. La différence est assourdissante. En français, l'anglais **king** donne phonétiquement **ki'ngue** parce-que c'est exactement ce qui est écrit. En wolof écrit débutant, c'est une catastrophe car ce qui s'approche le plus d'une traduction écrite de "lait de palmier" ou "hermaphrodite" serait **coongkom** et **nguunungaana** qui, à l'évidence, n'ont strictement rien à voir avec les sons réels nécessaires dont la lettre n'existe pas. C'est pareil pour d'autres mots wolof comme **ngang** et **ngeb** mal écrit pour ouvrir et fermer la bouche, **ngëb** pour tenir dans la main, **dangk** pour poignée (de riz, etc.), l'expression **ngaappati ngoolooli** pour patati patata, des bêtises... ainsi que pour tous les autres sons internationaux indûment rendus par **gong**, **ding dong**, **King Kong**, **Hongkong** et, je répète, tous les participes présents de l'anglais.

Je suggère de faire une lettre à part entière de la lettre phonétique anglaise qui représente le son **ng**, cette espèce de n dont la deuxième branche descend plus bas que la première en se courbant vers l'intérieur, pour figurer la lettre manquante. Pour ma part, j'ai déjà commencé depuis longtemps.

Il semble que je doive revenir et insister sur un sujet d'éthique grammaticale déjà traité. L'unique manière d'exprimer est : "La porte était **grand** ouverte". Dans cette formulation, **grand** est un adverbe et, donc, invariable. Il en est de même pour "Votre petite fille est **fort** belle" ou "Oh regarde les caniches !! Ils sont **tout** mignons".

En anglais, **coccyx** se traduit pareillement **coccyx** et son pluriel est **coccyges**. Aucune recherche sur aucun support ne donne le pluriel français de **coccyx**. Comme d'hab, en France, personne ne se mouille. Y compris, Robert, Larousse et toutes les encyclopédies. Je me vois donc dans l'obligation de décréter que **coccyx** au pluriel reste **coccyx**. Coccyx, en français, est invariable.

De rien.

Dans le Harrap's Shorter, le mot anglais **reluctant** est traduit par : qui est fait à contrecœur. Ce mot se traduit le plus simplement du monde par réticent. Or réticent n'apparait même pas non plus dans les traductions du nom **reluctance** ou de l'adverbe **reluctantly**. Intrigué, je vais voir **réticent** dans la partie français-anglais. Le tour de force est total. Là aussi, ils ont réussi à caser pour **réticence** et **réticent** les mots anglais pour **hésitation, omission, manque de volonté**… sans jamais effleurer l'évident **reluctant** que le premier traducteur en ligne, Reverso, Free Dictionary ou Google, te traduit illico par **réticent** sans chercher à se faire des nœuds à la cervelle. Par contre, et c'est beaucoup plus troublant, dans le Larousse, il n'y a pas le mot **caucasien**. C'est suspect et inquiétant car il ne s'agit pas d'un mot que l'on oublie dans un dictionnaire.

En 1939, les républicains espagnols sont arrivés à Saint-Cyprien Plage, à la frontière française, en passant par Figueras, confiants dans les mensonges français. Ils croyaient à la réalité de Liberté, Égalité Fraternité. Les Français leur ont fait construire leurs cages et la France les y a laissés mourir de misère. Pour les surveiller et tirer sur quiconque tenterait de s'évader, des tirailleurs sénégalais obéissant à des ordres sans en comprendre la substance ni la nature.

Depuis, la France est, comme toujours, très vite redevenue la très grande donneuse de leçon sur tout ce qu'elle n'a jamais appliqué. Particulièrement sur les droits de l'homme et la générosité.

BFM 06/09/2013. Les propos du ministre de l'Intérieur à propos de Marseille défilent en boucle sur la bande Alerte Info : "Face à ce type de réseaux qui **s'**accaparent certains quartiers…".

Accaparer n'est pas un verbe pronominal.

Vairon et **lambda** sont des adjectifs automatiquement invariables, malgré les conneries que colporte le dictionnaire. On doit écrire **des yeux vairon**, **des citoyens lambda**. **Vairon** ne s'applique qu'à un unique mot, **yeux**, et cet unique correspondant est toujours pluriel. Pourquoi aller s'emmerder à lui appliquer les règles, déjà tordues, appliquées aux autres adjectifs ?? Pareil pour **lambda** qui ne s'utilise que dans une situation unique sans jamais changer de sens ou étendre son usage à aucune autre. La langue française gagnerait beaucoup à être simplifiée drastiquement plutôt qu'à être, en permanence, compliquée à loisir. Les Français ne la parlent pas et elle n'intéresse les étrangers que lorsqu'il s'agit de jouer aux cons. Tous les adjectifs devraient être invariables. Voilà qui serait un grand départ déjà. Mais séparés des précieuses béquilles qui leur sont vitales pour distinguer un adjectif féminin d'un masculin malgré l'implication, toujours, d'un nom qui, lui, détermine toujours le genre de l'adjectif, les Français se retrouveraient tous à l'asile.

En France, lorsqu'on n'est pas un dit de souche et que l'on s'avise d'émettre une critique sur la France, on est, d'office, catalogué anti-français. Anti-français est synonyme d'anticolonialiste, d'antiesclavagiste et, de manière plus générale, signifie progressiste et équitable, toutes acceptions insultantes pour les Français.

Antifrançais est la pauvre parade anti-critique.

Même l'unique documentaire intitulé **Françafrique**, capital par rapport au vide, est chichement diffusé, à des horaires de nuit impossibles. Pour être bien sûrs d'en minimiser l'impact, le spectateurs est pratiquement guidé à la main, bien qu'il comprenne que les pillards de l'Afrique n'étaient pas la France mais des individus cupides. Ce n'est même pas drôle comme les énormités françaises en général, lorsqu'ils croient que toulmonde a gobé leurs histoires. Il est agréable de voir se pavaner les crapules, M. Le Floch-Prigent, ancien taulard pour raisons d'Elf et récent taulard en Afrique pour cause d'escroquerie locale, nommé par François Mitterrand pour avec une clique de demi-sel minables qui se prennent pour des baroudeurs, dépouiller Gabon et Congo à sec d'un argent que Mitterrand, magnanime ou soucieux de s'assurer que chacun partage le crime, distribuait scrupuleusement à tous les partis politiques depuis l'extrême-gauche jusqu'à l'extrême-droite.

J'adore cette pub : "On dit que le cinéma français est trop intellectuel. C'est vrai que nous aimons bien réfléchir". Elle me scie. J'ai beau être prévenu, à chaque fois elle me fait mourir de rire.

RFI 10/09/2013. Ils disent : "Il s'agit **d'harceler** les chrétiens". Le **h** n'est pas muet et, donc, <u>de harceler</u>.

LCP 13/09/2013. Doc **Gens Du Fleuve. Le Gange**. Quand ils font un documentaire sur l'Inde, sur le milliard et demi d'Indiens qui peuplent l'Inde, ils choisissent une expatriée française singeant les usages indiens pour illustrer l'Inde… Consternant !! Mais régulier dans le comportement des Français qui, en vacances à l'étranger, recherche en tout premier lieu une boulangerie française et un restaurant français.

Hormis les pays arabes chez qui le mépris de l'Africain est un atavisme souverain qui transcende les siècles depuis que l'Islam l'a endossé et intégré dans le dogme, la France est l'unique endroit au monde où la ségrégation sr pratique de manière généralisée par acceptation tacite, sournoise de l'entièreté de la population. Pour diluer, ils discriminent Arabes, juifs et roms, c'est entendu. Mais l'unique réelle ségrégation que partagent également Arabes, roms et juifs, est celle envers les Africains. Machiavélique, toute en violence non assumée par les textes ni admise par les individus mais maintenue plus solide qu'une barrière d'apartheid par la complicité des Français, des institutions qui avalisent toutes les saletés, toutes les ignominies que les textes sont supposés rejeter. Par la police française qui pratique, sauvagement, au quotidien la discrimination violente selon la complexion. Par la justice française qui encourage et ferme les yeux avec condescendance et paternalisme sur les bavures. Par les Français du bas de l'échelle pour qui les Africains servent de dépotoir et d'exutoires pour leurs colères vis-à-vis d'eux-mêmes, leur misère et leurs frustrations. Pour leur besoin d'être condescendants pour se sentir exister.

13/09/2013 RFI : "Le policier qui avait foncé sur les deux adolescents" –les tuant- "a été reconnu coupable et condamné à six mois avec sursis". "Les policiers venus soutenir leur collègue sont atterrés. Ils espéraient la relaxe."

Ça se passe comme ça en France.

Les deux ados, un Malien et un Maghrébin, eux, n'ont eu aucun sursis. Ils sont morts sur le coup.

Ça me dégoûte.

À croire que person d'autre ne VOIT.

Les Français, moutons, s'absolvent du fait que les partis de gouvernement qui perpétuent ces pratiques sont des partis "honorables". Lorsque l'extrême-droite officielle prendra le pouvoir à travers les bulletins des Français, elle se contentera de les généraliser à la puissance mille, avec le parapluie de ce raisonnement sans faille. Et l'appui soudain ostentatoire et vibrant de légions de Pasqua, Hortefeux, Sarkozy, Dumas…Et qui trinquera puissance mille ?? Africains, Arabes, roms et homosexuels. Puisque les juifs ne trinquent jamais. Et les nouvelles victimes des flics de France, enfin à nouveau clairement fachos comme au bon vieux temps du maréchal Pétain, n'auront plus droit à des procès, ce qui, à tout prendre vu la plaisanterie des procès "démocratiques", vaudra largement mieux pour qu'enfin chacun soit obligé de se positionner clairement. Enfin. Ce jour-là, ceux qui s'écraseront pourront être comptés du côté des assassins. Déjà, journaux et télés français travaillent à faire au Front national une virginité et une auréole.

Les Provençaux qui, malgré le poids du français, s'expriment sans affectation lorsqu'ils s'expriment naturellement, n'ont ni r gargouillis ni voyelles nasales. Ils roulent de vrais r et disent puté'ng ko'ng.

BFM 13/09/2013. "Le procureur n'avait pas demandé de peine pour le policier" de Villiers-le-Bel. ?? D'où sortent alors les six mois assortis du sursis ?? De la défense du policier ?? Car on peut tout se permettre en France. Les Français sont des veaux. Plus c'est gros, plus ça passe. La preuve, c'est passé. Sans faire la moindre vague. Person n'a noté.

Le sommet absolu du ridicule est atteint lorsque dans le doc anglais UK Onze Septembre Au Sommet diffusé sur France 3 le 11/09/2013, la voix de Dick Cheney est restituée en français par celle d'un vieillard égrotant. Comme si l'auditeur, débile, avait besoin d'un ersatz imbécile des voix plutôt que d'une simple traduction audible. Des cons prennent des cons pour des cons.

Par la suite, le phénomène se généralisera à tous les documentaires traduits en français que leur simple traduction rendait déjà indigestes. Ils y perdront définitivement au moins un auditeur. De toute façon, les documentaires français sont malsains pour le spectateur non averti ; Ils sont toujours, trafiqués, manipulés de manière à toujours faire la part belle à la France et à la glorifier à tort. Ils sont mensongers et malhonnêtes.

Ils disent, RFI 15/09/2013, "L'équivalent de plusieurs mois de pluie **sont tombés**" au Colorado.

France 5 16/09/2013. OGM, Vers Une Alerte Mondiale, documentaire daté de 2012 sur la nocivité des organismes génétiquement modifiés qu'il semble démonter de manière scientifique et incontestable, passe à la télé à 2h du matin. Pourquoi ?? Pour quel public ?? est-il mensonger, après tout il est français, ou l'industrie OGM est-elle si puissante en France ??

Ils disent, à propos des saumons : "Ils doivent **remonter** les cascades **à contre-courant**". Comme si les saumons avaient le choix de descendre les cascades à contre-courant.

Le verbe et la locution ne peuvent être ensemble parce-que descendre à contre-courant ne se peut pas.

Cependant, dès qu'il y a un doc qui inclut les saumons, pas un seul n'a le bon sens d'éviter l'affreuse redondance.

Le français n'est à peu près supportable en musique que lorsqu'il est chanté par des Congolais qui, eux, prononcent parfaitement les r, comme il se doit ; même aux Antilles, le français n'est porté que par la qualité musicale. Je pense que, sans peut-être en être conscients, les Antillais ont forgé le créole pour s'offrir une plus grande liberté d'expression musicale.

Rien dans le monde actuel n'est plus représentatif du fascisme que le drapeau français. L'extrême-droite l'a incarné d'office et person ne songe à le lui disputer. D'ailleurs, hors du foot –et pour quels résultats- les Français ne portent pas d'habits aux couleurs de la France comme il se fait dans les autres pays. Ils en ressentent une confuse honte.

En Grande-Bretagne où les citoyens sont loin d'être instinctivement réactionnaires, le voile, même intégral, est admis à l'école et dans les lieux publics. Au nom de la liberté de culte. En France, "patrie des droits de l'homme" comme elle le revendique haut et fort à chaque occasion et hors de propos, on attend de trouver la quadrature du cercle. À savoir comment interdire le voile sans interdire la croix et la kippa tout en se proclamant respectueux de la religion de chacun.

Comme toujours.

26/09/2013 RFI : "siyou léteu aligator" adressé à un jazzman américain par un animateur. Celui-ci éclate d'un rire franc et corrige gentiment.

Dans les documentaires traduits en français, les Français cherchent désormais à tout prix à tenter d'imiter, en français, la voix des intervenants parlant d'autres langues. Du coup, comme je l'ai déjà signalé, un Français imitant le gâtisme, pas diff, voix de crécelle chevrotant rend la voix naturelle, propre à Dick Cheney. C'est atroce, ridicule, complètement raté côté imitation et enlève tout son caractère sérieux à l'émission. Mais surtout, quel besoin a le télespectateur d'entendre absolument les inflexions séniles du vieux salopard ou de Giuliani ?? Ils s'en foutent. Ce qu'il veut, c'est juste un compte-rendu sérieux sur un sujet sérieux. Il ne s'agit pas d'un film ou de Friends, bordel !!

Encore une fois, contrairement à ce qu'affirment les dictionnaires, **tel que** est une locution adverbiale, donc invariable, synonyme de **ainsi que**, lui reconnu comme tel par les mêmes dictionnaires, constants dans l'incongruité. Il faut laisser les choses **tel quel** ou il faut laisser les choses **tel qu'elles sont**, c'est-à-dire **ainsi qu'elles sont**. Jamais autrement !! **La situation est tel que je vais devoir m'en occuper.** Si, comme c'est systématiquement fait, l'on écrit "la situation est **telle** que je vais devoir m'en occuper" **telle** devient un adjectif accordé au féminin de "situation". Que signifierait-il ?? Absolument, strictement rien puisque l'adjectif **tel** a besoin d'un appendice comparatif dont **tel**, adverbe, n'a pas nécessairement besoin. Avec l'adjectif, on dirait "la situation est un tel bordel que…" ou "une telle pagaille que…". Tandis que dans l'acception adverbiale, **la situation est tel que** signifie **la situation est à ce point que**. L'adjectif est superflu.

Limpide.

Je dénonce les imperfections et les crimes de la France parce-qu'ils nuisent gravement aux peuples d'Afrique auxquels j'appartiens ; C'est de très bonne guerre et la mienne, elle, n'est ni malhonnête ni sanglante et ne saurait le devenir de mon fait.

Aucun chef d'État africain, aucun Africain ne doit être jugé par la sinistre CPI sans que la France ne soit d'abord jugée au plus haut niveau international. Qui a institué en Afrique l'imposition d'hommes de paille au service exclusif des intérêts de la France et de leurs intérêts propres ?? Qui leur a donné le pouvoir en trompant les Africains sans relâche ?? Qui leur garantit sécurité et impunité par son armée depuis la veille des fausses indépendances ?? Qui leur garantit des retraites dorées dans les villas somptueuses édifiées avec la sueur et le sang de leurs administrés malgré eux ?? Qui a divisé les ressources de l'Afrique en dix parts : une pour le président d'opérette dont la richesse dépasse le budget de son peuple, une pour le peuple qui trime et huit pour la France ?? Qui fait croire aux Africains qu'ils subsistent grâce à l'"aide" généreuse de la France alors que c'est la France qui parade et siège en membre permanent à l'Onu, autre plaisanterie, grâce à eux ??

Tôt ou tard, et bien plus tôt que vous le pensez, il faudra que des réponses très claires soient apportées à ces questions simples devant la face du monde.

La France est allée trop loin, grisée par la traite éhontée qui n'a jamais pris fin. Savez-vous que M. Lissouba, élu démocratiquement par les Congolais puis déposé par les Français pour velléités d'indépendance –de lui par rapport à la France, non de son peuple par rapport à la France- a avoué devant les caméras n'avoir eu, pendant toute la durée de sa présidence, la moindre idée du nombre de barils de pétrole que les Français, rois du Congo, envoyaient régulièrement en France ?? Aucun pays européen ne décréterait un smic à la manière française parce-que les autres pays européens travaillent et produisent par eux-mêmes. La vérité est que le smic est irrationnel, trop élevé. Je suis confiné au minimum vital depuis plus de dix ans parce-que la France a décidé qu'il est hors de question de me confier aucun job décent auquel j'ai droit. Même avec 420€ mensuels, je pourrais aisément me passer de 50 s'il fallait aider à un redressement citoyen. Si la France était un pays normal, honnête. Et si ce n'était pas rembourser pour les vols de Chirac et les agapes de Sarkozy. Tiens, en voilà un qui cherche un prestige qui s'obstine à le fuir en annonçant à tout-va qu'il va faire des conférences internationales lorsqu'il a été défait, comme Clinton, lorsqu'il a été terminé ses deux mandats constitutionnels. Il en a fait une… au Congo rémunérée 100000€ soit 65000000CFA, soixante-cinq millions !! dis, cher payé pour un incompétent analphabète, même dans la honteuse appellation, toujours vivace, de nos monnaies d'esclaves soumis. Et commanditée par qui, cette heure de conférence ?? Payée par qui ?? On sait qu'il en a "fait" deux en Afrique et une à Abu Dhabi –où les émirs n'ont pas spécialement besoin de conférence française pour régler de mystérieux contrats élaborés avec un président français véreux. C'est tout ce que consent à donner Google France. Qu'est-ce qu'il ne faut pas faire pour jeter de la poudre aux yeux lorsqu'on va récupérer le salaire de la malhonnêteté…

En dehors de ses voisins immédiats, qui connaissait la France pour du prestige avant la traite africaine ??

Il y a des failles, des tares chez tous les peuples du monde. Mais la France est l'unique endroit où les tares sont connues et soigneusement dissimulées comme des moutons sous un tapis. Le seul pays au monde où la propagation de fausses informations pour se déguiser en pays historiquement et culturellement important est faite par ses propres citoyens. Les enfants sont éduqués de la sorte, donc, enfants, ils ne sont pas vraiment responsables de leur arrogance frauduleuse mais, grandissant, ils deviennent partie prenante de la fumisterie. Ils savent qu'ils mentent et qu'ils trichent et ils le font quand même. Il est hallucinant qu'aucun Français, absolument aucun, n'ait pointé cette escroquerie à très grande échelle, ne l'ait jamais dénoncée. Les ressortissants d'ailleurs, eux, débarquent en France confiants puisque, d'un point de vue extérieur, ça n'a pas grande importance. La plupart d'entre eux, malgré la saleté chronique de "la plus belle ville du monde", la modestie de la tour Eiffel et de "la plus belle avenue du monde", sont conditionnés pour ne voir que le rêve, même inexistant, et se mettent des œillères au cerveau pour exclure tout ce qui n'appartient pas à la légende. Mais ceux le plus lucides d'entre eux sont conscients et déçus. Mais ils ne rompent pas le charme pour autant. D'ailleurs qui les écouterait depuis le temps que la fable court ?? Alors, ils font comme si le derrick du Champ-de-Mars était une pyramide égyptienne. Comme si l'avenue des Champs-Élysées éclipsait Tokyo, Saint-Pétersbourg, Londres, New-York ou LA. Ceux le plus raisonnables visiteront le musée du Louvre, la seule adresse parisienne digne d'intérêt. Et pour cause !! On y trouve des œuvres de Vinci, Rembrandt, Le Caravage, L'Albane, Van Gogh... tous Français authentiques, ainsi que la Vénus de Milo et la Victoire de Samothrace.

Il n'existe aucun autre exemple de collectivité aussi cocoonée dans le mensonge quant à sa réalité.

En Europe dite occidentale, Agnela Merkel, sur qui se défoulent les pseudo-politiciens français de tous bords pour dissimuler leur inexistence économique et leur médiocrité politique en l'agonisant d'injures, espérant ainsi gagner la sympathie et la clémence de l'Europe face à celle qu'ils désignent nazi, est, de loin, l'unique homme d'État.

22/09/2013 LCP-AN. Un doc, Filmer La Guerre D'Algérie, excuse la torture, la gégène, en Algérie au motif de vies sauvées grâce à elle.

Pantois !!

Les Français sont de très mauvais chanteurs et de très mauvais acteurs parce-que la langue française, puisqu'il faut l'appeler ainsi, ne se prête à aucun art vocal. Le voisin immédiat italien chante sans problème et s'est naturellement fait une réputation mondiale sans éprouver jamais le besoin de s'autoglorifier. Il en jouit, c'est tout. Puisque c'est vrai.

Je répète : la langue française n'est pas faite pour être chantée. Elle n'est même pas faite pour être parlée.

23/09/2013 BFM. Ils disent, et vous aussi sans doute : "L'opération touch**era bientôt** à sa fin". Lorsque l'opération touche à sa fin, c'est que cette fin est pour bientôt. C'est pour cela que le verbe toucher s'utilise dans ce cas.

BFM 26/09/2013. Mme Duflot, à propos des propos électoralistes immondes de Valls sur les roms... à la veille d'élections perdues d'avance : "On ne peut pas dire **qu'il y a** des catégories de population **où** l'origine justifierait qu'elles ne puissent pas s'intégrer" pour **qu'il y ait** et **dont** au lieu de où.

RFI 27/09/2013 : "C'est son **premier** coup d'essai". No comment.

28/09/2013 France 24 : "...l'arsenal syrien, désormais **contraint d'**être détruit..." au lieu de **condamné à**.

Quelques minutes plus tard, la dauphine élue la veille de la nouvelle Miss Monde philippine apparait pour annoncer les résultats. Commentaire : "La deuxième plus belle femme du monde est française". La vraie Miss Monde, elle, apparaitra... en photo et en vitesse. Zappée.

Le plus grand mensonge de la France a été de faire croire au monde que l'esclavage a été abolie en France en 1848. Comme elle fait croire qu'il y a eu une révolution en France en 1789.

29/09/2013. Perle de toute beauté : "En Irak, au moins, **vingt-sept morts ont perdu la vie**"

Pour les Français, être intelligent, c'est se sentir plus intelligent que le voisin. Rassurés sur ce point, ils ne ressentent pas le besoin d'aller plus loin.

30/09/2013. En juillet 2012, à la veille des jeux de Londres, TIME a sorti un numéro spécial double dans lequel soixante-et-onze pages sont consacrées aux sportifs olympiques. Aucun Français n'y figure. Absolument aucun. De fait, ce qui s'y rapproche le plus de la France est un "sportif" monégasque à Montréal, en 1976, testé positif pour dopage après la compétition qu'il venait de finir avant-dernier. Peut-être le dernier était-il français ??

Pour un observateur averti, ça a rien de surprenant. La France n'est pas un pays de champions d'aucune sorte mais un pays de tartarins qui pavoisent et font beaucoup de bruit avant les épreuves et s'écrasent après. Mais leur remue-ménage est tel qu'ils persuadent le monde et eux-mêmes qu'ils sont champions de tout et du reste. Le déni est tel que ce numéro, datant de plus d'un an, que je viens tout juste de clore n'a provoqué le moindre questionnement en France. En France, on pousse du pied discrètement les déplaisantes vérités à propos de la France à l'écart et on les y laisse.

La radio, la télévision et les journaux français sont un navrant concentré de tout ce qu'il ne faut pas faire. Pitoyables tentatives de jeux de mots, désolants à peu-près, complaisance et renvois d'ascenseurs, grotesques tentatives d'imposer du caractère... Ridicule à pleurer. Ennui mortel. Vide vide vide.

01/10/2013. À peine élu, et alors que le Mali est en lambeaux comme jamais dans son histoire, le président Keytaa se précipite à Paris pour une visite officielle... de quatre jours....... qu'il est obligé d'écouter au bout de deux à cause de l'escalade sanglante dans son pays.

01/10/2013 RFI, magazine scientifique : "Ça s'est **avéré vrai**". Bien sûr, vrai était superflu et la faute impardonnable en plus d'être ridicule.

08/10/2013. ARTE propose une émission suivie d'un débat sur la viande in vitro, ou viande synthétique. Pour le débat, un seul invité qui déclare dès le début son rejet de cette viande. L'invitée allemande qui s'exprime en allemand à voix basse et, évidemment, n'est pas un gros con présomptueux, ne peut être considéré comme une contradictrice. L'argument massue du Français, M. de Closets, est que cette viande ne pourra jamais nourrir "tous les Africains et tous les Indiens". Argument plutôt stupide puisque cette viande est supposée être vendue bien moins cher –cherchez pas, c'est correct- que la viande abattue.

Mais la question réelle n'est pas là. La question réelle, c'est : pourquoi diable les Occidentaux s'emmerderaient à vouloir nourrir les pauvres Africains et les pauvres Indiens avec cette viande alors qu'au moment où est diffusée l'émission, ils préfèrent toujours démolir leurs surplus alimentaires, allant jusqu'à les empoisonner pour être bien sûrs qu'ils ne serviront à aucun pauvre, plutôt que de leur en faire don ???????

11/10/2013 France 24 : "La France estime que l'attribution du prix Nobel de la Paix à l'OPCW (Organisation pour la prohibition des armes chimiques) est la consécration de la politique française contre la Syrie".

Le monde entier baille à s'en décrocher la mâchoire.

Lorsque les Vietnamiens étaient esclavagisés en France, ils travaillaient les terres de culture en étant payé 1/10ème du salaire des paysans français. Ceci est mal connu. Mais la France a été un gigantesque camp de concentration à ciel ouvert. Toute la France a aidé à calfeutrer ces immondices. Toute !! Comme toujours. Demandez donc aux Vietnamiens, ex-Indochinois, aux harkis auxquels ils avaient fait prendre les armes contre les leurs, sans même parler de nous autres Africains, universellement publicités (*il n'existe pas d'équivalent français pour **advertised**, donc, je prends cette liberté*) puisqu'estimés ne pas valoir la peine de dissimuler notre maltraitance. De plus cela rendait tous les autres esclaves quelque peu satisfaits d'être moins mal traités. Des siècles de maltraitance nous avaient rendus invisibles. Et nos frères d'ailleurs étaient conditionnés pour mettre toute leur force à nous mépriser plutôt que de se soulever contre le diable.

La colonisation britannique, dont la cruauté et les motivations sont indiscutables, n'était pas acharnée à désintégrer les cultures africaine, indienne et asiatique. Pas par bonté d'âme puisque les Britanniques, comme les français, sont dépourvus d'âmes mais parce-que ce n'était pas nécessaire. La Grande-Bretagne une grande nation déjà, avec un passé historique réel. La France, elle, s'est acharnée à remplacer le cerveau africain par un cerveau français. Avec pour résultat Senghor, Bongo, Bokassa, Tsiranana, Youlou, Houphouët et leurs pareils qu'elle oblige les Africains francophones à considérer comme des héros, de grands hommes, pour avoir facilité la sale besogne de la France. Nos grands hommes sont Seexu Ture, Iseen Aabre, Kagame, Mugabe, Um-Nyobe, Lumumba, ceux qui tant les révulsent comme Gbagbo rien qu'en étant d'une authenticité africaine palpable, Zuma, président qui rejoint les danseurs zoulou en tenue africaine et exhibe ses épouses sans hypocrisie apprise, et plein d'autres étouffés dans l'histoire ancienne et contemporaine. A tel point que même si nous devions donner quitus à la France et à l'Occident des nombreux crimes qu'ils leur collent par dépit, nous les placerions quand même très haut. Ce que la crasse tente de salir est toujours propre. La Grande-Bretagne est devenue une alliée de l'Afrique. La France est restée l'ennemie te le bourreau de l'Afrique. Aucune des deux n'est motivée par de bons sentiments. Mais la Grande-Bretagne met en avant ses intérêts économiques tandis-que la France, elle, s'acharne à vouloir se créer, à tout prix une image de conquérant capable de terroriser des peuples et de renter dans l'histoire enfin. Avec un tel aveuglement et de telles visées, elle ne peut, évidemment, pas se rendre compte qu'elle se garantit un plus sûr confinement dans les chiottes de l'histoire qu'elle ne quittera jamais.

Le Niger, pays le plus pauvre du monde, fournit à la France l'uranium qui lui rapporte des milliards et lui permet de s'imaginer faire partie des grands, moyennant, en contrepartie, huit-cent millions d'euros par an. Voilà ce qui s'appelle une cruelle plaisanterie. Pendant l'occupation manifeste de l'Afrique, il y avait des voix qui s'élevaient, en GB et aux USA, contre l'injustice. Pendant ce temps, les Français s'adonnaient à leur sport favori : se bâtir de toutes pièces une histoire pouvant rivaliser avec celles des puissances européennes à coups de triques et autres immondices. Pour ne citer qu'eux, si flamboyants aux yeux des Français, si amoureux de justice et d'équité, Voltaire et Diderot étaient esclavagistes. Leurs principaux revenus ne provenaient ni de Frédéric de Prusse ni de l'Encyclopédie mais de la traite esclavagiste. Oh ce n'est pas caché. Du tout. Seulement il n'y a pas pire aveugle que celui qui refuse de voir et les Français ne regardent que ce qui les arrange. Aucun de ceux qui parlaient en France ne le faisait pour la justice mais par duplicité, en tirant les bénéfices de ce qu'ils prétendaient dénoncer. Société des Amis des "Noirs" ??

Et mon cul ??

29/12/2013 BFM. Alors que le présentateur du journal annonce : "…au moins 14 morts dans l'attentat à Volgograd…", le bandeau lit simultanément : "Au moins 18 morts…". Ensuite, puisque c'est tous les jours festival : "Les forces de l'ordre se sont affrontés avec…" au lieu de "se sont confrontés avec…" ou, mieux, "ont été confrontés à…"

RFI 21/12/2013 : "Nous avons l'idée que le temps est quelque chose de commune". Faute très commune en France également. Suivi de "l'un des présidents qui **a** le plus…" par M. Jean-Louis Debré, président du Conseil constitutionnel.

LCP 31/12/2013 "Fort de sa présence *(à Matignon)*, Jacques Chirac s'empare de l'UDF" au lieu de UDR. D'autant plus impardonnable à tout jamais que le doc, Ils Ont Voulu Le Pouvoir, est daté de 2011, soit trente-cinq ans de mémorisation de l'épisode invoqué.

En France, t'as aucune chance de réussir quoi que ce soit si t'as pas suivi un putain de cursus scolaire classique sacralisé, à moins de sucer et de baisser la tête. Dans le monde en progrès, la compétence ne devrait pas exiger des références mais des preuves. Bordel !!

Dans le documentaire Life, L'Aventure De La Vie, sur ARTE, le doubleur français affirme avec emphase : "Le tarsier est le seul primate exclusivement carnivore". Non seulement c'est faux puisque le tarsier est omnivore et essentiellement insectivore, mais au moment où l'imbécile es goberge, l'animal est en train d'ingérer une banane verte. Pour un documentaire scientifique au demeurant très bien fait, que personne dans l'équipe française ne se soit aperçu de la double énormité et que cette version française se trouve ainsi diffusée est un témoignage de plus sur l'ignorance, la prétention et la totale absence de sérieux des Français.

France 24 - 05/01/2014. "C'est le dixième voyage de John Kerry au Moyen-Orient en moins de trois ans". M. Kerry est entré au gouvernement US en février 2013, soit moins d'un an. Ce n'est pas seulement les erreurs grotesques qui posent problème, c'est qu'elles ne sont quasiment jamais suivies de rectificatifs parce-que la culture française n'admet pas qu'un Français puisse officiellement se planter.

Parler d' "amitié franco-africaine", de "liens qui nous unissent" est de l'enfumage et les chefs d'État africains qui reprennent le thème sont des jeanfoutres comme las aime et les fabrique la France. Les seuls liens qui nous unissent sont les fers à nos pieds. La relation entre l'Afrique te la France est de subordination forcée, d'esclavagisme moderne encore plus destructeur que l'ancien, de répression, de massacres, de meurtres et d'occupations qui durent encore à ce jour de janvier 2014. Tous les pays ayant participé au dépeçage de l'Afrique, comparés à la France, peuvent prétendre avoir une relation apaisée avec elle. Hors la France. Et les esclavagistes arabes.

Contrairement à la France, aux Usa et au Royaume uni, les Africains ne sont pas regardés comme des animaux évadés d'un zoo et faisant sous eux, moqués et stigmatisés lorsqu'ils s'aventurent dans les rues en tenue africaine. C'est le premier indice révélateur, non de tolérance dont nous n'avons rien à foutre, mais d'égalité. Les seuls Africains acceptés du bout du doigt en France sont ceux qui singent les français jusqu'à la caricature et, à leur tour, se retournent contre les africains et l'Afrique.

Tout comme François Mitterrand en 1981, François Hollande, dès sa première année de mandat, est retourné à l'hypocrisie lorsqu'il s'est rendu compte que la France industrielle tant vendue aux Français et hors de France n'est rien d'autre que l'emballage de la traite africaine actuelle qui fournit à l'œil, par le sang et la sueur des Africains, pétrole, uranium, diamants… Aucun n'a pris le risque de saloper sa présidence en révélant au grand jour aux Français la réalité de leur situation une fois pour toutes.

13/01/2014 LCP, Ça Vous Regarde. Une invitée, Madame Aminta Traoré, pour avoir évoqué la prédation française de l'Afrique, se fait incendier vertement par un autre invité condescendant qui la taxe de communiste, comme si cela était une insulte abominable. Mais Madame Tarawore a du cran et ne se laisse pas faire. Cela me plait. M'est avis qu'elle ne sera plus souvent invitée.

Ils disent "le premier et le seul" pour **l'unique**, c'est bien la preuve que les français n'ont pas la faculté de réfléchir. Ils s'expriment mécaniquement par habitude d'entendre des mots dans des contextes. Malaisé et laborieux. Leur évolution s'arrête là. Mais donnez-leur le choix entre deux options également mauvaises et ils se diviseront en deux camps.

13/01/2014. Sur toutes les chaines et sur tous les tons, il est rabâché que les Français croisent les doigts pour qu'un joueur français décroche le ballon d'Or face à des pointures comme Messi ou Ronaldo qui sont de vrais joueurs de foot. C'est une technique française pour apitoyer les jurys internationaux. C'est ainsi que, de loin en loin, contre toute raison, la France se voit décerner une récompense internationale qu'elle ne tente même pas de justifier en l'exploitant puisqu'elle s'en sait incapable –on ramasse l'Oscar et on rentre la queue entre les jambes mais, plus tard, quand les circonstances seront oubliées, ce sera une étoile au firmament de la France. Ou alors l'organisation d'événements prestigieux dans lesquels elle ne saurait briller autrement.

Dans la soirée, évidemment Cristiano Ronaldo l'emporte devant Lionel Messi et rend hommage à Mandela et à Eusebio qui, lui aussi est récemment décédé. Le président de la Fédération française de football, lui, n'en démord pas : le joueur français "méritait cette récompense". Bien sûr il n'en pense pas un mot ; ce qu'il pense, c'est qu'en faisant tout un tamtam autour de l'événement, il fait de la pub au football français, ce qui serait toujours ça de pris si le reste du monde était aussi con que les Français. Allez va, ça marchera une autre fois, l'appel à la pitié. Ça a déjà fait ses preuves.

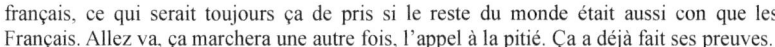

Pour seulement espérer limiter les dégâts inéluctables, la France devrait renoncer à toute dépense de prestige –et d'abord à sa défense nationale puisqu'aussi bien elle ne lui a jamais servi et ne lui sert à rien- et augmenter de manière conséquente les bas revenus, ce qu'elle n'est pas prête à comprendre. Elle ne s'y résoudra que contrainte et forcée par des oukases de l'Union européenne ou de la mondialisation, lorsqu'il sera trop tard. Mais peut-être est-ce parce-que leurs chefs savent parfaitement qu'ils ne courent aucun risque. Que malgré les gesticulations et à l'inverse de ce qui est automatique pour l'Italie, la Grèce, Chypre ou le Portugal, UE, FMI et Banque mondiale ne lui feront jamais défaut pour les raisons déjà citées : la fantastique propension involontaire des Français à aliéner tout peuple qui adopte leur langage et, plus particulièrement l'Afrique francophone, si riche de diverses manières, si précieuse et convoitée.

Dans le vaste monde, une Ferrari, une Mercedes, une Opel, une Lamborghini, une Aston ou même une Lada, sont des marques automobiles connues et appréciées partout dans le monde. Hors France et Occupations francophones, vous voulez poser une colle à n'importe-qui ?? demandez-lui une marque automobile française… ou une marque de n'importe-quel produit industriel.

Les Français éprouvent une peur panique de l'introspection. Ils ne se remettent jamais en question. Au fond, ce n'est pas vraiment de l'arrogance, c'est de la trouille pure.

Ils disent "**un** espèce de racisme anti-riches", un certain Abécassis, consultant, sur BFM, 24/01/2014 suivi, sur la même chaine, de "Le déplacement de Valérie Trierweiler en Inde sera pris en charge par Action contre **le** Faim". Faute d'inattention mais faute stupide quand même –il n'y a pas de petite faute à la télévision- pour être passée à travers les pseudo-correcteurs supposés professionnels et grassement rétribués pour "ça" qui sera répété à l'envi sur le bandeau Alerte Info.

Les plus petites choses tournent au ridicule. Dans un épisode la série Disney Shake It Up, l'intitulé "We made it in Japan", "Nous avons assuré au Japon" est grotesquement traduit par "Nous sommes faites pour le Japon".

Éternels amateurs !!

La partie française du dictionnaire Harrap's Shorter traduit "it's looking very iffy", "cela parait très hasardeux" par un prétentieux "ce ne me semble pas du tout évident", incorrect à tous les niveaux, oublieux qu'un dictionnaire doit rester fidèle dans sa traduction sauf lorsqu'il s'agit d'expressions idiomatiques propres à la langue, ce qui n'est pas le cas ici. La partie française traduit une affirmation par une négation et, de surcroît, induit la première personne du singulier dans sa traduction alors que la phrase à traduire est entièrement neutre.

29/01/2014 ARTE, 28 Minutes. Pédants, ils disent "**satisfékit**" pour "satisfecit", croyant se donner l'air érudit. Puis ils passent à "jihad" avec le j prononcé comme dans "j'y vais" au lieu de comme dans la prononciation du j anglais.

Ils traduisent "Peter's Fish Factory" par "Fish And Chips Chez Peter". Toujours la facilité sans se donner la peine de réfléchir. Hors le plagiat, où est la traduction pour qui ne comprend rien à l'anglais, les Français ??

Le doublage de la série américaine My Wife And Kids, en français Ma Famille D'Abord, est hilarant. Pour toutes les mauvaises raisons. N'ayant aucune notion des paroles et des intonations originelles, les Français adorent. Pour toutes les mauvaises raisons.

LCI, 02/02/2014. Un M. Schweitzer : "…a **acquéri**…" rejoint logiquement en Francophonie le président sénégalais Sall affirmant chaudement que Mandela lui a toujours été "**un** idole" lors de la visite de Barack Obama à Dakar.

Les documentaires sur l'esclavage -qu'ils appellent colonisation- et les rapports africains-français, la rapine à très grande échelle, corruption, meurtres et massacres élaborés à partir d'archives soigneusement gardées secrètes jusqu'à ce que tous les protagonistes qui pourraient démentir soient morts, sont <u>toujours</u> diffusés tard le soir, à des heures où plus person ne regarde la télé. Aujourd'hui, 24/04/2014, sur France 5 : Une Histoire De L'Outre-Mer. Les Turbulences De La Décolonisation est programmée à... 01h55.

No comment.

03/05/2014 BFM : "Le breton est quelqu'un **d'hargneux**, qui en veut". L'"ache" n'est pas muet, l'"argneux" est exclu.

14/05/2014. Le Premier ministre signe un décret de "patriotisme économique" qui vous a des relents de Patriot Act. Mais si c'est bien la forme et l'inspiration, il ne s'agit ici que d'une tentative de protectionnisme mal déguisée, d'ailleurs aussitôt condamnée par Bruxelles.

Dans la série US How I Met Your Mother, saison 5, épisode The Sexless Innkeeper, la traduction française donne : "Ma théorie **s'avérait vraie**". Ça ressemble à un canular.

Ce n'est pas.

20/05/2014 ARTE Route 66, documentaire allemand. Traduction française : "…seule la mort les **feront** partir.". Avec l'article pluriel pile devant le verbe, en France, c'est carrément tenter le diable.

En pleine crise économique et recherche désespérée de moyens d'économiser cinquante milliards d'euros pour résorber le déficit national, la SNCF commande des trains qui, à réception, se révèlent trop larges pour les quais de gare français. Ils ont commandé à l'aveugle en bons professionnels. Du coup, mille-six-cents quais vont être rabotés. Le monde entier en pisse de rire et CNN mène la danse. Pour amortir le coup, comme d'habitude, la presse rappelle aux Français "Quand les Américains construisaient des trains trop larges", histoire de convoquer aussi con que la France et amoindrir les dégâts. Toujours en dessous de la ceinture puisque c'est ainsi que la France fonctionne. Rassurés, les Français n'auront plus aucune raison de chercher à s'améliorer et continueront de feindre de croire que le monde entier les admire.

Mai 2014. Les islamistes reprennent Kidal, au Mali, à la barbe et au nez de l'armée française en villégiature estivale. C'est à peine si radios, presse écrite et TV françaises le signalent.

La langue anglaise, qui a une cohérence et ne s'embarrasse pas de doubles consonnes inutiles, désigne la science de la trajectoire des balles "ballistics" là où le Français, contre tous se usages, et pour une fois que c'était cohérent avec eux, l'écrit "balistique". Encore une fois, le premier à avoir écrit a entrainé la meute des panurges dans le gouffre.

02/06/2014 TF1. Nicolas Sarkozy, ex-président et détestable individu dénué de scrupule autant que de synapses, reproche au Premier ministre en charge d'avoir, en parlant de lui, usé des mots "les faits reprochés à" au lieu de "les faits supposés reprochés à".

Pour les Français qui n'auront pas compris, les deux formulations disent exactement la même chose. Rigoureusement. La seconde, toutefois, en plus d'être redondante, n'est pas française. Mais comme la langue française elle-même ne correspond à rien….

Un peu plus tard, sur BFM, un pseudo-journaliste, furieusement pro-président mis en examen, s'offre le luxe d'un "Faudra qu'on **investigue**". Hélas, à ce jour, il n'existe pas de verbe **investiguer.**

18/06/2014. Dans le quotidien Direct Matin, ce rapport de la Cour des Comptes : "...50 milliards d'économies dont 30 milliards sont encore peu **documentées** voire **incertaines** car **elles** devront être **réalisées**... ". Le rédacteur a accordé tous les attributs et le pronom personnel avec **économies** au lieu de **milliards** qui est le mot chef de groupe.

Dans la page des mots croisés, définition du A horizontal : "On **pouvaient** y lire des préjugés". Si ce n'est pas un constat de faillite de la langue française... Et n'allez pas croire que je m'amuse à traquer les irrégularités. Je me contente de les noter lorsque je tombe dessus depuis que j'ai décidé de cet ouvrage. C'est d'ailleurs pourquoi j'indique leurs dates qui correspondent à la période de réalisation et se suivent.

La veille, dans Métronews, dans l'article principal expliquant les raisons de la grève des cheminots : "Il y aura 3 conseils d'administration et chacun **seré** indépendant". Ce n'est pas un canular. D'ailleurs le problème, c'est bien moins les fautes insanes que la léthargie des Français qui les avalisent sans broncher.

Les Français disent : **E égale MC deux**. La formulation idoine est : **E égale MC au carré**. Le 2 de MC2 est le symbole de la quadrature *(qu'évidemment le correcteur s'empresse de refuser et propose **quadra** à la place)* d'un nombre et ne se prononce jamais **deux**.

Never.

Dans l'épisode 2 saison 3 de la série Hawaï 5-0, **thirty grands** est traduit par **trente briques**. Thirty grands font trente mille dollars puisqu'un grand est égal à mille dollars. Trente briques équivalent à trente millions de francs. La différence est de X 1000 plus, ce qui occasionne une sacrée différence pour le téléspectateur. Heureusement, français, il n'aurait pas compris de toute façon.

22/06/2014 Canal+, Le Zapping. Dans une émission de téléréalité : "Qui a écrit Les Misérables ? " " Aucun des candidats, tous adultes, n'a la réponse.

Ils représentent la France.

22/06/2014 BFM. François Bayrou : "L'imagination, les ressources, sont probablement plus importantes en France qu'ailleurs".

La France rêve de ce dont elle est le plus dépourvue : la majesté. À défaut d'en avoir le moindre atome, elle en fabrique de la frelatée.

Les tentatives de retour de Sarkozy ont vu émerger à ses côtés, dans des apparitions publiques dûment télévisées, d'une poignée d'Africains de France sortis du néant. Non de la foule mais réellement à son côté, comme s'ils étaient d'éminents responsables de l'UMP. Des comédiens sans emploi sans doute, dûment chapitrés.

Pris en flagrant délit –encore- de triche et de vol, Copé, quittant la tête de l'UMP acquise par la fraude, est généreusement loué par d'élégants Africains –sortis du néant- qui parlent avec aisance au micro, comme s'ils avaient toujours dirigé l'UMP avec lui.

Mais à qui cherchent-ils à faire croire que les Africains qu'à l'UMP comme dans tous les partis en France, on ne voit que gardes du corps, videurs de salle, chauffeurs ou autre (catégorie de) larbins, sont subitement devenus des pontes à tu et à toi avec les pontes, fumistes manipulateurs hypocrites (néologisme de rigueur) à la petite semaine !!

En France, les Africains habitent le néant lorsqu'ils ne sont pas musiciens ou sportifs.

Au IX°, sous la férule du calife Al Mammun, un savant, Al Rashidiya, trouve la concordance entre quatorze des vingt-huit lettres hiéroglyphiques et quatorze lettres arabes.

Selon sa bonne habitude écœurante, l'enseignement français, le blanchiment français, s'empresse de transformer Rashid en Rosette, plus adapté à se fondre dans les livres d'histoire-bidon. La pierre où sont ciselées ces découvertes est baptisée "pierre de Rosette". Et le tour est joué. Avec le temps, le subterfuge s'imposera comme vérité inamovible. Les Français qui lisent apprendront que le secret des hiéroglyphes a été révélé au XIX° grâce à la pierre de Rosette. Gloire à la France. Ni vu ni connu.

Rien de nouveau. C'est ainsi que Ibn Sinna est connu des Français depuis toujours sous le nom très français chic de Avicenne. Bien qu'un hôpital porte ce nom en France, les origines et l'histoire de Ibn Sinna sont soigneusement ignorées.

Mais, ce qu'ignorent les Français, c'est que toutes les tricheries finissent par se révéler au grand jour.

26/06/2014 BFM : "Il y a eu un doublement **par deux** du nombre de stagiaires". Heureusement hein, parce-que, merde, les doublements par trois, quatre, huit, dix, on en a jusque-là !!

C'était la ministre de l'Enseignement… <u>supérieur</u>.

02/08/2014 BFM. La bande alerte Info annonce, en une fraction de seconde, qu'un commerçant a décidé de retirer deux produits baptisés "négro" et "bamboula". La justice française n'est même pas citée. En France, la justice attend d'abord les réactions avant d'appliquer la loi. Autant dire que c'est pas demain la veille que Négro et Bamboula obtiendront justice dans ce pays.

25/08/2014. À l'occasion de la formation du second gouvernement Valls, BFM n'en a que pour la vraie autorité politique de la présidence Hollande : Laurent Fabius qui n'a épargné aucune bassesse pour ridiculiser Hollande et l'empêcher d'accéder à l'Élysée. Une succession d'images subliminales célèbre son poids réel. Un journaliste en perd son latin et parle de **désemparement** pour "désarroi". Juste avant qu'un secrétaire national du PS assène un "J'en suis très sérieux". Gauche et droite sont affublés chaque d'un Africain alibi–très à la mode désormais en période électorale pour faire américain- à l'air important juste ce qu'il faut, loué au bazar du coin pour parader devant les caméras. Même Montebourg et Hamon. Tous fumistes !! le ministre démissionnaire, ou démissionné, on ne sait pas encore, s'était déjà fendu d'un "dévoration" sur TF1. Chacun pérore sans écouter l'autre, certain de ne pas être contredit car, ce qu'ils cherchent tous, c'est juste à imprimer le timbre de leur voix dans l'oreille de l'électeur français.

Puisqu'il n'en faut pas plus pour gagner une élection quel que soit le camp dont on se réclame.

Madame Filipetti quitte le gouvernement pour cause officielle d'ancrage dans un gauchisme social. Officieusement, seuls les Français ignorent que c'est pour cause de romance avec le ministre démissionnant et de tentative de poignardage dans le dos de François Hollande pour précipiter sa chute et prendre sa place.

Quoiqu'il en soit, les caméras de BFM montrent

généreusement les esclaves africains chargeant ses cartons dans un camion.

Lorsqu'ils abrègent "restaurant", les Français écrivent **restau**. Parce-que s'ils écrivaient **resto**, ils auraient bien trop peur de ne plus du tout savoir ce qu'ils avaient abrégé.

Dans le résumé de l'émission Sénégal, La Fripe Mondialisée sur LCP : Les vieux vêtements des Français "sont revendus en Afrique aux **dépends** de la production locale". Pour **dépens**.

Lorsque les Français regardent un de leurs "comiques", ils sont tous pliés de rire, chacun reconnaissant son voisin, portrait craché du beauf décrit, ignorant qu'ils sont tous beaufs. Le "comique" lui-même est entre guillemets parce-qu'il n'est pas comique du tout : il décrit ce qu'il voit au quotidien, les Français, et se croit absous, lui.

27/08/2014. Mise en examen dans l'arbitrage Tapie, Christine Lagarde, directrice du FMI, refuse de démissionner. Rappelons que son prédécesseur, Dominique Strauss-Kahn, avait dû quitter l'organisation en 2011 et renoncer à sa candidature à la présidence de la République sur une accusation de viols suivie de plusieurs affaires de viols et coucheries internationales après avoir été incarcéré à Rikers Island, prison newyorkaise célèbre, et alimenté pendant de longs mois les chroniques infamantes à travers le monde mort de rire.

Cette fois, toulmonde s'en fout. Bis repetita ne placent pas toujours, ça lasse vite quand il s'agit des turpitudes de la France.

27/08/2014 LCP. Ce doc, Guerre, Mensonge Et Vidéo, que j'avais déjà vu, est rediffusé –en France la télé, c'est l'art de la rediffusion. À la fin, quelle n'est pas ma stupéfaction –je devrais pourtant être blindé depuis longtemps- de constater que tous le crédit en est donné à des Français !! Et peu importe si la totalité du documentaire est traduit de l'anglais.

Les bras m'en tombent.

30/08/2014 France 5. Lorsqu'ils transmettent une émission avec Stephen Hawkins, ils utilise un doubleur pour faire sa voix. Hawkins, handicapé majeur, n'a pas de voix. C'est un robot qui transmet ses paroles. Hors le fait que c'est illogique et que ça frelate encore plus l'émission, ça va donner des cauchemars aux collégiens sensibles avides de se documenter. Ah mais oui, on est en France, ça risque pas.

Ils disent et écrivent : "une robe **noire et blanche**". Les associations de couleurs sont invariables, qu'il s'agisse d'une robe ou de la connerie française.

En France, les professions de prestige sont payées en regard des gains des vrais professionnels de prestige internationaux. Ainsi, les pseudo-comédiens, chanteurs, publicitaires, cinéastes, écrivains, gens de presse, etc. peuvent vivre dans le luxe insolent et l'opulence sans jamais, au plus grand jamais, faire la preuve du moindre talent. Cela met la France à égalité avec les nations dont les élites sont réellement productives. Subventionner la nullité pour donner l'illusion de l'efficacité est la marque de la France.

Rappelez-vous, le premier Nobel de littérature a été gracieusement offert à la France en 1901. Pas un Français ne saurait citer spontanément un vers de Sully Prudhomme, lequel n'a, comme reconnaissance, qu'une minuscule rue tassée entre le quai d'Orsay et la rue de l'Université et pompeusement baptisée "boulevard".

La télévision française rediffuse sempiternellement... tous les jours... matin, midi, soir... les mêmes séries US sur plusieurs chaines. En même temps. On en arrive à haïr farouchement Friends, HIMYM, One And A Half Men... à force de connaître par cœur les moindres répliques.

Pas assez de sous dans les caisses pour se payer les nouveautés, alors on bétonne avec la répétition à outrance pour en être quand même.

À Paris et dans la moitié nord de la France, si t'as le malheur de parler français avec ton accent africain, arabe, asiatique, indien ou arabe, tu le paies chèrement à coups de quolibets et d'humiliations publiques. Les "humoristes" français font tout leur beurre de ce commerce. Les Antillais, constitutionnellement français, sont des cibles comme les autres. Les hexagonaux de la moitié sud également. Le Français dit de souche n'ose avaliser quiconque ne rend pas le son r à la parisienne de peur que l'infirmité, désormais non partagée ni imitée par tous, n'apparaisse flagrante comme une bite à la place du nez. Alors, tout ce monde s'efforce de rayer toute trace d'accent ou, à défaut, de ne pas le transmettre à sa progéniture pour qu'elle ait des chances de se faire une place. Sans se rendre compte qu'en effaçant sa personnalité, ils déshéritent leurs enfants de leur héritage le plus précieux, irremplaçable : leur culture, leur authenticité, leur droit d'être.

Voilà une parfaite illustration de l'aliénation. À chaque coin de rue de France.

Il ne faut surtout pas s'habiller avec des vêtements africains, arabes, indiens, chinois, malheureux. Laissez-ça aux balayeurs et aux égoutiers maliens analphabètes. Surtout pas pour rejoindre des dits de souche !! Vous crouleriez sous les manifestations de rejet, l'embarras, quand on vous demandera pourquoi vous sortez avec votre pyjama. Vous aurez de la chance de ne pas être catalogués antifrançais, la suprême quarantaine.

Les Français n'évoluent pas et empêchent toute évolution depuis la France.

01/09/2014 France 5, La Tentation Du Schiste. La traduction des propos du fonctionnaire américain à Denver donne : "... le gaz et **l'huile de schiste**...". Bien sûr, il n'y a pas d'huile de schiste mais, en anglais, **pétrole** se dit **oil**, comme **huile**. Lorsqu'on prétend faire un documentaire scientifique, explicatif qui plus est, on devrait se placer au-dessus de ce genre de gaffes lamentables.

05/09/2014 D8. La présentatrice du JT, à propos du plus

grand fossile de dinosaure jamais découvert, parle d'un "représentant de l'ère **jurassienne**". Pour **jurassique**.

Consternant !! Mais les Français ne s'en apercevront même pas. L'adjectif <u>jurassienne</u> qualifie ce qui se rapporte au Jura, région de France et qui est féminin, il est bon de préciser en France.

09/09/2014 BFM, Grand Angle. L'invité, présenté comme un conseiller en communication politique : "X se retrouve devant **un** espèce de boulevard"

10/09/2014 BFM, Culture Geek. À propos de la montre connectée de Apple : "C'est <u>un</u> espèce de marqueur social".

Comme quoi, en France, il n'y a pas que les emmerdements qui volent en escadrilles. Les conneries aussi. Et beaucoup plus souvent.

11/09/2014 RMC Découverte, doc Les Mystères De La Lune. Le traducteur prononce le nom de l'hôpital californien Cedars Sinai **tiédar sinayé** au lieu de **sidaaz saïnaï**.

En voulant trop faire futé érudit jusqu'au bout des ongles, il a confondu italien et anglais.

Dans une émission supposée haultement scientifique.

11/09/2014 BFM. Kader Arif, ministre des Anciens Cons (toujours) battus, empêtré, comme toulmonde, dans les magouilles qui vont lui coûter son portefeuille : "Une enquête a été ouverte **par** mon encontre" au lieu de : **à** mon encontre.

Même jour, même journal, même chaine. M. Mbarki, présentateur du journal : "Les États-Unis **disputera**..."

18/09/2014. Conférence de presse. Le président de la France affirme solennellement, les yeux fixés sur la caméra : "La France ne paie pas pour récupérer les otages français". Stupide mensonge. Le monde entier sait que les rançons versées par la France sont les principales sources de revenus d'Al Qaeda et de ses satellites.

Avant al Qaeda, toulmonde se souvient des tribulations Pasqua-Marchiani visant à retarder la libération d'autres otages français au Liban jusqu'à l'élection assurée de leur favori d'alors qui paierait plus cher pour récolter toute la gloire. Et les retombées politiques et médiatiques. Chirac mordit lamentablement la poussière encore et les otages restèrent otages jusqu'à ce que les rançons furent versées à une date bien ultérieure.

Ils mentent sans ciller ni sourciller.

24/09/2014. Pas plus tard que cet aprème, c'était défilé sur BFM et France 24 pour immortaliser le courage de la France éternelle qui bombarde ISIS à côté des USA et fustiger tous les autres états européens qui n'interviennent pas, tout juste s'ils n'étaient pas traités de lâches.

Il n'est pas 19h que c'est, à présent, défilé pour questionner le bon sens de la participation française et réclamer des négociations à cor et à cri *(et non à corps et à cris, comme ils écrivent)*.

C'est qu'entretemps, la nouvelle de l'exécution d'un otage français est tombée. Celui-ci, la France ne pouvait pas le racheter en sous-main sans s'attirer le courroux des États-Unis et du Royaume-Uni dont les otages ont été publiquement, théâtralement exécutés parce-qu'ils ont pour principe de ne pas négocier avec les terroristes.

Cette fois-ci, comme chaque fois que cela se produit en France, c'est-à-dire souvent, pas un journaliste ne songe à user de leur mot-fétiche : rétropédalage.

25/09/2014. Toute la journée, on n'entend parler que de la deuxième sortie de l'armée française en Irak durant sept heures… jusqu'à ce qu'on comprenne qu'il s'agit de deux avions. Et que les sept heures sont dues à l'éloignement des cibles.

28/09/2014 La Chaine Parlementaire *(LCP)*. Dans le documentaire Guerre, Mensonge Et Vidéo, le traducteur prononce l'abréviation américaine "neocons" *(neo conservatives)* **néocons** avec le o nasal comme dans gros con et présente la France chocotarde comme le bastion de la Résistance.

À mourir de rire !!

03/10/2014. Le Premier ministre français se déclare résolument opposé à la gestation pour autrui et déclare que la France va promouvoir une campagne internationale contre. Le désir de complaire à tout prix aux foules manifestant sans le moindre scrupule dicte la politique de la France en cette période de dégringolade accélérée ; La France va adorer aller dans le mur.

"Dans trois mois, la moitié de ces campements sauvages **auront** disparu du territoire français" pour **aura**, le verbe se rapportant à **la moitié**. Mais Nicolas Sarkozy a depuis longtemps fait toutes les preuves possibles de son analphabétisme et de son incompétence, allant plus loin qu'aucun guignol français n'était allé à ce poste. D'ailleurs si les autres étaient des trous du cul, aucun n'était plus analphabète que le connard français moyen. Non, ce qui interpelle ici, bien au-delà de la faute, c'est qu'aucun politicien français à un poste de décision, n'avait, depuis la guerre, affirmé le nazisme purulent à ce point. La nullité dans l'usage du français n'est qu'un plus dans l'abjection pour cet immigré hongrois de la première génération –son père ne s'exprime pas correctement en français, ce qui n'est pas une tare mais un constat- qui dément impitoyablement ce caractère français de souche qu'il veut à tout prix donner à travers des références erronées, lamentables, à des "classiques français" qu'il ne prend pas la peine de lire. Ainsi twitte-t'il qu'il a lu "1793", en chiffres, se référant au roman de Hugo, lequel, las, a pour titre "Quatre-Vingt-Treize", en lettres. On se mettrait la corde au cou pour bien moins avec un minimum de sens de l'honneur. Mais on est en France ; d'ailleurs, n'était-ce pas un de ses ministres, M. Lefebvre, qui plastronnait sur un plateau TV : **"Mon livre de chevet est <u>Zadig et Voltaire</u>, c'est une vraie leçon de vie"**, confondant misérablement une marque de prêt-à-porter avec l'auteur dont la France se vante sans doute le plus avec Hugo. En France, plus tu trimbales de tares, plus tu as de chances de réussir brillamment.

Bouffons !!

03/10/2014 Un certain Rihan Cypel sur BFM, à propos de l'exécution par Daesh d'un otage britannique : "…des moyens **inconsidérables**…". Ensuite il en fait des douzaines de tonnes sur l'honneur de la France qui démontrent qu'il est le dernier à croire ce qu'il dit. À tant mentir avec autant d'impudence, et à moins de faire partie d'un secret plan X, le risque est de finir par rendre sympathiques les imbéciles enragés du jihad.

Selon leur belle et bonne habitude, les media française, depuis la crise grecque, se gargarisent des récents néologismes **Grexit** et **Brexit** ad nauseam, comme ils le font périodiquement avec les rétropédalage, Watergate, culte, mythique et autres enfumage. Par contre, aucun ne semble anticiper un **Frexit**. Est-ce juste l'incapacité à créer... la conjuration d'une funeste prémonition... ou, au contraire, la certitude que la France ne sortira jamais de l'Union européennes quelles que soient ses carences puisque le Consistoire suprême européen l'a édicté, estimant que la France est déjà bien assez punie par une crétinerie indélébile et le dernier rang à vie au classement des nations ??

Les TV d'infos françaises en font tellement trop à vouloir copier CNN que c'en est gerbant. Mais quoi, les Français n'ont aucune idée de ce qu'est CNN puisqu'il faut appréhender l'anglais pour s'y intéresser.

04/10/2014. Lorsqu'au Burkina Faso, le peuple se soulève et met en fuite Compaoré, le président français s'empresse de signaler que voilà bien la preuve que la "Françafrique" a disparu avec ses prédécesseurs. Dépité cependant, semble-t'il, il n'est pas de ceux qui réclament que le pouvoir soit remis aux civils. Aujourd'hui, voyant que toutes les nations qui comptent, toutes les organisations internationales, soutiennent clairement le peuple burkinabé contre l'emprise des militaires, le président

français communique : "La France a permis le départ de Compaoré sans effusion de sang".
Sans doute pense-t-il qu'avouer que la France tire les ficelles des pantins qui gèrent
l'Afrique francophone pour elle est un bon point pour la France.

Aucun moyen de se parer des plumes du paon n'est trop
n'est trop rebutant pour la France. Faut pas chier la honte.

ARTE, Indochine Sauvage : Le Cambodge : "Le régime de
Pol Pot s'est livré à de nombreux **massacres collectifs**".

Tant que c'était des massacres individuels, on pouvait

tolérer…

Semblables aux pires chaines
ségrégationnistes US menées par la Fox, toute la presse française prédit avec délectation
une prochaine prise de contrôle du sénat américain par les républicains. Mais eux qui,
logiquement, se devraient d'être insoupçonnables d'aucun parti-pris à l'encontre d'Obama
dans ces élections de mi-mandat, qu'est-ce qui les empêchent donc d'émettre des opinions
basées sur des analyses sensées, d'enfin correctement faire leur boulot ??

À l'opposé de ce qui se passe en France, dans l'Amérique
d'Obama, le chômage recule –ostensiblement- et la croissance est bien présente,
exponentielle –ostensiblement. Le système de santé qui servait de cheval de bataille aux
pires individus que sont les Trump et autres crapules Koch, plus personne n'ose
s'aventurer à s'y frotter, tant le succès est réel, palpable.

Alors quoi ??

Même si les Républicains prennent le contrôle du Sénat,
n'est-il pas infamant qu'aucune chaine française, absolument aucune, n'ait pris la peine de
restituer ces analyses ??

As usual : Shame on you !!

Le pied géant, ça serait que pour les fachos américains Républicains, Tea Party...d'entendre cette fidèle caricature du journaliste français sur France 24 régir une émission intitulée "Obama Yes He Can ?" avec une haine surprenante qui est celle particulière aux Français envers l'Africain qui sort du troupeau. Cette haine démentielle et excrémentielle que les Africains de France ont soigneusement appris à ne plus voir quand elle est dirigée contre eux, c'est-à-dire tout le temps.

05/10/2014 France 24. "**Ça s'empire**.", à propos de la situation à Hongkong. Celle-là, je la supporte encore moins que les autres, elle m'horripile.

07/10/2014 BFM : "Il y a quand même une chose **qui me stupéfai**t" .

La France est l'unique état au monde dont les media envoient à l'étranger des envoyés permanents qui ne comprennent pas la langue du pays.

Y compris dans des cas où cela semble impensable comme aux USA. Mais avez-vous entendu l'anglais des patrons français en papier-torche-fesse du FMI ?? Ou Hollande se récriant "My English ize goude" sans même oser brocarder en terrain si périlleux l'incroyable crasse nullité, en ce domaine comme dans tout autre, de son prédécesseur ??

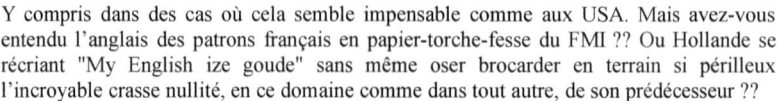

En pleine émission scientifique : "L'atèle utilise sa longue queue **préhensible**".

07/10/2014. Depuis dix ans, la France cherche activement à s'approprier l'invention de l'ADSL *(Asymmetric Digital Subscriber Line)* sans que cela me surprenne le moindre. Ce soir, sur ARTE, une éminente personnalité française l'affirme avec fierté et glorifie la France. La vérité leur importe peu. Ce qu'ils veulent, c'est juste marteler le mensonge jusqu'à ce qu'il remplace la vérité par tapage et tintamarre.

Tous les Français, sans exception, disent abusivement **la jouer fine** pour **la jouer fin**, **fin**, ici, étant un raccourci pour l'adverbe **finement** et non un adjectif à rattacher sottement à **la**, lequel, n'est **pas** un article ici mais se rapporte à **partie** éludé que par le verbe **jouer** qui ne saurait, en aucun cas de syntaxe, justifier d'une raison de s'accorder. En clair **: il faut jouer la partie finement** et, donc : **il faut la jouer fin**.

Tous les Français, sans exception, disent **de guerre lasse** pour **de guerre las** sans jamais se demander à quoi est relié **lasse**, l'associant automatiquement à **guerre**, ce qui n'a aucun sens. Retournez **de guerre las**, vous obtenez

las de la guerre, las de guerroyer, las de combattre.

Tous les Français, sans exception, disent **à toutes fins utiles** pour **à toutes fins utile** alors qu'il suffit, là encore, de retourner l'expression pour obtenir **utile à toutes les fins**. Les dictionnaires expliquent pourtant brillamment, pour définir l'expression, Larousse : **par précaution, au cas où ce serait utile**, l'Internaute allant même jusqu'à : **au cas où ce serait utile, dans l'éventualité que ce soit utile**, deux exemples démontrant clairement que le pluriel de **utiles** est fautif et aberrant. Hélas, aucun n'a le bon sens de réfléchir à la pertinence de ce pluriel.

14/10/2014 I-TELE : "Les conditions dans lesquelles **cette opération se sont déroulées**". La succession de noms communs avant le verbe et les inversions sont néfastes aux Français.

Le Français est le pire locuteur du français.

22/10/2014 I-TELE. La présentatrice commente, à propos des fusillades d'Ottawa : "Vous voyez le Parlement en train d'être évacué par la police...". À l'écran, une scène d'évacuation de femmes d'âge mûr en tenues d'intérieur négligées ou mises à la va-vite qui n'ont strictement rien de parlementaires et que, par ailleurs, la BBC, CNN, Al Jazeera, toutes les télés de professionnels ont déjà montrée, elles, en précisant qu'il s'agissait de locataires d'un immeuble voisin du Parlement évacué par précaution.

Foutus amateurs !!

24/10/2014. TCS France, dans l'émission intitulée Les Hitmakers *(pour Les Faiseurs De Tubes)*, une photo de Quincy Jones avec Ray Charles qui est affirmée être Stevie Wonder, le nom de celui-ci bien en gras. En plus d'être stupide, puisqu'il suffit de contrôler son travail, c'est totalement discriminant, ce que toulmonde continue à exprimer par indûment par l'anachronique omniprésent "raciste".

Aujourd'hui, 25/10/2014, le président Hollande inaugure le musée Picasso. "Paris est la capitale mondiale de la Culture" déclare un responsable de quelque chose repris en chœur par les media. Les Français ne se rendent jamais compte qu'il est encore plus humiliant d'être les seuls à clamer leurs grotesques louanges fantaisistes. Picasso a beau avoir été espagnol, la méthode Coué ne recule devant rien.

29/10/2014 BFM : "La famille de X **ont** appelé au calme"

31/10/2014 RFI : "Compaoré n'a pas été le révolutionnaire qu'il a bien voulu être".

Comprenne qui peut.

En France, les statistiques ethniques sont interdites. Par

respect pour chacun et désir d'égalité pour tous ?? Que nenni !! Par trouille verte que les Français dits de souche découvrent qu'ils sont minoritaires en France par rapport aux Africains et aux Maghrébins qui sont les seuls à porter la natalité française. La belle vitalité dont la France est si fière.

04/11/2014. Aujourd'hui, le président français en rajoute une couche sur le Burkina Faso, en révélant, selon BFM, que "la France a mis à la disposition de Compaoré, le président déchu, tous les moyens nécessaires à son évacuation". En clair, la France s'est rendue complice active de la fuite d'un malfaiteur assassin déchu par le peuple qu'il administrait pour le compte de la France.

Elle est morte, la "Françafrique" ??

05/11/2014 BFM. Un célèbre "écrivain" français : "**Un espèce** d'arrière-pays…".

06/11/2014 TF1. Émission consacrée au mi-mandat de François Hollande. Parmi les quatre invités, trois femmes et un homme. Aucun Africain, ce qui assume, de manière cinglante, le caractère ségrégationniste silencieusement assumé par la France au moment précis où un célèbre entraineur français crée l'événement en déclarant que les "Noirs" ont du muscle et de la fougue mais pas de cervelle.

L'unique homme est un Français d'origine arabe, avec un prénom et un nom bien arabes. Le "journaliste" tente de le discréditer en évoquant son parcours politique et se ramasse lamentablement. Celui-ci le reprend et lui cloue le bec de telle manière que le "journaliste", retourne en catastrophe vers un nouvel invité, lequel, oh surprise, est le vice-président du parti nazi français dont toulmonde prédit l'accession au pouvoir puisqu'il est désormais, officiellement, le premier parti de France.

Ce "journaliste" est remarquablement fumiste, manipulateur et nullard. Mais dans le paysage français, qui s'en rendrait compte ??

06/11/2014 BFM, à propos de François Hollande : "...un espèce de partisan de..."

08/11/2014 France 5, Planète Terre : Les Eaux Vives. Même dans les docs scientifiques supposés éminemment savants, ils disent **pirania**. Le h de piranha les perturbe.

09/11/2014 France 24. Un important ponte écologiste parle de "**dyarchie bicéphale**" avec pompe et doctorat.

09/11/2014 BFM : "…ne réagit pas à un problème, il **l'anticipe avant même qu'il ne se produise**".

C'est quoi, déjà, anticiper ??

Il y a, en France, de pitoyables compensations au sexisme époustouflant de la langue : "bourreau" et "assassin" n'ont pas de féminin.

10/11/2014 BFM : "Je plains Jean-Pierre Jouyet pour la polémique dans laquelle **il est prise**". Emmanuel Macron, ministre de l'Économie.

12/11/2014. En France, les superlatifs "culte", "planétaire", et "mythique" s'utilisent à propos de tout et de rien. Le cassoulet est mythique. Le camembert est un produit français culte. Dioni Alité et Alinde Long sont des stars planétaires.

À peine la sonde européenne a-t-elle posé un pied branlant sur la comète à laquelle elle n'arrive toujours pas à s'arrimer malgré les calculs supposés éminemment savants et précis des savants qu'elle est à la fois culte, planétaire et, selon le présentateur français, "un succès pour la France, la science et l'humanité"…

Jamais rater une occasion d'accaparer sans gêne tout ce qui peut briller, pauvres gens sans honneur ni capacités.

12/11/2014. Un journal titre, à propos d'un candidat "de droite" à la présidentielle de 2017 : "Le moins pire d'entre nous", croyant signifier le moins mauvais d'entre nous. C'est plus qu'affligeant car, cette fois, en voulant paraphraser une expression culte, mythique et planétaire tout neuve mais, hélas, erronée pour se hisser dans le coup, voici ce que l'on signifie en clair : le moins mauvais parmi les pires d'entre nous. La flamboyante réplique démontre d'excellente manière l'inanité de ces formulations imbéciles popularisées par Philippe Bouvard et reprises en chœur d'imbéciles encornés par toute la France.

Les Français sont méchants, mesquins et calculateurs. Qu'ils soient inintelligents les empêche d'accéder aux taux de nuisance qu'ils visent. C'est une régulation naturelle.

Que des politiques français de tous bords se mettent à vilipender l'Allemagne et la chancelière Merkel pour la médiocrité et l'incapacité endémique française dépasse le manque de classe emblématique et tombe dans une indignité qui dépasse tout. Ce d'autant que Mme Merkel qui est, elle, digne, classe et policée, est, je répète, l'unique homme d'État que comporte l'Europe actuelle. Et de loin !!

15/11/2014 BFM : "Le couple et **leurs** deux enfants…"

Télé-Câble-Satellite, magazine de programmes télé présente le film The Magdalene Sisters comme un film **britannico-irlandais**. Sans doute pour anglo-irlandais puisque l'Irlande est une ile britannique.

Ils disent -tout le temps !!- "La situation **s'est empirée**". France 24, 21/11/2014. Et lorsqu'ils s'abstiennent de le dire, c'est pour se rattraper immédiatement avec "**ça s'est empiré**".

23/11/2014 BFM, bande alerte Info : "Il a eu un petit souci à son avant-bras qui **s'est empiré**" pour qui **s'est aggravé**. No comment. Monter voir deux jours et deux lignes plus haut.

Même jour, même chaine : "C'est notre liberté, en tant que chrétiens, de **le** pardonner" pour "de **lui** pardonner". Signé Brice Hortefeux, éminent ministre régalien.

Suivi de : "La gauche au pouvoir, c'est l'injustice et l'**inéquité**" pour **iniquité**. Signé Bruno Lemaire, éminent candidat président de la République. Qui le répétera sans sourciller dans la minute qui suit.

Ils disent tous, sans jamais réfléchir ni apprendre : "Il n'y a pas **d'autre alternative**". Dans **alternative**, alter veut dire **autre**. **Il n'y a pas d'alternative** veut dire <u>**Il n'y a pas d'autre option**</u>.

Dans Science Et Vie 1166 de novembre 2014, à la page 66, une carte des métiers propose, entre Historien et Interprète, **Stewart**... pour <u>Steward</u>. Page 121, à la rubrique Culture Science : "Il y a 40 ans, 30 novembre 1974, Donald Johanson exhume **le fossile <u>les</u> plus complet** jamais trouvé".

No comment.

Dans les rencontres du Président russe avec les chefs d'État occidentaux, du moins ce qu'on en voit dans les journaux TV, c'est les Occidentaux qui apparaissent arrogants et hautains. Poutine, lui, apparait calme, maitre de soi et incroyablement courtois dans les circonstances ukrainiennes actuelles.

25/11/2014 BFM. Le journal, comme sur toutes les chaines françaises, est un vide consternant bourré de marronniers remis au mauvais goût de chaque jour. Alors, un cambriolage minable à Paris, incluant deux braqueurs à moto, évidemment, c'est pain bénit. Ils ont remisé toute la panoplie des pauvretés archi-rabâchées pour monter cette peccadille en épingle et tenir le téléspectateur lobotomisé en haleine. Hélas, à peine leurs observateurs envoyés d'urgence à pied-d'œuvre avec caméras et équipes techniques que les braqueurs se rendent à la police française déployée come pour le World Trade Center un 11 septembre 2001. On repasse aux marronniers avec armes et bagages. Mais la bande Alerte Info, imperturbable, continue d'afficher que les "présumés" braqueurs se sont rendus.

Un peu plus tard, ils parlent de l'assassin de Michael Brown à Ferguson que le jury européen-américain d'une ville à 80% africaine-américaine avec une police à 90% européenne-américaine vient d'innocenter, en ces termes : "le meurtrier présumé".

Lorsqu'il n'existe pas l'ombre du moindre doute sur la culpabilité d'une personne, que nous avons assisté en direct au braquage et que le flic meurtrier d'enfant vient de clamer sur votre chaine qu'il ne regrettait rien et re-tuerait Michael Brown si c'était à refaire, persister à clamer des "braqueurs présumés" et des "meurtrier présumé" n'a plus rien à voir avec le respect de la présomption d'innocence et tout avec la débilité profonde indélébile.

Le film US Bring It On, Baby a été traduit par : L'Impossible Monsieur Bébé.

Ça se passe en France.

26/11/204 BFM, à propos d'inondations dans le Var : "La situation n'est pas **prête** de s'arranger".

Dès le lendemain du lamentable braquage à moto dont les auteurs se sont rendus à la police qui bouclait les lieux, la première réaction du ministre de l'Intérieur, sortie *(càd à la sortie, tu mords)* du Conseil des fumistes, est de remercier les policiers. On se demande pourquoi puisqu'ils n'ont même pas eu à faire le boulot pour lequel ils sont payés. Mais, suis-je bête !! c'est, bien sûr, comme ont fait tous ses prédécesseurs, pour les adjoindre de ne pas trop ternir son exercice ministériel par trop de grèves.

26/11/2014. La bande Alerte Info France 24 défile toute la soirée avec : "Ségolène Royal promet que le futur projet de respectera les critères de...".

Projet de quoi ??

Pendant ce temps, sur BFM, le comique-vedette du 20h annonce les titres du 20h30 : "En Algérie, l'armée algérienne annonce avoir tué les autorités algériennes" ou une bouillabaisse du même tonneau signifiant la même chose. Il tentait d'annoncer que les autorités algériennes affirment avoir tué l'un des assassins de l'otage français.

C'est allé très vite car, dans tous les media français sous toutes formes, les conneries se bousculent. Sur I-TELE, commentant les propos fachos de l'ex-président en campagne pour la présidence de son parti, le commentateur : "X. a-t'il été choisi en raison de l'origine de ses parents ".

Comme ça, on saura qu'en France, il est tout à fait possible de distinguer les origines de quelqu'un de celles de ses parents.

Faute d'actualité, d'accès à l'actualité, pour incompétence, les nouvelles des bandes d'alerte des chaines d'information restent scotchées des jours sur les mêmes... urgences. Cela donne lieu à des situations incongrues, plus savoureuses que l'info réelle.

Sur la même chaine, on a assisté à l'acquittement de Moubarak, à son transfert par hélico à l'hôpital militaire où il est encore prisonnier pour une autre affaire de corruption, aux réactions des anti et des pro Moubarak, vu et revu les mêmes images jusqu'à plus soif. Cependant, al bande d'alerte, imperturbable, tourne inlassablement pour nous annoncer, à intervalles réguliers... l'arrivée de Moubarak au tribunal.

Une autre chaine annonce sur son bandeau l'arrivée de François Hollande en Guinée et révèle chaque point d'un discours débité au présent depuis plus de vingt-quatre heures, alors même que pendant le défilement, les images de François Hollande à Dakar, où il s'est rendu après Conakry pour le quinzième sommet de la poudre aux yeux, défilent, elles, au-dessus du bandeau.

Le progrès, en France, est une notion très aléatoire.

Dans un doc consacré au secrétaire général sénégalais de l'OIF, l'ex-président Chirac, toujours condamné à jouer les vieillards gâteux pour justifier sa liberté, affirme qu'il s'est rendu au Vatican en 1974 pour demander au pape Paul VI l'autorisation d'être le parrain de la fille, musulmane, du secrétaire général, alors Premier ministre du Sénégal.

Jacques Chirac reste un éternel menteur sympathique. Puisque cet entretien avec le pape n'a jamais eu lieu. Surtout pas pour ce motif. Dans le même documentaire, le secrétaire de l'OIF en partance et ex-président du Sénégal, a affirmé dans la première partie que, contrairement à la coutume au Sénégal qui veut qu'une non-musulmane doive se convertir pour épouser un musulman, lui s'y est fermement opposé, arguant que chacune des parties devait garder sa religion.

Mais le pire, c'est lorsque Chirac, toujours jouant au connard trépané, accompagne venu lui rendre visite jusqu'à sa voiture, accompagne son départ d'un salut de la main, puis, une fois la voiture éloignée, se fend d'un "Voilà !!" satisfait saisi par la caméra qui, à mon avis, signifie ostensiblement :

Encore un que j'ai niqué.

France 24. Commentant l'élection de Michaelle Jean à la tête de l'OIF, la journaliste explique que c'est la première fois qu'un non-chef d'État africain est élu à ce poste puisque "Abdou Diouf et Boutros Ghali étaient tous les deux chefs d'État".

Boutros Ghali n'a jamais été chef d'État.

Je suis fasciné par la faculté française à être totalement, profondément, viscéralement ignorant.

30/11/2014 M6, 66 Minutes. Le rigolo qui fait office de journaliste interroge un chauffeur de taxi low cost : "**Who** are you from ??" croyant lui demander **d'où** il vient.

Aujourd'hui, 01/12/2014, c'est les patrons qui battent le pavé de Paris. Profitant de ce qu'aujourd'hui, lundi, ni la police, ni le corps enseignant, ni les étudiants, ni les infirmières, ni les postiers, ni les agriculteurs, ni les médecins, ni les buralistes ne l'occupent, ils manifestent contre le gouvernement Valls, le président Hollande et les socialistes qui, pourtant, leur ont fait gracieusement cadeau de trente milliards d'euros sans avoir rien obtenu en retour. Mais contrairement aux crétins qui, en France, font office de journalistes, notez seulement que ceci se passe le jour de l'investiture de l'ancien président de la République comme nouveau président de son parti.

Ce publicitaire *(??)* est un invité récurrent de BFM où il est régulièrement invité de marque pour commenter la vie politique. Peut-être est-il payé pour les bourdes, lieux communs et nombreuses imbécillités qu'il y débite ?? Il était généralement invité en même temps qu'un, disons journaliste, lequel semble avoir pris du recul depuis que le publicitaire *(??)* a tenté d'excuser cet éminent fonctionnaire international de haut niveau, ex-candidat gagnant potentiel à la présidence française convaincu de viol sur la personne d'une Africaine à New York, en ces termes : "Troussage de domestique, y a pas mort d'homme".

Les personnalité publiques françaises savent être charmantes.

04/12/2014 BFM à propos d'un incendie : "Les enquêteurs ont constaté **deux départs de feu à deux endroits différents**". Ouf !! On l'a échappé belle. Ç'aurait pu être deux départs de feu au même endroit... Ou, pire, un départ de feu unique mais à deux endroits différents... On n'ose imaginer les conséquences.......

Ils disent tous et écrivent : "Il l'a avalée **toute** crue". Tous, académiciens et maîtres de langue : "la vérité **toute** crue". Sans jamais songer qu'ils n'écriraient pas : "les faits sont là tous crus".

Le chef des forces françaises en Centrafrique déclare que le pays est en voie de normalisation. Il n'en est rien. Bien loin de là. Mais un soldat français est mort et la France, frileuse, chocotte déjà. Elle veut des interventions ultra-médiatisées avec son peu de moyens, comme ses deux hélicos envoyés en Mésopotamie pour stopper Daesh en criant bouh aux combattants mais surtout, au grand surtout, pas de victime française. Que le soldat soit tué dans un accident, à l'entrainement ou en glissant sur sa savonnette n'y change rien.

Donc la France va évacuer ses hommes qui n'y servaient à rien à part plastronner devant des caméras françaises, sans avoir rien réglé.

06/12/2014. Pour présenter le documentaire Sex In The Comics, ARTE cite les dessinateur Robert Manara.

Manara se prénomme Milo.

Prospecteur de conneries en France rapporterait gros si c'était un métier.

06/11/2014 ARTE : "L'épidémie que **connait** les États-Unis…". Les inversions le plus élémentaires sont fatales aux Français dans l'exercice de leur langue.

Le Harrap's traduit "kingship by divine right" par **monarchie de droit devin** au lieu de **divin**. Juste à côté, "law of the jungle" est rendu par **la loi du plus fort** alors que **la loi de la jungle** existe bien en français. C'est supposé être un dictionnaire. Quoi de plus sérieux qu'un dictionnaire dont celui qui apprend dépend ??

Pour présenter le documentaire US sur Wikileaks, We Steal Secrets, TCS *(Télé-Câble-Satellite, magazine TV)* évoque le parcours du "journaliste australien Julien Assange". Il est incorrect et profondément malhonnête d'ainsi trafiquer le nom de Julian Assange pour le franciser. Dit-on au Royaume-Uni ou aux USA le président Francis Holland ??

Les Français ont trouvé une nouvelle marotte phonique, **burnout**. Ils le mettent à toutes les sauces, s'en repaissent, n'arrivent plus à faire sans. Aujourd'hui, deux spécialistes éminemment éminents –on se demande de quels chapeaux ils sortent ces outres de suffisance à chaque fois- sont les invités de BFM pour expliquer aux béotiens toute la complexité de cette cruelle maladie nouvelle.

Notez que **burn-out** a toujours existé chez les Anglo-saxons et signifie simplement épuisement. Tous les symptômes décrits par nos proéminentes sommités sont ceux de la dépression.

08/12/2014. Aujourd'hui, sondages. 62% des Français trouvent que le ministre de l'Économie est un bon ministre. 86% des Français estiment que la politique économique du gouvernement est mauvaise.

No comment.

François Mitterrand a été le premier président de "gauche" de la Vème République. Chaque année durant sa présidence, il a fait déposer une gerbe sur la tombe du maréchal Pétain, le chef nazi de la France occupée. Jusqu'à l'assassinat de René Bousquet, préfet de police collabo de sinistre mémoire, responsable de rafles massives à but de déportations à Paris et 0 Marseille notamment, le président Mitterrand a gardé à ce dernier son amitié fervente sans faille. Y compris pendant l'exercice de son mandat.

Autre malheureuse approximation du Harrap's : le verbe anglais **dodder**, tituber, est traduit par **marcher d'un pas branlant**. Vous pouvez décrire un pas branlant, vous ?? Alors que chancelant est pourtant là, bien adéquat. Mais l'envie insane d'en imposer, comme toujours, l'emporte sur la raison et l'efficacité.

Sur la notice de ce médicament pour la prostate, *Permixon* : "Grossesse et allaitement : demandez conseil à votre pharmacien"

Dans un documentaire intitulé "1929" sur une chaine prétendument d'histoire, la voix française parle du triomphe de Lindbergh qui "a traversé le plus vaste océan du monde".

Lindbergh a traversé l'Atlantique, pas le Pacifique. De toute façon, le documentaire est truffé d'inexactitudes.

Le dictionnaire collaboratif Harrap's Shorter traduite **serendipity** (providence, heureux hasard, chance, bonne étoile) par : **don de faire des trouvailles**. De ma vie, jamais je n'ai croisé définition aussi inepte, incongrue, ahurissante et outrageusement hors de propos. Pourtant, entre les parenthèses ci-dessus, nul ne peut dire que ce sont les mots simples qui manquent. J'imagine la tête de l'Anglais qui a dû donner cet exemple pour appuyer un cas où intervient la providence, s'il pouvait voir le résultat.

28/12/2014. Un doc sur FR3 Mafieux Mais Patriotes tente pathétiquement de hisser les tire-laine français au niveau des gangsters légendaires US. Tout d'abord, comme les Français n'ont aucune imagination, ils plagient la présentation et la structure des documentaires américains sur le sujet, genre Inside sur National Géo, et concluent l'intro par "Voici leurs histoires", exactement comme est conclu l'intro de chaque épisode de Law And Order. Ensuite, ils forgent depuis le néant une réunion de gangsters marseillais qui se serait tenue à l'étang de Berre pour faire pendant au rassemblement des chefs de la mafia américaine chez Joe Barbara, à Apalachin, New York. Ils précisent bien qu'il n'y en a aucune preuve mais le but, n'est-ce pas, est de propager la rumeur en sachant ^pertinemment que, dans une France en perpétuelle recherche de gloire, elle prendra comme un incendie de forêt au cœur de l'été et deviendra vérité incontestée au même titre que le faux Appel du 18 juin et toute l'histoire officielle française. Ça a dû être un crève-cœur pour ceux à l'origine de la falsification que, comme Napoléon, le détesté parce-que non dit de souche, toutes les figures éligibles du banditisme français soient corses : les frères Guérini, Spirito, Saviani, Carbone… Tous corses, plus siciliens que français et qui ne seront jamais français puisqu'ils ne seront jamais acceptés comme tels.

Ainsi se fabrique l'histoire de France.

BFM, Alerte Info : "La princesse Gabriella et le prince **héréditaire** Jacques, né deux minutes plus tard, se portent bien".

Plus ils cherchent à faire érudits, plus les Français se cassent les dents sur leur propre langue. **Héritier**, l'adjectif adéquat, était bien plus à propos et à portée que ce **héréditaire** qui n'est pas à sa place. Et puisque les bandes d'alerte-info n'ont rien d'urgent à proposer, la faute passe et repasse à la cadence de trois fois par minute, parmi trois alertes lesquelles, toutes, annoncent le même événement avec diverses formulations.

Ils disent et ils écrivent : "Vous n'êtes pas **prête** de quitter cette ville" pour **près**, dans le sens de **proche**. Sinon, ç'aurait été **prête à** ou **prête pour** quitter cette ville. *Comptine D'Halloween, bd 2001.*

Les Français, en plus d'être ignorants et prétentieux, sont mesquins et chiches. Parce-qu'ils sont ignorants et prétentieux. Toute l'"intelligence" des Français se trouve résumée dans le point-virgule, cette revendication inconsciente de la déficience.

"Les Français sont des veaux" avait coutume de dire le bon De Gaulle qui, lui, était parfaitement conscient de sa veautité et passa sa vie à se jucher au-dessus du troupeau. Non pour le conduire nulle part mais pour jouer au boss.

11/12/2014. Le Parisien, quotidien français, rapporte une histoire de veuve en série : "Cette femme, aujourd'hui âgée de 68 ans... avait 54 ans lorsque son premier mari est décédé en 1994". Vingt ans après, elle a six ans de moins.

Ils ne prennent visiblement pas la peine de se relire.

Le journal officiel du Sénégal est ainsi présenté : "paraissant le samedi de chaque semaine" au lieu de **paraissant le samedi** tout court, chaque samedi étant inclus dans la semaine sans possibilité de fuite. La francophonie corrompt. Une pub y proclame que le karité est un "produit **appaisant**". L'usage de la langue française rend stupides les non-Français aussi bien.

15/12/2014. Une pub occupe toute la une de Métronews : "La ligue France-Espagne fête **ses un an**" à la place de **sa première année**. À l'intérieur : "Ségolène Royal **assument** sa participation à l'émission".

Ravi de l'apprendre, j'ignorais qu'elle était si nombreuse.

19/12/2014 FR3 : "Onze personnes ont été interpellées à Marseille et dans le Vaucluse. Deux d'entre **eux**…" Le sujet est placé trop loin en avant pour un Français.

Jusqu'il y a quelques années, les rares Français qui utilisaient le mot disaient **magnitude** correctement, avec une séparation nette entre g et n comme il se doit. Désormais, le mot ayant connu une vogue chez les présentateurs météo, toulmonde en France se fourvoie avec magnitude prononcé (le mot, merci) à la manière de **magnifique** qui a connu le même sort il y a fort longtemps. Cette fois aussi, l'Académie et les encyclopédies se contenteront d'avaliser la faute.

C'est ainsi qu'un pays se retrouve en naufrage culturel permanent.

23/12/2014 BFM : "Nous y reviendrons dans **moins de 9 minutes exactement**". Un petit peu plus tard : "… **par rapport à qu'est-ce qui s'est passé**…"

Doc La Nuit Des Éléphants sur France 2 : "Mais le canard est bien trop malin et bien trop rapide pour échapper à la hyène". Formulation erronée. La première partie de la phrase implique obligatoirement une négation conclusive. La phrase correcte aurait été : Mais le canard est bien trop malin et bien trop rapide pour NE PAS échapper à la hyène.

Il ne sert à rien de jouer au docte érudit si l'on méconnait sa syntaxe.

07/01/2015 France 24 : "La totalité des services de sécurité **sont** mobilisée". Faute fréquente pour cause de sujet placé trop loin du cerveau du Français babilleur bien trop occupé à frimer par ailleurs. Et puisque c'est audio, ne pouvant savoir si l'intervenant a accordé le verbe avec totalité ou services dans sa tête, j'ai rendu l'accord correct.

Un peu plus tard, I-TELE : "L'ensemble des responsables de culte se réunir**ont**".

Suite à l'attentat contre Charlie-Hebdo, BFM diffuse en direct, depuis Reims, une opération qu'elle annonce secrète de la police d'intervention. Sauf que c'est les mêmes images qui défilent depuis plusieurs dizaines de minutes en boucle avec la mention DIRECT à côté de laquelle l'heure réelle défile, inexorable.

Dans toutes les circonstances, les Français trichent. Ils avaient compté sur une opération rapide. Déçus par les faits, ils ont décidé de faire quand même comme si.

08/01/2015 LCI, bandeau d'alerte Info : "Nouvelles attaques à la frontière **mauritanniene**".

Ils disent spontanément **chui** pour "je suis", ce qui est parfaitement normal et fait la différence entre l'écrit et le langage parlé.

Mais, même dans leurs BD, ils ne peuvent se résoudre à la vue de ce **chui** louche, iconoclaste, et l'écrivent, contre toute raison et réalité **j'uis** ou, pour le plus aventureux, **ch'uis**, aucun n'arrivant à se résoudre à couper le cordon entre "je" et "suis" et, encore plus fort à se séparer du "s" final, le doudou qui relie encore au "je suis" familier si réconfortant, sans lequel ils perdent complètement pied, incapables d'assumer que **chui** est une simple onomatopée, restituant exactement la manière désinvolte dont ils disent je suis lorsqu'ils sont... décontractés... Les Français restent obstinément inaccessibles au caractère informel, libéral, simplificatoire, de la liberté qu'offre la relation écrite d'une simple onomatopée.

Il ne faut pas se faire d'illusion. La langue française n'évoluera jamais depuis les Français de France.

Je remonte d'un cran puisque, dans le paragraphe qui suit, il me faut évoquer la situation d'un mot. **Azimut** vient de l'espagnol **acimut** lui-même emprunté à l'arabe **as-simmut** et signifie la direction pour le nord magnétique. Mais, en France, ce mot bizarre qui leur semble vaguement apparenté à bismuth, est plus écrit avec un h final que correctement. Académies et encyclopédies se sont empressées d'avaliser la version fautive et admettent les deux orthographes. Comment une évolution pourrait être imaginable dans ce merdier ??

Les chaines dites d'info en continu, à la tête desquelles BFM, font un lobbying tous azimuts pour le retour du violeur de Rikers en politique. Et comme tout est possible en France dès lors que c'est absurde, cet ignoble individu, indexé par le monde entier, pourrait parfaitement devenir président de France. Sarkozy l'a bien été. Aimer le sexe est une qualité primordiale, une haute vertu, quoiqu'en disent les foutus bigots. Mentir sans retenue et sans hésiter à la face du monde, ne pas être capable de se contenir, sont des défauts immondes et, définitivement, rédhibitoires.

Voyage Au Bout De La Nuit, c'est juste la confession de Céline, sa défense pour son procès. Il y explique simplement, au plus près de la réalité, qu'il est un individu basique, doté d'un farouche instinct de survie, et donc, lâche. Que tout ce qu'il a fait avant et tout ce qu'il a fait après cette confession a été uniquement dicté par une trouille panique verte. Un malaise pathologique d'être. Bien sûr, inhabituée au moindre aveu de la nature française, la presse française a fait semblant de croire qu'il s'agissait d'un roman. Elle lui a tressé des lauriers qui, pour lui, étaient de gigantesques cornes d'encore cocu. Il offrait son cœur, la vérité... La France lui a offert la gloire, l'exposition, avec tout ce qu'il faut pour les assumer : plus jamais, bordel, question d'être lui-même. Passer pour le vrai facho qu'il n'a jamais vraiment été qu'au gré de circonstances. Opportuniste, ça oui, ça va avec la lâcheté. Mais ségrégationniste ardent ?? Jamais de la vie !! Bien trop pleutre et lucide pour ça. Juste tenté de passer sa vie de lâche en essayant de s'en sortir sans idées ni scrupules.

À l'annonce de l'assassinat de Cabral à Conakry, les premiers mots de Senghor, alors en tournée à Taambaakundaa, ont été : "Je suis sûr que ni Caetano ni Salazar ne sont pour rien dans cette tragédie", dédouanant ainsi deux crapules notoires, Caetano, gouverneur de Guinée-Bissau et Salazar, proconsul du Portugal. J'étais un petit ado. J'en éprouve toujours un dégoût intense.

Je m'étais toujours demandé mais pourquoi diable Fanon est-il allé s'embarquer dans une guerre qui ne le concernait pas. Jusqu'à ce que je découvre qu'avant d'aller à Blida, il avait postulé pour exercer son métier de psychiatre à Dakar. Mais Senghor, aux ordres de Paris, avait refusé de l'agréer. L'histoire tient à de ces détails minutieusement celés dont la France s'est faite experte puisque trahir et mentir ne requièrent aucune compétence particulière. Juste de la lâcheté.

Il ne faut cependant pas s'y tromper. Le pire ennemi, toutes catégories, de l'Afrique en Afrique, est, de loin, Asiboi Ja, devenu Houphouët-Boigny, qui, pour complaire à la maçonnerie française, a cautionné tous les Bongo, Eyadema, Sassou, Compaoré, Bokassa, Youlou, Mba… sous la férule du maître Foccart.

Tous les pantins et les ogres saboteurs de l'Afrique.

Le Harrap's a ces merveilleuses traductions qui signifient je-ne-sais-pas-mais-plutôt-mettre-n'importe-quoi-que-d'aller-avouer-mon-ignorance. **Man is a free agent** est traduit par **L'homme est libre**, ce qui est d'une stupidité colossale : **You're a free agent** : **Vous êtes libre,** vous pouvez sortir de prison.

Free agent se traduit correctement par **<u>électron libre</u>**.

Dans la traduction française de Switched At Birth, la phrase "I'm gonna get a Granity" est rendue hypocritement par "Je vais avoir une **granité**". Le nom commun **granité** n'existe pas. Et pour cause, **Granity** est… une marque américaine de lunettes.

Toute la culture française pourrait être retirée de la culture universelle sans que celle-ci en pâtisse le moindre. Les francophones involontaires pourraient enfin se réajuster et rattraper tout le temps perdu. Les Français se retrouveraient enfin entre eux pour se convaincre que leur culture est incontournable, vitale pour l'humanité, sans plus retarder personne.

08/11/2015. Au lendemain des attentats dont les auteurs courent toujours, pour impressionner le monde malgré le fiasco pitoyable de cette interminable nuit à Reims, ils ont sorti un bizarre véhicule, exemplaire unique au prix prohibitif dont, après coup, on s'était rendu compte qu'il ne passait pas les rues de Paris. Ça vous rappelle le Charles-de-Gaulle, hein. Ce véhicule perplexant –on ne comprend pas trop bien son utilité à part pour être filmé- accompagne, à la campagne où elle a toute la place, les policiers dont il nous est dit qu'ils ont un tuyau en béton armé sur le repaires des fuyards en Picardie. Ils ont délimité, nous dit BFM, un périmètre de plusieurs centaines de kilomètres carrés pour faire du porte-à-porte. OK, on va décrocher. Ces pauvres garçons, tout habitués à l'échec dès lors qu'ils sont sortis des contrôles et brimades au faciès, sont encore partis pour la bredouille. Même les assassins doivent se tenir le ventre.

Consternant.

Des expressions telles que vlan, bam, pan scratch, boum, ha ha, heu… ne sont pas représentatives des sons qu'elles transcrivent. Elles sont des approximations de sons non articulés. Mais, plus panurges que jamais, les Français se sont entraînés à les reproduire fidèlement. Lorsqu'ils éternuent, ils mettent un point d'honneur à articuler distinctement "atchoum". De la même manière qu'ils s'écrient "hein" en toutes lettres, si je peux dire. Notez bien, d'ailleurs, que chaque écriture a sa propre manière, toujours différente des autres, de transcrire ces sons, par exemple l'éternuement **atchoum** et l'approbation **euh hum** lesquels nous sortent à tous, quels que soient nos groupes, de la même exacte manière ; parce-que le premier nous vient des bronches sans passer par le système élocutionnel (nécessaire néologisme) tandis-que le second s'exprime sans nécessité d'ouvrir la bouche. Mais du fait qu'il est écrit dans les livres que atchoum =

éternuement, les Français sont religieusement convaincus qu'il faut impérativement articuler atchoum pour éternuer.

Les policiers français sont haïssables parce-qu'ils utilisent la même sale technique consistant à considérer les sans-défense comme coupables et à les traiter d'emblée comme tels même si le cas implique un unique coupable et que les suspects soient plusieurs parmi les sans-défense. Ils se fichent complétement des traumas qu'ils causent, souvent irrévocables, chez ceux-ci puisque, la plupart du temps, ils sont Africains ou assimilables.

Je déteste les flics français. Et, à leur contact, j'ai appris à détester tous les flics. Je me fiche qu'il en faille, personne ne devrait choisir d'être celui qui fait le répugnant job. Je pense qu'il est dangereux de ne pas éprouver de la méfiance, à priori, devant un flic français en exercice, que se méfier des flics français est un indice de bonne santé mentale. Ils sont fourbes, vicieux et dangereux. Psychopathes au moins latents. C'est qu'en France, le flic se voit d'emblée décerner un brevet de toute puissance et d'impunité au premier jour de son incorporation. Cette règle est automatique vis-à-vis d'abrutis patentés aux innombrables complicités dans une société viscéralement collabo-corbeau, les premières de toutes étant celles de tous les ministres de l'Intérieur de France qui se succèdent pour chanter les louanges de la police française et dont le rôle semble être la défense exclusive du policier contre les citoyens. Je crois sérieusement que les gouvernements français ont une peur panique d'être renversés par la police.

Ceux d'entre les flics qui étaient pourvus d'âme en rejoignant la congrégation funeste finissent par se dégoûter de jouer la vache sans cervelle par lâcheté et se suicident. Avec leur arme de service et dans leurs locaux en général pour désigner gauchement ce qui les a assassinés.

Dans ce doc stupidement intitulé Le Chimpanzé Est Un Homme Comme Les Autres sur France 5, le commentateur explique que le galago est une proie pour les chimpanzés. Lorsqu'un galago est filmé en train d'être dévoré : "On la voit s'asseoir et déguster le **galapago**".

Le galapago est une tortue. Tandis que le galago est un primate comme le chimpanzé.

Le verbe **hululer**, avec son **h** bien audible qui lui venait en direct du cri du hibou, retranscrit en français **hou hou**, est devenu **ululer**, perdant tout son sens en perdant son étymologie par cette magie de la lâcheté française qui fait que le plus grand nombre de cons l'emporte sur la raison.

À bientôt pour "andicap", "allebardier", "antise", "anneton", "angar", "asard", "oquet", "aut-le-cœur", "ernie", "s'âter", "uppé", "ousse" "urler", "oublon"…….

Tout, en France, est toujours fait de bric et de broc. Le héros historique du fascisme français est Boulanger, un général qui se suicide sur la tombe de sa maitresse en témoignage d'amour éternel. Pour une idéologie basée sur les couilles, la haine et la violence, c'est fâcheux. Rien n'a changé depuis le général inconsolable. Dans la pari fasciste dynastique français, le second de l'héritière est un homosexuel honteux et notoire. Le père fondateur s'affiche en permanence antisémite pur et dur mais l'étoile naissante du parti, qui a la sale gueule de l'emploi, s'appelle Rachline, David de son prénom. Et l'étoile montante se nomme Roschdy.

Mais puisque les Français sont programmés pour gober tout ce qu'on leur ordonne, cela ne fait aucune différence.

Dans le Harrap's, les mots compliqués sont purement et

simplement ignorés. Certains mots, comme **monotrème** ou **ptose** ou chacune des quatre bases de l'adn, **adénine, cytosine, guanine, thymine** n'y existent ni en français ni en anglais. Au mot plus, en tête de la définition, on trouve, en gras, l'adage **plus on est de fous plus on rit** mais pas sa traduction **the more the merrier**. Au pluriel, **marteau-piqueur** devient mystérieusement **marteaux-pileurs**, dois-je rappeler qu'il s'agit d'un dictionnaire, ouvrage supposé d'un sérieux à toute épreuve.

   psychopathologie est savamment classé **adjectif**, ce qui a sans doute dispensé le dictionnaire bilingue de **psychopathologique**. Un inquiétant **impatientant**, mot qui n'a jamais existé hors du simple participe présent du verbe pronominal **s'impatienter**, est traduit doctement par **annoying, provoking**, soit **énervant, provocant**.

   Il y a bien **excision** et **exciser** mais aucune trace de **infibulation**. Les habitants du Niger sont bien des Nigériens, les habitants du Nigéria voisin, on sait pas. **Nigérian** semble hors de portée. Probablement par bigoterie, **nymphette** et **point G** ont été exclus. Par contre, aucune explication pour les absences de **fusionnel, acouphènes, hétaïre, népenthès, idiopathique, pygargue** dont pourtant tant ils se gourmandent à la télé, **hypogyne, hippophage, jubilatoire, pentecôtiste, psychorigide, palilalie, oxymoron, oxymore, pénien, halieutique, pythonisse, lycaon, mangrove, prépubère**... qui semblent juste devenus nuls et non avenus par la grâce de l'ignorance et de la lâcheté.

   Dans le documentaire Le Grand Bluff De Ronald Reagan sur ARTE, le traducteur s'applique à répéter "opérations de déception" pour **manœuvres destinées à tromper l'ennemi**, ignorant qu'en anglais, **deception** veut dire **tromperie** et non **déception** qui se dit en anglais **disappointment** et n'a rien à voir dans ce contexte.

   Dans le Harrap's, **dependability** est traduit en français par toutes sortes d'approximations et de groupes de mots étranges mais jamais par l'unique exacte traduction qui est **fiabilité**. Il en va de même pour **dependable** : **fiable**.

Dans la reconstitution historique Histoire Du Monde, France 5, Leonardo da Vinci répond à Ludovico Sforza "Si signore" intelligiblement prononcé "si sinioré" soit "Oui mesdames". C'est effarant qu'en dépit de la proximité latine, d'une occupation romaine sans fin et un voisinage aussi intime par la Suisse, les Français ne sachent toujours pas comment dire monsieur en italien.

À quoi il sert d'écrire **alcool** avec deux **o** si c'est pour prononcer **alkol** ??

La propagande française consiste à –discrètement croient-ils- glisser en une des magazines, parmi les photos de sportifs, acteurs, chanteurs… célèbres, à réputation mondiale, la photo d'un Français qui n'est connu qu'en France, ce qui dit bien tout. Serena Williams, Venus Williams, Maria Sharapova, Li Na, Caroline Wozniacki, Alphonsine Gerbard… Variante : stars inoubliables de la trempe des Ava Gardner, Audrey Hepburn, Lauren Bacall, Émilienne Merdouillet… ou : Il appartient à la race des performers mythiques que sont James Brown, Michael Jackson, Marvin Gaye, Népomucène Lepéteux…

Stupide, minable, honteux, mais ça rassure les Français à bloc.

Les Français adaptent des mots étrangers à leur élocution au lieu de s'adapter à l'élocution naturelle, originelle, de ces mots. Or l'intelligence n'est rien d'autre que la faculté d'adaptation. Les Français ont bloqué toutes les issues qui pouvaient les mener à l'évolution.

Les Français ont besoin, en toute chose, de dix fois trop de repères superflus pour être sûrs de comprendre. D'où l'inextricable anarchie de leur orthographe. Lettres muettes, lettres doublées qui se prononcent pareil que seules, accents multiples sur voyelles, cédille, tréma, circonflexes, combinaisons ahurissantes de lettres pour obtenir un son équivalent à une seule syllabe, voire à une simple lettre, lettres accolées pour obtenir un son qui n'est propre à aucune… toute une pléthore infernale rudimentairement codifiée, si j'ose dire, à la diable. Dans laquelle ils se sont piégés tout seuls. Sans elle, ils ne peuvent plus être intelligibles entre eux. Avec, ils ne peuvent plus évoluer.

Dans la série Modern Family, saison 2 épisode 13, Phil, accablé, demande à Clair : "Why do you want me to watch a French movie ?? What did I do wrong ??".

No comment.

La langue française est un tombeau.

Il n'y a que deux écrivains à peu près passables dans tout ce qu'ils appellent la littérature française. Frédéric Dard, lorsqu'il signe San-Antonio, et Céline.

Ils sont les seuls à s'exprimer en français dans leurs ouvrages. Tous les autres sont des fumistes ampoulés et précieux qui écrivent dans une langue qui n'a rien à voir avec celle que parlent et écrivent les Français. Tous. Voltaire, Dumas, Hugo, Lamartine, Ronsard, Chateaubriand, Villon, Corneille, Lamartine, Molière, Racine, Balzac et toute la lyre, y compris Frédéric Dard lorsqu'il signe Frédéric Dard.

En anglais, **seacow** et **manatee** sont synonymes pour **lamantin**. Dans le Harrap's, si **manatee** est bien rendu par **lamantin**, **seacow**, lui, devient **vache de mer**. Comme une vraie vache de ferme vivant dans les océans. Aucune excuse puisque **seahorse**, juste à côté, est parfaitement traduit par **hippocampe**.

Dans le même dictionnaire, l'abréviation FOB, "Free On Board", incoterm dont l'équivalent français est FAB, "Franco À Bord", est rendu par... FOB. Si si. Sans plus d'explication sur ce que FOB est censé donner en long en français. L'érudit pousse même la complaisance jusqu'à donner la traduction de **FOB sale** : **vente FOB**.

Le Larousse, lui, propose, entre **problème** et **procaïne**, **proboscidiens**, au pluriel, pour unique écriture du vocable. Cela pourrait laisser croire que le mot n'existe que pour désigner l'ordre de classification biologique. Hélas, quelques mots après, l'exemple qui est censé apporter la clarté à la définition donne : **dinotherium, proboscidien fossile**.

Toujours dans le Larousse, ou plutôt, absent du Larousse cette fois, le féminin, si évident, de **guépard**. Comme tous les Français et comme d'habitude, le Larousse, illogique et pleutre, vélléitaire, ne se mouille pas. Il n'ose déterminer de lui-même ce qui relève du bon sens élémentaire. Tout dictionnaire de référence qu'il est proclamé, il choisit d'attendre que la détermination lui soit imposée par une autre instance qui en prenne la responsabilité avant de l'adopter routinièrement (*le correcteur propose **routinière ment***).

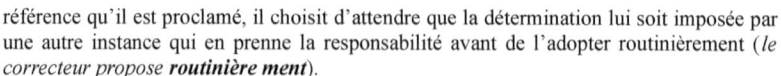

Il y a quelque chose de bien avec les prix Nobel français. Puisqu'ils servent juste à l'image de la France sans disposer d'aucun talent, on n'en parle plus jamais après coup, une fois qu'ils sont rangés. De fait, même les cérémonies d'accueil, retour en France, sont confidentielles.

Person n'y croit.

Documentaire sur ARTE Gibbons Et Crocodiles : "Dans les jungles de l'Assam, des milliers d'espèces toutes **interdépendantes les unes des autres**…". C'était bien la peine de créer le concept d'interdépendance.

BFM Alerte Info : "Des armes de guerre **fonctionnement** toute la journée dans cette cité". Le nom commun a remplacé le verbe. Person ne relit, ou person ne sait lire à la rédaction. Le bandeau d'alerte repasse allégrement toutes les deux minutes.

BFM, 04/02/2015 : "Le virus Ebola qui a fait plus de **quatre-vingt-dix-mille victimes** en Afrique…". Le nombre total des victimes, le nombre réel, n'atteint pas dix-mille personnes dans le monde entier depuis l'irruption de 2014 en Guinée.

Dans ce documentaire sur France 3, Cheikh Hamidou Kane dit de l'OIF qu'elle est une idée généreuse, entre autres pommades. Auparavant, il s'est laissé aller à affirmer qu'il fallait aller chercher l'esprit de tolérance en Occident. Pour moi qui ne l'ai jamais lu mais qui l'aimais bien, c'est encore une illustration d'à quel point l'esclavage, la colonisation culturelle, ont salopé les esprits africains. Et il n'a aucune excuse. Cheikh Hamidou Kane, dans ce doc, en contradiction avec ce qu'il m'a toujours semblé être intrinsèquement et a tenté d'exprimer, est lui-même le colon parmi les personnes qu'il aime. Il souscrit à une négation de l'authentique Africain qu'il représentait jusqu'à cet instant dans les esprits africains, sans même paraitre s'en rendre compte.

Sur I-TELE, à propos des énormes casseroles de la police judiciaire parisienne (viol, vol de cocaïne, violation du secret de l'instruction au plus haut niveau…….), l'intervenant, une huile policière est présenté avec son nom à l'écran : Jean-Pierre Mégret. Sur la même séquence, pile en-dessous, bandeau Dernière Minute, le même est cité : "Du jamais vu à ce niveau de la hiérarchie" avec son nom orthographié : Jean-Pierre Maigret.

Pour le mot nubilité, le Larousse décrète : aptitude à contracter mariage. Faux. La bonne définition est : aptitude à procréer. La péruvienne Lina Medina est devenue mère à l'âge de cinq ans. Les médecins qui l'ont examinée ont déclaré qu'elle était pubère à deux ans et demi. Car nubilité est synonyme de puberté, malgré la définition faux-derche qu'en donne parfois hypocritement la loi pour complaire aux églises.

Dans le documentaire Taïga, sur France 5, la commentatrice se contente de décrire, tout au long, chacun des gestes que l'on voit parfaitement à l'écran et qui, de surcroît, exception française, sont également sous-titrés. En français !!!! "Il met sa main en visière", "Il charge le fusil", "Il marche dans la steppe", "Il s'enfonce dans la taïga", "Il s'agenouille", "Il met ses mains en porte-voix", "L'homme au chapeau gris le rejoint", "La nuit est tombée"...

Ça dure **cinquante-quatre minutes** !!!!!!!

En 1885, Hugo, en pleine gloire, s'est vigoureusement solidarisé avec le discours infect, immonde, puant, de Jules Ferry : "**les races supérieures ont des droits sur les races inférieures**" alors que Clémenceau s'était résolument dressé contre.

Victor Hugo est l'auteur de Bug Jargal. Il ne s'est jamais prononcé contre l'esclavage malgré l'humanité prétendue qui sourd de ses écrits. Jamais. Alors même qu'il vivait en plein dedans. Ses pauvres gens excluaient, dans la réalité, les vrais opprimés qu'il supportait ardemment.

Victor Hugo est une fumisterie

L'"histoire" de France est pleine de ces ratés qu'il faut ignorer. D'où le blanchiment perpétuel.

Ce pays qui se repaît de camembert, au lait de merde, et d'andouillettes, qui sont carrément de la merde, s'est érigé en donneur de leçons gastronomiques au monde entier.

Serena Williams remporte, au détriment de Maria Sharapova –encore- son dix-neuvième grand chelem. Les présentateurs de la TV française l'annonce désormais avec un mécontentement mal déguisé. Certaines et certains expédient avec humeur la nouvelle en une courte phrase. Le même mois de janvier 2015 où il y a eu les attentats à Paris. Où le Premier ministre a dénoncé l'apartheid en France. Où le gouvernement a décidé de prendre des mesures pour une réelle mixité sociale…….

Ça promet.

04/02/2015 La médaille du courage a été décernée à trois policiers à Nice. Pour avoir été massacrés par un individu isolé et s'être retrouvés tous les trois à l'hôpital.

En France, les policiers, qui ne font rien d'autre que de la ségrégation au quotidien, croulent sous les hommages officiels et les bisous de tous les ministres de l'Intérieur. À se demander s'ils seront canonisés le jour où ils arriveront à faire leur boulot correctement.

Le même jour, le directeur de la Police judiciaire est en garde à vue. Il venait de remplacer un autre directeur démis pour avoir mis un ministre dans le secret de l'instruction. Plusieurs flics sont inculpés de trafic de drogue. D'autres sont inculpés pour viol dans l'enceinte même du Quai des Orfèvres. Mais le ministre de l'Intérieur, le Premier ministre, lui-même ancien ministre de l'Intérieur, et le président sont sa-tis-faits !!

L'expression **de guerre las** signifie **las de la guerre, fatigué de guerroyer**. Mais l'inversion mettant en contact l'adjectif se rapportant à l'individu ou au groupe en question étant en contact direct avec le mot féminin guerre, il était quasiment naturel pour les Français d'écrire de guerre lasse puisque c'est ainsi que fonctionnent les Français et pas autrement. Notez bien que lorsqu'il s'agira d'un groupe de femmes, ils écriront de guerre lasses, rédigeant correctement par inadvertance, sans que cela leur fasse aucunement remettre en question le de guerre lasse qu'ils appliquent à un sujet masculin. En France, on avale en panurge et on avalise.

Pour que ce soit bien clair, je devrais comparer les Français à des moutons puisque c'est les moutons que Panurge fait sauter par-dessus bord grâce à une ruse pour se venger de leur propriétaire. Mais je n'ai rien contre les moutons et le mot **panurge**, démocratisé, sied parfaitement aux Français.

En dépit de tout sens commun, les Français sont persuadés que seul le drapeau français est tricolore. Ils n'arrivent pas spontanément à faire la jonction entre tricolore et trois couleurs. Bien que quasiment tous les drapeaux du monde soient tricolores. Par exemple, le drapeau des États-Unis, pourtant bleu blanc et rouge comme celui de la France, n'est pas tricolore puisque ses trois couleurs ne sont pas trois bandes bien distinctes, clairement séparées, mais ce qui leur apparait un foutoir indescriptible avec ses innombrables bandes et étoiles dans tous les sens . Pour les Français, le drapeau US est multicolore tandis-que le drapeau français est tricolore. Qu'ils soient tous les deux strictement composés des trois mêmes couleurs ne changent rien à l'affaire. Autant dire que les drapeaux exotiques, tous en vert, jaune et rouge sous les tropiques, sont tricolores aussi. Non mais. Pas nous prendre pour des cons !!

Exemple de nouvelle pub française : "Cette femme fait bien plus que dormir, elle sauve des emplois. Achetez des meubles faits en France".

Aux abois...

Le Harrap's donne **situation embarrassante** pour traduire **quandary**, au détriment du simple et juste **dilemme**.

L'attrait du jihad à lui seul n'envoie pas tous ces jeunes, filles et garçons, dans le giron de la terreur. C'est la dépersonnalisation et la maltraitance qu'ils subissent au quotidien, en France et partout en Occident, l'absence de futur vivable, sauf à se prostituer, à marcher courbé, qui est leur puissante motivation ultime. Même si la plupart d'entre eux l'ignore. Ces jeunes qui se soulèvent contre leurs esclavagistes et bravent la mort sont des héros authentiques. L'Occident leur a laissé le choix entre l'humiliation et la mort. Ils ont choisi.

Je ferais exactement le même choix si je n'avais d'autre horizon que de servir de larbin à l'Occident.

08/01/2015, 22h30. Opération Picardie terminée. Échec lamentable sans surprise. Jusque-là, les noms des suspects dont les photos sont exhibés à la télé proviennent d'une carte d'identité au nom de l'un d'eux trouvée dans la voiture abandonnée. Ce me semble plutôt une astuce enfantine mais bon, chui pas flic. Selon les chaines d'info en continu, la décision de passer la Picardie au peigne fin a été basée sur un unique témoignage. Bien que toujours pas flic, je trouve d'une légèreté et d'un amateurisme tout français. Évidemment, si j'avais l'opportunité d'exprimer ce point de vue publiquement aujourd'hui, comme la loi semble m'y autoriser, même à moi, l'Africain, oubliez les tueurs insaisissables, je prendrais illico pour Charlie-Hebdo, Montrouge, Fachoda et juin 40.

Yahoo News USA m'apprend que les suspects recherchés dans les attentats de Paris étaient interdits d'entrée aux États-Unis. Qui sait, peut-être que les media et la police française seront au courant de l'info d'ici une semaine, un mois ??

09/01/2015. Dialogue entre commentateurs sur BFM :

"—Coulibaly est arrivé avec un homme de type nord-africain.

—Donc c'est un complice."

No comment.

Comme d'habitude, quand Paris annonce, à Paris, trois otages morts à la Porte de Vincennes, CNN en cite "au moins quatre". En définitive, il seront bel et bien.......

Quatre.

09/01/2015. Les TV de France perdent les pédales en accéléré :

-BFM, alerte Info : "François Hollande : **c'est fanatiques** n'ont rien à voir avec l'Islam". Suivi de

I-TELE, bandeau Urgent : "Il y a un million de nos compatriotes sont en partance ou de retour de Syrie". Il manque au moins **qui** avant le verbe être, et si l'on est bien **de retour de**, on est **en partance pour**

15/01/2015. Le deuil Charlie-Hebdo bat, plus que jamais, son plein en France. La personne qui a tweeté en premier "Je suis Charlie" s'est entouré d'avocats juifs pour protéger SA marque. Juif lui-même, comme la totalité de l'équipe Charlie assassinée.

16/01/2015. BFM annonce que des "candidats au jihad" ont été condamnés à des peines de quatre à dix ans de prison.

Comment, par quelles distorsions des lois, peut-on condamner des "candidats à", des "ayant l'intention de" ??. Déjà qu'on ne parle plus du tout des frères Kouachi, toute la presse étant focalisée sur l'Africain Coulibaly. Les Kouachi, "Français d'origine maghrébine", seront enterrés discrètement en France. Pour Coulibaly, "Français d'origine malienne", unique dépositaire de toute la haine des Français, omniprésent dans tous les media, il est question qu'il soit enterré… au Mali.

Les lois d'exception sont faites pour servir, non contre l'ennemi, en France, mais contre les faibles.

Toujours.

Le Harrap's, qui est follement drôle, traduit : "I cross my fingers for you", soit très textuellement "Je croise les doigts pour toi, pour te porter chance" par "Je me serre les pouces pour toi".

Et non, ils ne le font pas exprès.

19/01/2015 BFM. Aujourd'hui, la police rend compte de sa rencontre avec le ministre de l'Intérieur pour discuter des modalités à mettre en œuvre pour la protection de la police après l'attentat du 7 janvier.

Les jihadistes sont pliés de rire.

20/01/2015. Nulle part, il n'a été mentionné que la policière abattue à Montrouge était antillaise et son nom n'a pas été divulgué. Cela cassait le rythme de la propagande du tueur africain assoiffé de sang juif. On apprend seulement aujourd'hui qu'elle s'appelle Clarissa Jean-Philippe, lors de ses funérailles... en Guadeloupe, là-bas, très loin de toute émotion publique française de souche qui ne serait pas dirigée vers Tel-Aviv, dont le Premier ministre a, tout simplement pris les commandes de la France et du monde lors de la marche de Paris. Bien que l'on sache qui commande en France et dans le monde !!

25/01/2015 BFM. M. Mélenchon : "Nous sommes un grand pays. Nous avons un rôle important en Europe et dans le monde". La méthode Coué est la glu extra-forte qui unifie les Français. Aucun ne se dit : "Si c'était vrai, peut-être n'aurions-nous pas besoin d'être les seuls à le clamer à tout bout de champ". M. Mélenchon est facho comme tout Français mais, comme la plupart des Français, choisit de jouer un rôle plus ragoûtant aux yeux des foules. Quelques instants plus tard, il argumente en pur nazi : "Il n'y a pas d'ethnie en France. Il n'y a qu'un seul peuple en France, c'est le peuple de France". Ben voyons, vaste débat.

En réalité, ce que fait M. Mélenchon, Parti de gauche, pareil en cela à M/ Laurent, Parti communiste, c'est phagocyter la victoire de la gauche grecque et monter avec elle sur le podium où sont braqués les yeux du monde. Vampiriser, tirer à soi, se parer des plumes du paon.

Toute la France.

Sur ARTE, France 24 et quelques autres chaines, depuis les attentats de janvier 2015, des visages africains fleurissent parmi les présentateurs de journaux télévisés. Il a fallu près de vingt morts en deux jours pour cela, après que le Premier ministre ait publiquement reconnu, dans l'émotion générale, l'état d'apartheid en France.

Too little. Too late

06/02/2015. Est-il logique que Maitre Laskar –s'en est fallu de peu- l'avocate de M. Coulibaly, s'exprime dans une déclaration à toutes chaines, pour démolir son client non-encore jugé et donc, toujours légalement présumé innocent ?? Bien sûr que non. Ce pays est profondément manipulé, très –trop- aisément, par des forces qui l'asservissent et qu'il ignore.

10/02/2015 ARTE. Dans les sous-titres d'un reportage sur Daesh que les Français transcrivent **Daech**, qu'on se demande pourquoi pas aller au bout de l'illogique et écrire carrément **Dayéche**: "...les familles **yezidies**" au lieu de familles **yezidi**, invariable puisque d'une langue dont le français a simplement à transcrire l'intonation.

20/02/2015 (very bizarre quand même mes dates anachroniques, je ne les certainement pas disposées ainsi mais passons, chui plus à ça près) On apprend à la TV que Pierre Choulet, français bon teint dit de souche, s'est fait exploser en Irak dans un attentat-suicide. C'est tout juste si on ne lui dresse pas une statue instantanément, en direct, à lui. Ils sont loin les Coulibaly et Kouachi. Le jeune <u>bon</u> Français a été victime de mauvaises rencontres. Et ses parents, obscènes, sèchent des larmes imaginaires sur toutes les chaines.

Hypocrites !!

24/02/2015 Depuis des mois, des drones survolent des sites nucléaires, l'ile Longue qui abrite les sous-marins nucléaires, le palais de l'Élysée et, aujourd'hui, la tour Eiffel et l'ambassade US. Sans surprise, les Français n'ont la moindre piste. Ils laissent toute latitude à qui que ce soit pour aller au bout de son propos, lequel peut tout aussi bien être un blague que l'anéantissement de lieux soigneusement étudiés. Après tout, la semaine dernière, lorsque le Premier ministre s'est rendu à Marseille pour de féliciter de la diminution des actes criminels dans cette ville, sa police y a été accueille à coups de Kalachnikov. Toute la ville avait alors dénoncé en chœur les entrainements quotidiens de jeunes à l'arme lourde. Tous les commentateurs ont choisi de regarder vers la drogue, les Africains et les Arabes parqués dans les banlieues pourraves (*le correcteur débile refuse* **pourrave** *et m'ordonne* **pourave***, facilité française illégitime,* **pourrave** *est une simple extrapolation de* **pourri***, je garde*) des villes. Personne n'a simplement évoqué l'éventualité que Daesh soit en train de s'installer durablement à Marseille pour en faire son premier bastion français. Ce n'est plus de la légèreté, à ce point, mais de la complicité assumée.

Pour tromper qui ??

25/02/2015 I-TELE. Une sénatrice de Paris : "L'état d'esprit n'était pas celui de l'apaisement. Il était plutôt **celle** de…"

25/02/2015 I-TELE. Alerte Info Dernière Minute : "Nous souhaitons mettre en avant les principes d'**appaisement**…"

08/03/2015, alerte info BFM : "Le Français XX a battu le record du monde sur 20km marche en 17mn 02s à Arles". Incapables de gagner légitimement quoi que ce soit, ils en sont réduits à s'inventer de faux exploits sur de fausses compétitions ridicules dans lesquels ils sont seuls à compétir et qui n'ont lieu qu'en France. L'équipe de France est championne du monde de France toutes catégories.

17/03/2015, ARTE. Reportage sur le Malawi : "La montagne était habitée par une créature mi-homme **mi-monstre**". Impossible. On ne peut être mi-monstre. Une créature mi-homme mi-tout ce qu'on veut est un monstre à part entière.

20/03/2015 France 24, journal de 20h : "Si leurs économies étaient transformées en drachmes, elles perdraient toute **sa** valeur".

20/03/2015. Mardi, des supporters anglais de Chelsea empêchent un Africain de renter dans le métro, station Richelieu-Drouot à Paris, en le bousculant violemment et en chantant à tue-tête, bras nazi levé :"We are racist, We are racist And that's the way we like it".

Jeudi, M. Platini, responsable de l'UEFA, déclare que l'UEFA ne peut sanctionner. Toutes les chaines françaises présentent "l'incident" sur un simple bandeau défilant, à l'exception de France 24 qui a montré M. Souleymane S. s'expliquer avec le poids sans fin de ceux qui savent qu'ils n'auront jamais raison en France, qui ont appris à faire avec : "Je n'en parlerai pas à mes enfants qui ont entre sept trois ans. Pourquoi faire, ça va les traumatiser…".

Comme je te comprends, mon frère, mais tu as tort : la vérité sert. C'est la dissimulation et le mensonge qui risqueront de leur faire du tort lorsque, tôt ou tard, dans ce pays, ils seront confrontés à leur tour à la réalité.

Le Royaume uni, par la voix de son Premier ministre, déclare que "c'est troublant". Bref, le monde occidental s'en branle à mort. Leurs lois sont faites pour les autoproclamés "Blancs"……. Comme la pureté. Vous savez, ces êtres mal finis, translucides, sans lèvres, sans cheveux drus dressés, aux yeux décolorés, dépourvus de vraie bite et de vrai vagin qui aspire, dont le sang remonte à l'épiderme à chaque émotion et qui remuent ciel et terre en subterfuges pour persuader le reste du monde qu'ils sont parfaits. Et humains.

24/03/2015. La bande Alerte d'une télé française d'infos en continu annonce : "Décès de Chinua Achebe, auteur de Le Monde S'Effondre, à l'âge de quatre-vingt-deux ans". M. Achebe, auteur de African Trilogy est bien décédé à quatre-vingt-deux ans… il y a exactement deux ans et trois jours. Et lorsque vous googlez son nom, les "recherches associées" trouvent le moyen de vous proposer Nadine Gordimer et Joseph Conrad. Comme chaque fois que vous faites une recherche sur un Africain honorable qu'ils n'ont pas réussi à exclure de la notoriété.

C'est d'une infinie tristesse, certes, mais surtout d'une implacable bassesse.

L'indélicatesse enfantine qui massacre les oreilles, **combientième**, est adoubée par le Larousse. J'ignorais et n'en reviens pas. Comment évoluer si l'on s'empresse d'avaliser imperfections et jambes de bois idiomatiques au même titre que les mots existants qu'ils sont censées suppléer auprès des défaillants et des ignorants ?? Pas moyen !! Et d'abord, à quoi bon tenter d'alphabétiser un peuple démissionnaire par vocation qui se précipite en permanence vers la défaite dans tous les domaines ??

29/03/2015 –mais bordel, comment j'ai rangé mes notes, moi, pour avoir des dates cul par-dessus tête ?,) !µ%- Élections départementales sur I-TELE. La journaliste à un politique, à propos du score de son parti : "Vous vous en **satisfaisez ?**", oublieuse que le verbe satisfaire se conjugue comme le verbe faire. Lamentable, donc normal en France.

02/04/2015 France 5. Doc "Aliments irradiés". S'agissant de la durée de la période pendant laquelle des aliments irradiés sont vendus à Tucson, Arizona, un retraité US dit : "Since fourteen years". Le "spécialiste" français s'empresse de traduire avec trop d'emphase : "Depuis quarante ans". No comment.

03/04/2015 BFM. Le ministre de l'Intérieur, en visite sur les lieux du crash de l'avion de la Germanwings "**a serré de nombreuses poignées de mains**"

20/04/2015 I-TELE. L'invité explique, à propos de la mort de 1500 Africains au large des côtes européennes, en clair qu'ils ont froidement laissés mourir le ventre à l'air : "C'est terrible pour des gens qui mettent 100000€ pour arriver chez nous et qui finissent ainsi". On pourrait croire qu'elle confond euros et CFA mais c'est faux. C'est volontaire. Ils tentent, à chaque fois, de tout coller sur le dos des Africains, même leurs propres morts désespérées programmées par l'Europe. En Afrique, lorsqu'on a 100000€, soit 65 millions CFA, on vient en Europe en vacances, on ne les donne pas à un passeur.

Un journaliste invité assène que ces gens-là sont des Éthiopiens et que ceux qui les mettent en danger de mort ne sont pas des Occidentaux mais des passeurs criminels éthiopiens. Ils savent parfaitement qu'ils sont les coupables froids, dénués d'humanité, en sont fiers.

Un député fasciste étiqueté à l'UMP suggère qu'il faut décréter, comme en Australie, une impossibilité juridique à acquérir le droit d'asile en aucun cas lorsqu'on arrive clandestinement ; En clair, la possibilité légale de les canarder au large. Car c'est bien vrai que, eux, lorsqu'ils sont arrivés nous envahir, nous déposséder, nous violer et nous massacrer, en Afrique, en Amérique, en Inde, en Asie, ils avaient des visas dûment tamponnés.

La France est une vraie, une authentique pute.

10/05/2015. Hollande aux Antilles pour inaugurer une babiole à la mémoire de l'Esclavage ?? Fumisterie, fripouillerie, folklore et rideau de fumée. Il n'y a aucune raison pour que les Africains ne reçoivent pas de dédommagement financier à la hauteur de plusieurs siècles d'asservissement, de massacres et de rapines, lesquels, tous, se perpétuent encore. Alors que, de 1945 à 2010, la France a touché de substantielles compensations financières de l'Allemagne et qu'Israël est maintenu au-dessus de tous les lots par les rançons que lui verse joyeusement, régulièrement, l'Occident. À commencer par USA et Allemagne encore, pour qu'il puisse s'offrir des esclaves abyssiniens.

Même en étant obligée d'accepter à tour de bras des individus sans talent littéraire puisque c'est tout ce qu'elle a à proposer à son illustre Académie, la France manque quand même cruellement de trompe-l'œil pour rassembler les quarante têtes au Quai Conti. Alors, comme à l'accoutumée, elle triche. Grossièrement. Cet homme n'a jamais écrit aucun livre de sa vie mais a commenté à la télé les livres d'autrui ?? Intronisé !! Cet autre, ancien ambassadeur, auteur d'un pseudo-roman que personne n'a lu ?? intronisé !! Célébré et consulté sur les plateaux télé... français. La France est le pays de la Culture par excellence.

Comme clament les Français.

11/05/2015 BFM. Le présentateur du journal annonce : "Cuba se prépare à une journée historique : le président François Hollande y entame une visite officielle...". Il y a une chose que je dois mettre au crédit des Français. Involontairement, ils m'auront souvent fait rire à gorge déployée.

11/05/2015 ARTE. Documentaire sur Giacometti et l'Homme Qui Marche : "Chacune d'entre elles **sont** une œuvre originale". La Nuit France 5, grande page culturelle.

13/05/2015 BFM alerte Info : "Un Picasso bat des records chez Christie's. Une évolution des prix **pas prête de s'arrêter**".

Non seulement l'adverbe **près** est confondu avec l'adjectif **prêt** mais même le sens de la phrase n'a pas empêché l'accord adjectival frauduleux. C'est un comportement sémantique de tous les jours en France, lequel, en terres francophones d'Afrique et d'ailleurs, a disparu depuis longtemps, remplacé par le bon sens absent dans la langue française en France. De telles incorrections sont inimaginables à la télévision du

Bénin, du Burkina Faso, du Québec ou du Mali.

ARTE, 18/05/2015. Dans un documentaire sur les parcs nationaux américains, le commentateur explique que les pionniers, frappés par la coloration rouge des rochers, ont baptisé le fleuve **Colorado** qui veut dire "de couleur rouge". Une telle ignorance doublée d'une telle impudence effraie. **Colorado** veut simplement dire "coloré", que ce soit en vert, bleu, jaune ou rouge.

Mais pourquoi diable les pionniers, des Britanniques, donneraient-ils un nom espagnol à un fleuve se situant sur les terres qu'ils viennent de voler lâchement aux autochtones, comme les foutus vampires qu'ils étaient ??

18/05/2015. Les policiers jugés dans l'affaire de la mort des deux ados africain et maghrébin sont blanchis de toute charge.

Il a fallu dix ans pour en arriver à ce qui était programmé depuis le début. Africains et Arabes sont jugés en comparution immédiate sur des présomptions souvent fabriquées de toutes pièces et immédiatement condamnés à des peines infamantes longues, très longues. Rien n'est fortuit en France. Pas plus le pied de nez de l'acquittement des policiers que le choix des victimes. Tout est calculé, préparé et mis en scène avec précision bien à l'avance. Exactement comme aux USA les assassinats d'ados africains par vagues suivis systématiquement par les acquittements des flics assassins. Les Français n'ont ni l'intelligence ni la technique de ce genre de procédés. Tout découle d'un même plan international dressé par ceux-là mêmes qui ont élaboré la théorie du complot pour circonvenir ceux qui verraient clair dans leur jeu de fils de putes assassins sadiques.

D'ailleurs, les pseudo-manifestants devant le tribunal de Bobigny -bien encadrés par ceux qu'ils croient honnêtes, justes et leurs amis et qui sont tous main dans la main avec les assassins- avec pour mot d'ordre EN FRANCE LA POLICE ASSASSINE LA JUSTICE ACQUITTE se verront, dès le lendemain, renvoyer devant la belle justice française, laquelle, contrairement à l'américaine... Tout est lié. La meilleure manière de tout lier est d'user du terme interdit : complot. Puisque tout ce qu'il y a est un gigantesque, implacable complot ultrasophistiqué aux ramifications impensables et dans lequel, la France n'est, au mieux, qu'un dernier couteau sélectionné pour sa docilité son inaptitude à comprendre.

22/05/2015, Alerte Info BFM : "Les employés de la tour Eiffel en grève pendant **7H00**" No comment.

30/05/2015 I-TELE. Cet "éminent" analyste politique s'emballe sur le changement du sigle UMP : "Jacques Chirac invente l'UMP, Union pour un mouvement populaire, tout dans le mot : populaire…". Las, à sa création, en 2002, l'UMP était l'Union pour la majorité présidentielle. Présidentielle, tout est dans le mot : présidentielle.

30/05/2015 Congrès politique. Ce "grand" leader, ancien Premier ministre, déclame à la Belmondo comme tous les Français en présence d'un auditoire se croient obligés de faire : "Les Républicains, **c'est à la fois une identité** mais c'est aussi un message…". Tout à la grandiloquence trémolesque du ton insincère, l'auguste omet de citer ce qui, avec l'"identité", justifie l'utilisation de "à la fois" qui se retrouve ainsi anachronique. Ils sont tous pareils. Ce qui les intéresse, ce n'est pas de dire la vérité, oh que non, mais de déverser des tombereaux de mensonges avec l'accent uniforme imbécile qu'ils croient être celui de la vérité. Parce-qu'en France, ça marche.

07/06/2015. Aujourd'hui, M. Guéant est l'invité de BFM qui se targue d'être la première chaine d'infos de France. Il est interrogé sur les grandes questions de l'heure, l'Islam en particulier, avec beaucoup trop de déférence. Comme si l'opinion d'un escroc en délicatesse avec la justice était inestimable pour l'auditeur français. M. Guéant sort, il y a à peine quelques jours d'une garde à vue prolongée en relation avec l'une de ses nombreuses casseroles (dans l'une, il a estimé qu'il n'était pas payé à sa juste valeur et a tout bonnement détourné les fonds publics de son service pour rééchelonner son traitement). Aucun Français ne saurait avoir l'indécence de douter que M. guéant est un escroc et un menteur, entre autres, car selon la presse, jamais démentie ni attaquée en justice par l'intéressé, M. Guéant a reconnu avoir l'accusation ci-dessus entre parenthèses. Donc un voleur et un menteur, pris la main dans le sac, est invité à donner des leçons de civisme aux Français. Il n'est pas le premier ni le seul puisque d'anciens présidents de la République, escrocs, voleurs et menteurs, courent les rues en France qui l'ont précédé dans ce rôle. De même qu'un fonctionnaire international, violeur international, empêtré dans d'innombrables affaires de fesses internationales minables, avec plusieurs cas bien distincts, dans plusieurs villes différentes dont Paris, New-York et Lille, lequel, à peine élargi à New-York à la suite de manipulations financières que la justice permet aux riches pour qu'ils évitent toute sanction et puissent recommencer en prenant de meilleures précautions, était venu pérorer sur une grande chaine française, France 2 en l'occurrence, pour se disculper et donner des leçons sur la marche du monde. Mais la France semble avoir vocation à servir de cache-nez à la saleté, se contentant de se voir garantir un niveau de vie enviable, malgré son incapacité à produire. Admission à la table des grands et baisses miraculeuses des taux d'intérêts de la BCE pour lui permettre de remonter spectaculairement de l'abime pile avant de sentir les conséquences de l'apnée.

07/06/2015 France 24 :"Écoutons le ministre de l'Intérieur. Il nous dit comment **s'est déroulé ces deux arrestations**". Une simple inversion et le fringant présentateur perd les pédales et continue de pérorer avec assurance.

11/06/2015. I-TELE rend hommage à Christopher Lee sur sa bande Info : "Il a joué plusieurs fois le comte **de** Dracula" Dracula n'est pas un nom de lieu comme pour comte de Paris ou un nom d'auteur mais le nom du vampire dans le roman universellement connu de Bram Stoker : Dracula.

12/06/2015 Aujourd'hui, les chaines d'info de France, les "journalistes", font encore étalage de leur suprématie en matière de cirage de pompes – brown-nosing. Tous clament à l'envi (*sans e final, même pas la même étymologie que envie*) tout le bien qu'ils ont toujours pensé de Dominique Strauss-Kahn "dont la relaxe ne fait plus aucun doute" affirment-ils en chœur. Au mépris total de leur déontologie et de la souveraineté d'une justice qui, par ailleurs, se gardera bien de leur faire le moindre reproche. Dans l'intérêt commun de la mascarade judiciaire, il est bien qu'ils jouent leur rôle de manière à réparer l'opinion non initiée à avaler la pilule d'un nouveau déni de justice. Alléluia. BFM et I-TELE semblent, plus que jamais, menacer la justice que commenter un événement avec la neutralité du professionnel. Les deux chaines enjoignent carrément la justice de relaxer le malfrat.

Lorsque Merkel déclare le petit président français **temperamental** de l'anglais voulant dire "caractériel", "agité", la télévision française traduit par "Il a du tempérament", ARTE, juin 2015.

À toutes fins utile, en France, avoir du tempérament, c'est avoir du caractère et non être caractériel. C'est avoir de la personnalité dans le bon sens que confère l'expression, à l'inverse d'avoir une personnalité... dont la nature dépend du qualificatif qui suit, par exemple dérangée, névrosée, multipolaire... Avoir du tempérament, c'est également être une, un remarquable partenaire sexuelle, -el.

27/06/2015 I-TELE. "La victime a été étranglée et décapitée. Mais on ignore si elle a été étranglée d'abord ou décapitée d'abord". Le bon sens même. Une fois la victime décapitée, le tueur lui a fait une greffe expresse de la tête pour pouvoir l'étrangler et, ainsi, s'assurer qu'elle était bien morte.

29/06/2015. Charles Pasqua est mort. Cette crapule sans le moindre scrupule, embringuée dans tellement de casseroles judiciaires qu'il avait fallu faire semblant de le condamner à un an de prison ferme pour donner un semblant de crédibilité à ce qu'en France, on appelle la Justice est morte dans son lit. Car vous n'imaginez pas une seconde qu'il ait passé une seconde dans les geôles où il appartenait. Sa peine pour rire n'a, naturellement, jamais été purgée sans que le citoyen électeur ait jamais reçu la moindre explication mais hé, on est en France, hein ?? Toute la clique des faux-culs et des escrocs y va de sa larmichette et de ses hommages. Au premier rang, l'ex-président et toujours traine-casseroles explosives multiples, Jean Tiberi, Patrick Balkany, Michelle Alliot-Marie, chacun harnaché de ses propres casseroles dorées, toute honte bue, pour rendre hommage vibrant à l'un des siens... Mais y a-t'il une seule personnalité politique honnête en France, peut-on se demander puisque voici arriver Mélenchon, le frère confessionnel, politiquement supposé aux antipodes de tout ce qui touche, même de très très loin, à toute forme de Charles Pasqua...

Le Robert réussit le tour de force de définir **eau** sur deux colonnes pleines… sans en donner la composition.

03/07/2015. La presse française annonce que l'un des deux militaires français accusés de viol d'enfants en Centrafrique et rapatrié à Paris a été laissé libre de ses mouvements. C'est juste sur la bande Info, pas dans les nouvelles orales.

À l'origine, l'affaire avait débuté sur les chaines internationales par "plusieurs militaires français coupables de viols sur de petits garçons à Bangui". À l'annonce, les politiciens français étaient unanimes dans le déni farouche, c'est-à-dire l'intimidation masquée : "Impossible que des militaires français puissent même être soupçonnés de telles…". Ensuite, longtemps après, il n'y en a plus que deux. Aujourd'hui, l'un circule librement en France malgré son inculpation et le poids des charges comme si, en somme, violer des petits enfants africains était un simple loisir de vacances. Mais rassurez-vous, il y aurait eu sévères sanctions s'il s'agissait, disons au hasard, d'abus sur des enfants juifs.

Quant à l'autre violeur présumé, il pourrait aussi bien être un fantôme.

Justice française.

13/07/2015 I-TELE. "Il y a toujours des **mals** pour des biens" affirme le "journaliste" chargé d'animer un débat sur la Grèce.

Aujourd'hui 22/08/2015, attentat terroriste avorté dans un train français en provenance d'Amsterdam à destination de Paris. L'attentat a été déjoué grâce au courage de trois voyageurs américains et un anglais qui ont maîtrisé l'homme au fusil avant que celui-ci en fasse usage. Les contrôleurs français, eux, n'écoutant que leur courage et la grandeur de la France, ont piqué un sprint, courbés en quatre, pour aller s'enfermer dans la salle des machines, selon le témoignage d'un "comédien" pas content du tout d'avoir été abandonné sous sa banquette alors qu'il aurait été plus en sécurité dans la salle des machines lui aussi. Les autorités françaises démentent, s'empressant de louer le courage de ces braves. Sans convaincre personne puisqu'eux-mêmes ne sont pas convaincus. Chui plié en huit. Le pseudo-acteur en fait des tonnes pendant quelques petits jours parce y a bon la pub puis s'écrase brusquement du jour au lendemain. Sans doute lui a-t-on remonté les bretelles en haut-lieu en faisant valoir le rang de la France ??

25/10/2015. Dans un magazine à vocation culturelle et ludique : "C'est Henri Filipacchi qui est à l'origine de l'invention du livre de poche en 1953. Pour cet éditeur français, l'idée est de s'inspirer du pocket book américain".

Ils mentent à eux-mêmes et au reste du monde. Sans même se préoccuper de la crédibilité des mensonges, déjà satisfaits de se convaincre eux-mêmes. **Pocket book** se traduit exactement, mot pour mot par **livre de poche**. Inventé aux États-Unis depuis 1939 lorsque la première salve de dix, incluant Les Hauts De Hurlevent et Bambi parut.

En France, les pouvoirs publics offrent des primes pour

l'utilisation du diesel. Comme toujours, en dépit de tout bon sens. Les responsables français savent parfaitement que le diesel pollue mille fois plus que l'essence et tue à des taux génocidaires. Comme le Premier ministre d'alors et actuel ministre des Affaires étrangères Fabius savait parfaitement qu'en distribuant du sang contaminé par le sida à des individus sains, il les condamnaient à mort par milliers. Mais il fallait aider un laboratoire français, Sanofi, à sortir un produit français. Sur ces montagnes de cadavres. Pour un produit qui, bien entendu, n'est jamais arrivé. Comme ils n'ignoraient rien de la nocivité, du caractère cancérigène lorsqu'ils sont sciemment exposé des millions d'individus, causant la mort de dizaines de milliers, sans parler de ceux qui vivent encore avec le poison dans leur organisme.

Le diesel est tellement utilisé par les Français et rapporte tellement que les Français en ont oublié que l'invention est allemande et défendent à coups de crimes l'industrie française à travers elle.

23/11/2015 France 5, l'émission ***Medias, Le Magazine*** passe en revue les magouilles de la presse française.

La vérité sur la France ??

-Le Point, journal français proéminent, diffuse la photo d'un Français arabe sans rapport aucun connu ni même soupçonné avec les attentats du vendredi *13 (bizarre que personne n'ait saisi)* qui vit tranquille dans sa banlieue. Une fois sa réputation ruinée et sa vie désormais à la merci des vengeurs de l'ombre auxquels il a été désigné –il a la gueule de l'emploi puisqu'il est arabe- la photo est retirée du site de l'hebdomadaire. Mais à la question de savoir si le journal a présenté ses excuses à l'intéressé, le représentant du Point bredouille et, traduit en clair : non. Mais la Justice française, elle, s'est-elle saisi d'une violation aussi flagrante et grave des droits de l'homme ?? Non. Elle regarde ailleurs.

-Une photo parue dans la presse, censée montrer l'avenue des Champs-Élysées désertée après les attentats s'avère dater de l'été, longtemps avant les faits. Notez bien que tous les pays occidentaux se prêtent à ces manipulations, et les USA, champions en la matière, outrageusement pour justifier leurs actes de vampirisation internationaux, mais la France est l'unique à se planter lamentablement à chaque fois et à se donner au monde en spectacle bouffon encore et encore.

-Une photo prise à Gaza lors d'une manifestation de joie célébrant un accord politique, des mois avant les attentats de Paris, est diffusée comme étant une manifestation de soutien à Daesh après le 13 novembre. En revanche, une manifestation de soutien fraternel émanant d'Allemagne et donc, bien sûr, la date ne concorde pas, se trouve être une démonstration nazie.

La poisse en plus de la stupidité !!

-Une autre photo, celle d'un Canadien arabe posant avec une ceinture d'explosifs et un Coran, est abondamment diffusée avant qu'il ne soit démontré, preuves à l'appui, qu'il s'agit d'un grossier montage Photoshop de l'inoffensif original montré à l'écran. La vie de cet homme est à jamais suspendue aux humeurs de n'importe-quel fou nazi qui aura vu le mensonge mais pas la démonstration du mensonge. Mais en France, qui s'en soucie ??

-Pire encore que tout, le président Hollande, en bon français évaporé, annonce que les attentats sont l'œuvre de Daesh – que les français, incorrigibles, écrivent **Daèch** sinon ils sont largués et neurasthéniques avec le Daesh international- avant que l'État islamique ne poste sa revendication. Un chef d'État responsable ne se prête pas à ce genre d'erreur diplomatique. En aucun cas. Alors comment François Hollande a-t'il pu savoir avant la revendication de Daesh, dont le moins qu'on puisse dire est qu'il n'entretient pas de relations diplomatiques avec la France, si tout ceci, les attentats, Daesh et la qualité de président de la France ne sont pas plus qu'une sinistre mascarade gigantesque orchestrée par un marionnettiste autrement puissant ??

D'ailleurs, sur un message de Daesh préenregistré diffusé dans l'émission, la voix est reconnue comme étant celle d'un Français converti à l'Islam. Il s'appelle Serge Klein.

De qui se moque-t'on ??

Ils disent "Elle était tout**e** seule" de la même manière qu'ils disent "Elle est tout**e** belle" lorsque **tout** est un adverbe. Invariable. Remplaçable par "complètement".

Les rédacteurs, côté français, du Harrap's ont dû être bien emmerdés lorsqu'ils sont arrivés à **façade**, avec sa cédille. Finalement, ils ont choisi, comme d'habitude, la pire option. Ils ont créé un c avec une cédille pour cet unique mot, ce qui disqualifie ce dictionnaire et tous ses rédacteurs, côté français, pendant douze mille huit cent sept ans.

En anglais, façade s'écrit **facade** et se prononce **feusséd**. Simplement.

Harrap's traduit **top-secret** par : **top-secret, top-secrète**.

Est-il besoin d'ajouter que top-secret est invariable…

Ils disent tous, le général De Gaulle en tête :

"Allons- **z'enfants** de la patrie… "

C'est probablement le cas le plus frappant de lâcheté collective. Dans le texte de l'hymne, il est écrit, comme il se doit :

"Allons**, virgule**, enfants…."

La virgule après allons prohibe toute liaison avec enfants. Et cette règle est l'une, capitale, parmi les leurs. Notez bien que la liaison n'est pas faite pour renforcer une tonalité ou pallier à quoi que ce soit. Elle n'est ni utile, ni harmonieuse. Elle est juste fautive. Les Français ne s'en sont pas aperçu en plus de deux cents ans, lorsque le premier parmi eux se prit les pieds dans la prononciation et que personne, depuis, n'a jamais oser rectifier.

Dans une liste de citations qualifiées d'historiques, au milieu d'autres fautes grossières : "Réussir, c'est survivre **à c'est échecs**". Écœurant, mais en France, c'est la règle, non l'exception.

30/11/2015 LCP. Valérie Giscard parle avec passion de son engouement pour la chasse en Afrique : "La chasse se faisait à pied. Vous parcouriez trente-cinq, cinquante kilomètres à pied… ". Le foutu menteur n'a, bien sûr, aucune idée de ce que c'est de marcher sur cinquante kilomètres puisqu'il était en voiture pour chasser en Afrique. Au frais et à l'abri, comme eux tous qui exhibent des trophées obtenus par leurs "guides". À raison de quatre kilomètres à l'heure puisque c'est la vitesse humaine moyenne pour la marche à pied et un chasseur n'a aucune raison de se presser, c'est plus de douze heures. Voyez-vous Giscard se taper douze heures de marche dans la savane africaine ?? Pour la peau puisque les affûts ne sont pas inclus... Français !!

Le documentaire est modestement intitulé Sans Rancune Et Sans Retenue. Dans la prolongation, Droit De Suite, une invitée, Michèle Cotta, laisse échapper : "Pourquoi un homme de son âge, quatre-vingt-quatorze ans..." bien audible, sans être démentie ni reprise par l'auteur du documentaire, Frédéric Mitterrand, Hervé de Charrette, ancien ministre de Giscard ou aucun des présents. Valérie Giscard, né en 1926, est supposé avoir quatre-vingt-neuf ans.

Les "historiens" français reprennent systématiquement les faits qu'ils devraient fidèlement rapporter pour les transformer de fond en comble de manière à donner à la France le visage honorable, vaillant et propre qu'elle n'a jamais eue dans la réalité.

Pour ce faire, à intervalles réguliers, des Villehardouin, Froissart, Commines, Taine ou Michelet, maquilleurs professionnels, blanchisseurs d'histoire par vocation, se succèdent par vagues. Et là où Napoléon a probablement sorti : "Non mais tu te rends compte que ce tas de pierres est plus vieux que le Cucuruzzu" *(là, j'ai cherché vainement un monument français ancien, Google n'a rien non plus, force m'était de me rabattre sur la Corse)*, ils rayent soigneusement et remplacent par un fringant :"Du haut de ces pyramides, quarante siècles nous contemplent". Au disgracieux Mirabeau, ils attribuent : "Nous y sommes par la volonté du peuple et n'en partiront que par la force des baïonnettes". Notez bien que dépourvus de la moindre intelligence, ils sont contentés de reproduire ce qui pourrait se déclamer sur une scène de théâtre. Ainsi les deux citations sont l'une, composée de deux heptasyllabes et l'autre de deux alexandrins. Têtes de linotte. Mais continuons.

Imaginez-vous Philippe le Hardi *(sic)* en pleine débâcle de Poitiers, enjoignant à Jean le Bon des "Père, gardez-vous à droite, Père gardez-vous à gauche" tout en guerroyant lui-même férocement ?? Non, hein. Nous non plus. D'autant qu'en même temps, il fallait faire gaffe à trouver un hexasyllabe convenable à répéter pour l'Histoire.

Clovis, se vengeant de la manière le plus lâche sur un guerrier qui avait osé le défier, doit vraisemblablement sortir un triomphal : "Qu'est-ce que tu croyais, Ducon" assaisonné à la sauce de l'époque. La glorieuse histoire de France exige qu'il ait doctement dit : "Souviens-toi du vase de Soissons".

"Bourreau, vous montrerez ma tête au peuple, elle en vaut la peine", histoire de masquer que les Français meurent en chocotant. Mais comme l'histoire réelle se répète, aucune chance.

"Après nous, le déluge", attribué au roi de France Louis XV après la débâcle de Rossbach face à Frédéric II, roi de Prusse, est en réalité de sa maîtresse, Jeanne-Antoinette Poisson, plus connue sous l'appellation de Madame de

Pompadour.

"La garde meurt mais ne se rend pas. Merde !!". Si la seconde partie de la citation est légitime, la première est d'autant plus fictive que les Français sont les premiers à savoir que leur garde se rend toujours pour ne pas mourir. Même lorsque le risque n'existe pas. D'ailleurs, c'était lors d'une débâcle de plus, à Waterloo. Et Cambronne dira lui-même : "Je n'ai pas pu dire ça puisque je me suis rendu et que je ne suis pas mort". Voilà le genre de phrase véridique que les Français s'empressent d'éradiquer de leurs mémoires.

L'histoire de France officielle est truffée de ces phrases culte bidon tant qu'à trop vouloir en faire, il ne reste que le ridicule. Ainsi, contre vents et marées, elle continue de véhiculer comme une vérité historique l'Appel du 18 juin qui n'a jamais été prononcé le 18 juin au détriment du réel mais péteux appel autorisé par les Anglais quelques jours plus tard qui ne contenait aucune des phrases "culte" retravaillées par la suite par des professionnels du blanchiment. Avec la complicité pleine et entière de l'auguste Français errant d'exil en exil dès que le vent se lève.

D'authentiques citations, il y'en a au moins deux dans le rendu officiel de l'histoire de France. L'abbé de Cîteaux, Amalric, a très certainement lancé à Béziers, qui n'était pas une bataille mais un lâche, abject, répugnant massacre : "Tuez-les tous, dieu reconnaîtra les siens" *(en réalité "Tuez-les tous, dieu connait les siens" en latin)* et il ne fait aucun doute que Clovis a ainsi prié : "Dieu de Clotilde, si tu me donnes la victoire, je me ferai chrétien". La première rend parfaitement la charité telle qu'elle est pratiquée par les Français lorsqu'ils se trouvent en situation de domination d'un adversaire dont l'innocuité est assurée. La seconde éclaire le caractère français typique de prompt retournement de veste et collaboration avec l'ennemi, ainsi que la bassesse du mercantilisme forcené.

Les Français, qui adorent citer Voltaire, seraient bien inspirés de lire cette phrase et de la méditer :

"Nous autres, Français, sommes écrasés sur terre, anéantis en mer, sans vaisselle, sans espérance, mais nous dansons fort joliment".

Cette lettre à M. Bettinelli date de 1760. Loin avant les débâcles WWI et II. Et, si l'on exclut la partie sur la danse, tout y est rigoureusement conforme à la vérité.

Dans un documentaire intitulé Mégastructures De Légende sur RMC Découverte, la chaine propose, à côté du Colisée et de la Pyramide de Gizeh... la cathédrale de Chartres. Le processus de blanchiment d'histoire ne perd jamais le nord parce-que c'est l'unique arme dont dispose les Français. Ils ne savent pas qu'ils sont les seuls à mener ce combat puisqu'il n'y a aucun adversaire aussi bas pour en faire une bataille.

Comme l'armée française, la police française est d'une incompétence à frémir. Les deux sont chouchoutées par tous les pouvoirs. Car les politiques les perçoivent comme des menaces. Non qu'ils redoutent des coups d'État, que non. Plus simplement, elles représentent le gendarme. Et le français, toutes situations confondues, éprouve une peur panique, une frayeur atavique vis-à-vis du gendarme. L'armée, moins exposée, mange et se tait. La police, elle, malgré la Constitution française, manifeste ses colères et obtient satisfactions chaque fois que ses bavures sont pointées. Un flic vient de reconnaitre avoir violé une femme dans son commissariat puisqu'il affirme que le rapport était consenti alors que le taux d'alcoolémie de la victime infirme scientifiquement cette hypothèse : c'est parce-qu'elle était alcoolisée au point d'être ingérable que son mari et ses voisins l'avaient emmenée au commissariat. Le policier violeur a toutes les chances d'être blanchi et promu pour peu que ses collègues froncent les sourcils. D'ailleurs la presse, complice par trouille, évite soigneusement d'en parler.

Il n'y a qu'en France qu'il se dit **se suicider**. La locution verbale incorrecte exprime **se tuer soi-même**. Une répétition calamiteuse. Parricide désigne le meurtre du père. Régicide désigne le meurtre du roi. Déicide désigne le meurtre de dieu. Suicide désigne le meurtre de soi. Suicider, c'est tuer soi-même. Se suicider c'est se tuer soi-même, une redondance insupportable car, n'oubliez pas, que la fréquence de la faute n'excuse jamais la faute. En anglais, il est dit : il a commis un suicide, ce qui est tout à fait conforme à la correction et au bon sens. En Français, il faut dire : il a suicidé.

Sans perdre son temps à attendre que le bon sens vienne de l'Académie en peau de lapin du quai Conti. Il ne risque pas d'arriver jamais.

L'hérésie fondamentale de la langue française date des balbutiements de cet hybride. Elle est répétée à longueur de tous les jours par toulmonde en France à tel point qu'elle est devenue irréversible tout en demeurant fautive. Cette incorrection é trouvé sa place dans la langue un peu comme une verrue sur le nez qui finit par faire partie de la personne qui la porte.

Ce qui est surprenant, c'est que personne parmi les innombrables maîtres autoproclamés de la langue ne l'ait jamais soupçonnée, n'en ait jamais été gêné.

On dit, le plus naturellement du monde : "**j'ai chaud**", "**j'ai froid**".

Les Français utilisent un auxiliaire de possession à la place d'un auxiliaire de description. Un Français, en des temps très reculées, s'est fourvoyé. Tous les autres panurges, comme à l'accoutumée, se sont précipités dans l'abîme béant. Il en résulte ce non-sens que, dans ces cas, **froid** et **chaud** ne sont pas des adjectifs puisqu'au féminin, ils ne disent pas "j'ai chaude" ou "j'ai froide", pas plus qu'au pluriel "nous avons froides" ou "ils ont chauds". Ils ne sont pas des adverbes puisque, souvenez-vous, pour accentuer, ils disent "j'ai tellement chaud" ou "il fait vachement froid". Ils ne sont pas davantage des noms communs puisqu'ils savent dire "j'ai la diarrhée", "j'ai la rage", "j'ai un rhume" ou "elle a eu un coup de chaud" avec l'article précédant le nom à chaque fois.

Voilà donc des mots utilisés par tous les Français tous les jours et qui n'existent pas. Tout au moins techniquement puisqu'ils n'appartiennent, dans cette acception, à aucune classification de la langue.

Dire "j'ai froid", mais aussi "j'ai mal", correspond à une survivance des temps très reculés de l'apprentissage de l'élocution, bloquée chez les Français très tôt par la première occupation et définitivement enrayée par l'occupation romaine. Les mots sont bien là. Mais la cohérence pour les lier n'a jamais eu l'opportunité de s'installer.

"J'ai froid" n'est rien de plus qu'une restitution moderne de "Moi, froid".

L'adjectif anglais **reluctant** se traduit très exactement par **réticent**. Dans le dico Harrap's, il est traduit par **répugnant** qui n'en est qu'une extrapolation. Le mot même de **réticence** n'apparait ni dans la traduction de **reluctant**, ni dans celles de **reluctantly** ou de **reluctance**. Amateurs incultes incompétents. Le mot américain **chipper**, en français **de bonne humeur**, est traduit par : **gai, vif, en train**. Hors le fait que **gai** et **vif** ne sont absolument pas synonymes, que veut dire **en train** ?? Est-on **chipper** dès lors qu'on pénètre dans un train à la gare du Nord ?? L'incompétence et l'inculture sont aisés à détecter. Ils entendaient **qui a de l'entrain**, ce qui, de toute façon, n'était pas la bonne traduction. Comment cela a fini par **en train** dans un ouvrage encyclopédique, je ne veux même pas le savoir.

On trouve également dans la panoplie du Harrap's **boniche**, bien en gras, avec un seul n, dérivé de "bonne" (à tout faire)... au secours du correct **bonniche**, répertorié quelques mots plus bas, avec la même définition. Le rédacteur a du se laisser emporter par l'idée de **moniche**, lequel, bien entendu, est haultement proscrit.

To respond to an appeal qui veut dire **réagir au charme** (de quelqu'un), **être sensible au charme** (de quelqu'un) est niaisement traduit par... **répondre à un appel**. Le téléphone devient équivoque.

Je finis par me demander si tout ceci n'est pas juste, au fond, un constat de démission, une sourde et lancinante supplique à être enfin révoqué, relevé de toute obligation de penser.

La France s'était précipitée en typhon sur le robot Phylaé dès qu'il se fut posé sur la comète, faisant feu de tout bois pour accaparer toute lumière qui pourrait en sortir, toute gloire, tirer toute la couverture à elle. Hélas, comme lorsqu'il s'est agi d'envahir la Syrie et de mettre à terre le criminel Assad il n'y a guère, le soufflé lui est retombé dessus.

La France étant poissarde et porteuse de scoumoune, l'aventure Phylaé s'est officiellement terminée en queue de poisson ce jour. Un ratage burlesque à se taper le cul par terre, à croire qu'en effet, elle était l'œuvre de la France. Atterrissage, si je puis dire s'agissant d'une comète : raté. Positionnement en direction du soleil : raté. Super pile : morte au bout de trois jours. Images supposées prises : incommunicables à la Terre.

Du coup, la France en fait encore des tonnes mais, désormais, pour convaincre le monde qu'il s'agit d'un succès... planétaire. Coué. Faut dire qu'au moins certains composants ont dû être construits en France. Ou, à tout le moins, assemblés. Imprudente ESA !!

Pour ma part, chui mort de rire.

Merci.

La partie française du Harrap's va m'achever d'hilarité.

Dans la partie anglaise, **deal** = **madrier**. Dans la partie coussin péteur : **madrier** = **piece of timber**, soit morceau de bois. Curieux, je vais voir l'expression ultra-répandue **Big deal** pour signifier que ce n'est pas un drame, pas une "grosse affaire". Elle est traduite, justement, par : **grosse affaire**.

Comme il fallait s'y attendre, la France s'est emparée de l'expression "Arab spring" et ne la lâche plus. Comme pour compenser ne pas l'avoir inventée. À force de la répéter, elle deviendra française.

Seulement voilà,. Hors le fait que l'on ne peut effectivement rien inventer si l'on se contente de s'approprier les inventions d'autrui et de les répéter à l'encan, la répétition lasse et finit par révulser, l'auditeur non français préférant se passer de l'info plutôt que d'entendre la répétition imbécile.

Depuis les révolutions tunisienne et égyptienne, il n'y a pas un frémissement dans le monde sans que les dindons de l'info se précipitent sur leur arsenal de clichés et de redondances pour ressortir le "printemps". Alors, aujourd'hui, lorsqu'annonçant la nomination du nouveau président de transition du Burkina Faso,, ils ont glissé "le printemps burkinabé" après tous les printemps imaginaires de partout, j'ai craqué et changé de chaine.

Le français n'est pas vraiment une langue mais un abominable, inextricable fourre-tout. En clair : une poubelle.

Harrap's again : "It's a waste of time trying to convince her" est rendu par un funambulesque **je** *ou* **tu** *etc* **perds mon** *ou* **ton** *etc* **temps à essayer de la convaincre**, ce qui, outre la lourdeur, est une traduction incorrecte puisqu'elle inclut que l'on essaie quand même de la convaincre. Loin de la traduction exacte qui est simplement : **essayer de la convaincre est une perte de temps**. Exactement ce qui est obtenu en traduisant mot à mot, si l'on ne tombe pas de sa selle à cause de l'inversion.

Cerise sur la merde : etc. est écrit deux fois sans le point final obligatoire.

Dans un dictionnaire international.

En attisant la propension française à se précipiter pour en être, donner l'illusion qu'elle fait partie des Grands, ceux auxquels la mondialisation profite ont fait ratifier celle-ci par la France. À son grand détriment. Car, dénué de toute compétence, de toute créativité, de toute production réelle, autre que la fanfrelucherie et les pseudo-produits dont tout le monde se passe volontiers puisque tout le monde sait les faire bien mieux, eau-de-toilette, camembert, sacs à main, petites culottes, la France se retrouve aujourd'hui de moins en moins capable de vautouriser les pays africains francophones comme à la bonne époque dorée où le président congolais Lissouba, de son propre aveu public, n'avait pas la moindre idée de la quantité de pétrole que les voyous à la solde de la France sortaient quotidiennement de son pays. Lui, comme tous les Congolais, était interdit de séjour sur la rade de Pointe-Noire exclusivement réservée aux Français dits de souche bon teint, si je peux dire.

Dépouillée, si j'ose, des substantielles richesses africaines, uranium à gogo, pétrole à gogo, or galore, terres rares, fer, bauxite, bois... la France n'a pas la moindre chance de continuer à parader avec les plumes du paon. En fait, la France n'a plus aucune alternative que le plongeon sans fin vers les abysses, sans espoir de jamais remonter

En clair, la mondialisation sonne le glas pour la France.

Hélas, les choses ne sont pas aussi simples qu'elles paraissent. Rappelez-vous, la France a toute latitude pour faire main-basse sur l'Afrique occidentale et centrale parce-que la communauté occidentale le lui permet. Pour récompenser son talent extraordinaire à contaminer et crétiniser les Africains rien qu'à travers la langue française. C'est inestimable pour ceux qui décident, bien au-dessus de la France, du partage du gâteau africain.

Dans cette histoire, la France peut, comme toujours, dormir tranquille sur ses deux oreilles. Les patrons de l'Occident, de Tel-Aviv à Wall Street, NYC, sont là pour veiller au grain pour elle tant que sa magie dure.

Ils osent écrire : "Cette fille est **belle** et bien celle que j'ai croisée...". Et s'ils n'écrivent pas "belle et **bienne**", c'est uniquement parce-que le son **bienne** ne correspond à aucun mot existant. Bel et bien est une locution adverbiale. Invariable comme tous les adverbes.

Les Français sont persuadés que les frères Lumière ont inventé le cinéma. Que Gutenberg est un Français qui a inventé l'imprimerie. Que les frères Voisins ont inventé l'aviation. Et que Parmentier est l'inventeur de la pomme de terre.

Dans le Harrap's, ils traduisent **fumiste** par **shirker** et **skirver** qui signifient **tire-au-flanc**, **fainéant**. Puis **fumisterie** par **hoax** et **poppycock**, soit **canular** et **inepties**. Sans se douter qu'en travestissant la réalité plutôt que d'admettre leur incompétence et chercher de l'aide, ils agissent en parfaits fumistes, soit, en anglais, **hypocrits**.

As happy as a sandboy, **heureux comme un pape** est rendu par **gai comme un pinson**. Un dictionnaire ne devrait pas ignorer que le bonheur est plus durable que la gaité.

Les sous-titres français de toute émission sont un désastre absolu. Avec les séries TV, comme Grey'S Anatomy par exemple, ils auraient aussi bien pu s'essayer à la traduction en sanscrit pour ce qui est de la syntaxe.

français, français. La chaine Gulli propose avec classe, au choix des langues :

Si handicapés soient-ils aux USA, les Africains n'y perdent pas leur personnalité. Au contraire, les brimades sans fin l'affûtent. En France, c'est décervelage ou... rien. Il n'existe pas d'alternative.

Il n'existe même pas un mannequin international français. Person n'en veut. Ce n'est pas une question de plastique, les Françaises sont aussi présentables sur un podium que les autres. C'est juste que les Français, femmes et hommes, sont dénués de tout sens du spectacle, du théâtre, de l'acting.

Les Français sont de pauvres gens insécures *(existe désormais depuis tout de suite)*. Comme à peu près toulmonde. Mais ils gèrent cela de la pire manière. En étant hypocrites, menteurs et mesquins.

En 1923, André Malraux, sa femme Clara et leur complice Louis Chevasson fomentent le cambriolage, au Cambodge, du temple de Bantea Srei qu'ils pillent. Ils y volent plus d'une tonne de statues et de bas-reliefs destinés à être vendus à des complices précédemment contactés en France. Le but est de remettre financièrement en selle Malraux qui avait perdu, en boursicotant, la fortune de son épouse, née Goldschmidt. Ils seront arrêtés à Phnom Penh où Malraux est jugé et condamné.

Vous croyez que ça l'empêchera de devenir le premier ministre de la Culture de France auquel rendent grâce tous les ministres de la Culture qui suivront ?? Et cela après avoir été coopté intellectuel de prestige par De Gaulle himself, en grande recherche de blasons pour dorer la France en ruines. Surtout du côté de l'amour-propre.

En réalité, Malraux est un âne ennuyeux, emmerdant, cucul, pompeux, chiatoire à hurler. Toujours à l'affût de LA phrase historique destinée à flamboyer dans les encyclopédies... qui ne viendra jamais.

Un Français type comme les aime l'"Histoire" de France : plein d'air et bouffi de pets.

Dans le Harrap's, **tin opener** est traduit par : **ouvre-boîte, pluriel ouvre-boîtes**. Je trouve hilarant, même si c'est une tragédie pour la France.

Le mot **ouvre-boîte** est invariable.

Un ouvre-boîte est censé ouvrir une boîte à la fois et non plusieurs en même temps.

Lorsque les Français exultent, sifflent, font un triomphe à leurs "vedettes" qui s'époumonent à leur chanter les principaux tubes français que sont "L'idole des jeunes", "Cette année-là" ou "Le pénitencier", qu'ils pleurent à chaudes larmes et s'évanouissent, ils sont loin de se douter que le génie de leurs monstres sacrés n'est rien d'autre que le plagiat éhonté de tubes anglo-saxons. Jusqu'à l'hymne patriotique "Je suis français". L'ignorance les leur dote d'un génie époustouflant.

L'ignorance et aussi l'hypocrisie collective.

Les Français sont des fumistes.

En versant des sommes astronomiques aux groupes terroristes pour obtenir la libération d'otages français -plus de 100 millions d'euros- la France contribue puissamment à la montée du terrorisme dans le monde et aux exécutions à grand spectacle d'otages non français, principalement britanniques et américains. Le président français jure, la main suer le cœur que la France ne paie pas de rançon. Il ment. Et il sait que le monde entier sait qu'il ment. Les dirigeants français ne paient pas par amour des otages. Que non point !! Ils pensent, à long terme, aux conséquences désastreuses pour de prochaines élections. L'électeur est un Français chocotard comme tous les autres, qui a besoin d'être rassuré s'il se retrouvait otage, fut-ce au détriment du standing tant désiré.

Si la France avait tenu sa parole dès le départ, les prises d'otages auraient probablement cessé d'être une arme de guerre depuis longtemps. Le naufrage français comportera également cette lâcheté supplémentaire.

Ils disent : Le premier ministre espagnol Mariano **Hahoy** ou **Raroy** ou **Haroy** ou **Rahoy** mais jamais **Rajoy**. Ils sont incapables de prononcer spontanément la jota. C'est pourquoi ils disent pareillement **Guadalarara, Guadalahaha, Guadalaraha** ou **Guadalahara** et jamais **Guadalajara**.

Ils écrivent correctement **une marchandise hors-taxe** mais se croient obligés d'accorder au pluriel **des marchandises hors-taxes**. <u>Hors-taxe</u> est invariable.

Ils écrivent **ils sont fin<u>s</u> prêts**. Stupide hérésie. Écriraient-ils **elles sont fines prêtes** ?? Non, bien sûr. La tonalité de fin change et les alerte. D'ailleurs, dans le doute, ils évitent soigneusement d'user de l'expression au féminin. Lorsque, comme c'est le cas ici, fin est un adverbe, il bénéficie de l'invariabilité propre à tous les adverbes.

La langue française est un cimetière de solécismes.

Céline n'est pas occulté pour avoir trahi la France et fait de la propagande nazie et discriminante. Soyons sérieux, pendant la guerre, toute la France était nazie et pro-allemande pour sauver des miches qui n'étaient même pas menacées. Même Drieu est redevenu fréquentable. Et Cocteau et Cousteau sont morts honorables honorés. Céline est rejeté pour avoir affirmé être un lâche, l'avoir écrit et largement démontré par tout son parcours.

Pour s'être imposé comme le miroir de chaque Français.

Dans le documentaire français Le Marché De L'Amour qui décrit les mœurs dans une région du Vietnam, sur ARTE, on voit clairement, dès le début du générique de départ les rubriques : scénario de, mise en scène, trucages, manipulations. En quoi un documentaire honnête a-t'il besoin de trucages ?? Et les manipulations réelles ne sont certainement pas celles d'engins techniques mais les verroteries modernes avec lesquelles ils corrompent les pauvres : cartables, casquettes de base-ball, T'shirts, parapluies, un peu de menue monnaie.

En cela, les amateurs français ne font qu'imiter les professionnels Américains. Mais, bien sûr, très mal. Les Américains ne font pas d'erreurs aussi grossières dans leur macabre prédation.

La mention "contient des sulfites" sur les bouteilles de vin est doublement mensongère. **Sulfite** est une sophistication de la vérité pour éviter l'inquiétant **soufre** car c'est bien de soufre qu'il s'agit, mot sulfureux s'il en est. Ensuite, la mention induit l'idée qu'il existe des vins sans soufre, ce qui est physiquement impossible puisque c'est la fermentation du raisin qui produit le soufre. Autant parler autrement de vins non fermentés. Mais les Français, ignares, se ruent sur les nouveaux vins bios proposés à prix d'or.

En pure perte.

Vairon, adjectif ne s'appliquant qu'à un cas unique, devrait être invariable. Le bon sens le commandait. **Des yeux vairon**. Puisqu'aussi bien il s'écrit **des robes orange** sans problème soulevé. Par ailleurs, même si les Français l'ignorent, **orange** est un nom commun masculin lorsqu'il s'agit de la couleur : **une robe d'un orange éblouissant**.

Contrairement à ce qu'affirment la complaisance et la lâcheté françaises, il y a une différence entre **commencer à/continuer à** et **commencer de/continuer de**. La seconde option est erronée. La syntaxe et le simple bon sens requièrent l'usage de la première. Commencer de, continuer de font partie des innombrables solécismes et incohérences avalisés par une Encyclopédie et une Académie vélléitaire. Car, en France, Encyclopédie et Académie ne sont pas régies par le savoir et la logique mais par le choix du plus grand nombre.

L'étymologie du mot France est le mot **affranchis** pour esclaves affranchis. Car la horde germanique des origines a été asservie pendant des siècles et des siècles par les germaniques dominants et, je répète, les affranchis restés en Allemagne s'appellent toujours Franken, soit les Francs. Au lieu du mot dévalorisant et humiliant, je suggère aux Français d'adopter pour leur pays le nom de Panurgie, bien... français, légitime, et qui leur convient à merveille.

En 1989, les Américains envahirent Panama, déposèrent Noriega, l'embarquèrent aux USA où ils le firent prisonnier pendant dix ans au mépris de toutes les lois et conventions internationales, y compris celles qu'ils ont initiées. Au bout des dix années, le principal paillasson des États-Unis, la France, pour se faire bien voir et faire preuve d'autorité à pas de frais, demande son extradition, maintenant qu'il était devenu inoffensif et brisé et l'incarcère à la Santé en lui refusant le statut de prisonnier de guerre.

Que de courage et d'humanité.

En 1987, deux ans avant l'invasion des maitres du monde américains, le général Manuel Noriega avait été décoré, à Paris, de la Légion d'Honneur.

Cette décoration, ainsi que les mesquineries comme le statut de droit commun, sont soigneusement gommées de Wikipédia France.

Une chose que j'ai apprise en France : il ne faut jamais, JAMAIS, traduire les dialogues d'un film original ou la version originelle d'un documentaire s'il y a moyen de les sous-titrer. Les écœurantes *(les o e séparés de cœur, sœur, rancœur, œuf, vœu, œuvre et oeuvrer sont immédiatement accolés par le correcteur orthographique mais pas écoeurer, écoeurant, écoeuré, oeufrier ou oeuvrerai)* traductions françaises m'ont dégoûté à vie des versions traduites.

Le FN n'a jamais été lâché dans l'ensemble politique pour les raisons invoquées par François Mitterrand : son droit à être représenté. Pas plus pour les raisons soutenues par son opposition : calcul politicien pour diviser l'électorat de droite. Il n'y a jamais eu ni gauche ni droite en France mais un même groupe dominant qui travaille ensemble. Le FN a été nécessaire pour que les promesses "de gauche" soient efficacement, violemment contrées pour se dédouaner de ne pas les tenir. Exactement de la même manière qu'a été créé Sos racisme par Mitterrand à travers Julien Dray : pour servir d'alibi. Théâtre de marionnettes dont la moindre marionnette n'était pas du tout Harlem désir qui savait parfaitement quel rôle il jouait et s'en est acquitté avec brio et application : encadrer la rancœur des persécutés et étouffer leurs pulsions dans l'œuf.

Le but détestable de l'OIF est d'éradiquer les langues légitimes en Afrique francophone. Depuis un demi-siècle, la France mise sur la disparition des personnes non alphabetisées en français dans cette zone, qui céderaient ainsi la place à de nouveaux Africains déculturés -voir les speakerines sénégalaises de Africa 24, par exemple, ou toute présentatrice télé africaine francophone- honteux de leur héritage et poussés à jeter à la poubelle leurs langues naturelles au grand bénéfice du français débilitant, offrant à la France sur un plateau, une vraie place honorable parmi les langues le plus parlées dans le monde avec tous les bénéfices politiques et décisionnaires qui iraient avec. Le tambour-major de ce génocide calculé est un Sénégalais mis en avant par Paris : Abdou Diouf.

Ce calcul est à moitié réalisé.

Désormais, les Africains doivent d'urgence :

-balancer la langue française aux chiottes de toute extrême urgence et apprendre aux enfants tout ce qu'ils doivent savoir à travers la transcription avec les caractères de l'alphabet de la langue de communication le plus répandu qu'est l'anglais, qui plus est sans le **r français** fatidique, dans un premier temps. Avec des modifications nécessaires : exclusions des lettres inutiles, telles, dans le wolof, **v**, **z**. Changement d'attribution pour **j**, **c**, **q**, **x**. Introduction de nouvelles lettres adaptées à toutes les langues africaines mais inexistantes dans les alphabets qui nous ont été imposées, les sons maladroitement rendus par l'accolement de deux consonnes tels **mb** ou **nd** et d'autres qui n'ont aucun équivalent tels la consonne débutant le mot mâchoire en wolof, impossible à écrire. Il y aura, à la fin de cet ouvrage, un chapitre explicatif sur ce sujet capital.

-cesser de l'utiliser hors des cadres où elle est, hélas, encore nécessaire à cause des dommages de l'occupation esclavagiste occidentale qui dure toujours, mais plus pour longtemps.

-reprendre une grande bouffée de dignité en même temps que leurs esprits et réapprendre leurs langues car c'est tout ce qu'ils ont et s'en séparer, c'est extraire son cerveau et le jeter par la fenêtre.

-virer toutes les pimbêches déculturés à cheveux raidis qui gloussent informations et variétés et les remplacer par des Africaines et des Africains qui savent utiliser le français pour ce qu'il demeure encore pour peu de temps : une langue d'appoint non désirée que nous parlons avec aisance bien mieux que les Français puisque nous ne sommes pas handicapés de l'élocution.

-stopper d'urgence les méthodes d'éducation élaborées en Occident qui sont élaborées pour décerveler les petits Africains sitôt descendus du dos de leurs mères.

-apprendre à se regarder en face, à se voir tel qu'on est et à s'écrier avec jubilation, non par fierté imbécile mais parce-que c'est vrai :

Bordel, qu'est-ce que je suis beau !!

Parce-que la perfection, c'est uniquement vous. Ils le savent parfaitement puisqu'ils nous baptisent Noirs et s'appellent Blancs, inversant leur noirceur, leur hideur naturelles et notre humanité profonde naturelle. Ils ont des yeux, imparfaits mais qui voient très bien qu'il n'y a qu'une seule complexion parmi les êtres humains qui va de leur brun translucide qui laisse voir leur sang et leurs veines à la couleur brun foncé, à point dont ils rêvent tous et qui est la nôtre. Tous les autres sont mal finis ou ont provisoirement perdu une partie de leur africanité en s'éloignant d'Afrique.

Arrêter de répéter Noir, Blanc sans réfléchir. Vous êtes des Parfaits et ils sont des Imparfaits, des Ratés.

Ils le savent tous parfaitement. Ils passent leurs vies sur nos plages de plein soleil ou sous leurs UV à chercher −en vain- à approcher la couleur parfaite qui est la nôtre, à tricher pour avoir une vraie bouche et un vrai nez. Leurs cheveux sans vigueur qui n'arrivent pas à capter le noir profond de vrais cheveux ne connaissent que la faillite de s'affaler inexorablement sur leur crâne fragile et mou.

C'est vous qui avez la belle bite qui fait tourner les têtes aux quatre coins de la planète. C'est vous qui avez le vagin aspirant qui rend le sexe sublime, paradisiaque, intense à un point qu'ils ne connaîtront jamais par leurs femmes qui font semblant de baiser et le font comme des crachats de tubard. Vous, les fesses rebondies et fermes, succulentes comme les plus belles mangues en mûrissement, jamais pendouillantes comme des sacs-poubelle emplis d'huile de vidange.

Et eux tous qui se tuent à vous persuader que vous êtes noirs et vilains le savent encore mieux que tout le monde. C'est même pour ça qu'ils y sont tellement acharnés. Et tellement acharnés à convaincre nos sœurs et nos frères d'Inde et d'Asie qu'il faut qu'ils s'éloignent de nous pour chercher à les rejoindre sur un podium inexistant où ils seraient seconds alors qu'en réalité, ce qu'ils veulent, c'est tout pour eux et tous les autres esclaves. Jusque-là, ils n'ont JAMAIS rien montré ni démontré d'autre.

Ils sont mal finis et morts de jalousie rageuse.

Ils sont moches, sales et méchants.

Osez donc les regarder tels qu'ils sont !! Tels que moi, désormais réveillé, je les vois enfin.

Ils n'arrêtent pas de dire et d'écrire : "voué aux enfers", "promis à l'échec". Vocation et promesses expriment exclusivement des choses positives, celles que l'on souhaite, à soi ou à autrui. Pour le négatif, ils sont impropres, inappropriés. Il est seulement correct d'utiliser pour ce qui n'est pas souhaité ou souhaitable le verbe destiner, car ce qui est destiné cesse de dépendre de la volonté et ressort de la fatalité.

Donc, non **il est voué à l'échec**, encore moins **il est promis à l'échec** mais **il est destiné à l'échec** ou **il est condamné à l'échec**.

De la même manière, dans ce documentaire Paré Pour La Vie sur France 5, le commentateur nous explique le comportement social des primates par : "Si tu me grattes le dos, je gratterai le tien". Encore incorrect. Pour qu'il y'ai le tien, il faut qu'il y ait la concordance le mien ou mon dos. Il faut dire si tu grattes mon dos, je gratterai le tien ou si tu me grattes le dos, je gratterai ton dos.

Ça n'a l'air de rien, mais c'est à cause de laisser-aller *(pluriel)* de ce genre que le français est devenu l'embouteillage d'incongruités impossible à extriquer qu'il est. Et oui, le correcteur refuse évidemment **extriquer** mais c'est la frilosité des Français qui fait la pauvreté de la langue. Pourquoi pas **extriquer** puisqu'il y a **inextricable** et **inextricablement**, **intriquer** et **intrication** ??

Les mots ne tirent pas leur réalité de leur inclusion dans les dictionnaires mais de leur légitimité à exister.

En tentant chacun de son côté, à la diable, de rendre leur langue plus simple à manier, les Français ont compliqué le français au-delà de toute extrication *(tiens !!)* et sans qu'aucun ose ou pense à mettre le holà. Désormais, le français, si elle a jamais eu les qualifications d'une langue, est devenu un ténébreux bouillon de culture.

La Provence ne sent pas plus l'ail que Paris ou Moscou. Les Parisiens qui régissent la France confondent inflexions et épices, étant complètement dépourvus des deux.

La lettre **e**, pourtant bien épelée et prononcée … **eu**, n'existe, de fait, pas dans l'élocution française. Elle est généralement l'attribut du féminin de mots qui se prononcent exactement pareil qu'au masculin : joli, jolie. Autrement, elle ponctue la fin de la plupart des mots. Sans être prononcée : balle, poupée, problème, malade. Lorsque les Français ont besoin d'exprimer le son que rend la lettre **e** de l'alphabet français, ils affublent, curieusement, **e** d'un **u** pour obtenir **eu** qui, en français rend le son **e**.

Incompréhensible ?? Non, français.

Sans ce stratagème shizo, les Français seraient perdus, orphelins de leur dialecte. Puisque, malgré l'alphabet, le bon sens, les accents aigus, graves, circonflexes et les trémas qui foisonnent pour bien signifier que **e** est différent de **é**, **è**, **ê**, **ë**… **e** sans son appendice **u** est toujours prononcé **é**, **è** ou **ê** lorsqu'elle n'est pas accolée à **n** ou **m** pour produire une voyelle nasale, cette autre incongruité entièrement française.

Les Allemands, qui partagent avec les Français la prononciation fatidique du r *(notez bien qu'il n'y a aucune raison de mettre r au masculin et e au féminin, les lettres sont également des sons, je m'amuse)* sont bien moins schizophrènes. Parce-qu'ils n'ont pas avec toute la panoplie des voyelles nasales, prononçant **an**, **en**, **in**, **on**, **un** **a'n**, **e'n**, **i'n**, **o'n**, **u'n** comme toulmonde.

Et aussi, surtout parce-que eux n'ont pas subi une occupation sans fin avec obligation d'adapter ensuite la langue apprise de l'occupant à une autre occupation sans fin dont la langue était aux antipodes de celle qui l'a précédée.

Puisqu'ils étaient les précédents occupants.

Il n'y a pas de clochards africains à Paris. Est-ce à dire que la population le plus défavorisée de France ne produit pas de mendiants ?? Bien sûr que non. Les clochards africains sont harcelés par la police française, arbitrairement arrêtés et expulsés en Afrique ou dans les occupations (pour colonies qui n'est pas assez explicite) des Indes occidentales, de Guyane et d'ailleurs généreusement offertes par les Anglo-saxons. Bien sûr, les Français, eux, soutiendront mordicus l'explication de la culture qui, ctte fois, les arrangerait mais c'est archifaux et ne tient pas la route une seconde puisque les mendiants font partie intégrante des sociétés africaines et de toutes les terres occupées et y sont profondément respectés.

Non. C'est le clochard français qui fait partie du patrimoine français dit de souche. Pas question de le défigurer en lui adjoignant des clochards africains. Les clochards maghrébins sont déjà bien assez de trop. Surtout que clochard en France, c'est lucratif uniquement grâce aux Africains qui donnent sans compter dès qu'une main est tendue malgré la misère. Les clochards français le savent bien, eux qui repèrent de loin et privilégient leurs endroits de passage. Il n'est pas question de laisser des clochards africains profiter du pactole.

Eux, doivent peiner et souffrir.

Lorsque l'expression "courir comme un dératé" est appliquée à une mot féminin, les Français disent et écrivent "elle a couru comme une dératée". C'est ainsi que fonctionne leur cerveau mécanique. Malgré le caractère d'image de l'expression, ils ont besoin de l'accorder sinon leur esprit perd **la** femme ou **la** personne du sujet. Ils n'ont, à ce moment, aucune notion, même lointaine, du fait qu'une femme peut parfaitement courir comme un homme dératé.

Avant, le mot bonhomie, dérivé de bonhomme, s'écrivait bonhommie. Puis le voisin britannique l'a adopté. Mais, doué de plus de bon sens, lui s'est débarrassé du m superflu. Ce que voyant, les Français, toujours friands d'anglicismes pour se donner un genre, introduisirent bonhomie corrigé par l'anglais dans leur langue et s'affranchirent enfin de bonhommie.

Même pour faire progresser le français, le Français a besoin d'assistance extérieure.

Naturellement menteurs, les Français, qui n'ont aucune idée des inflexions de la vérité, en font des tonnes et des tonnes dans le ridicule affreux lorsqu'ils cherchent à convaincre.

Jacques Chirac et Valéry Giscard calculaient la taille de chaque mot à proférer en public. Ce parler mathématique faisait le bonheur des chansonniers. Cela vexait Giscard. Chirac s'en accommodait et faisait très bien avec puisque plus il se caricaturait, plus il attirait la sympathie des électeurs, les Français étant ce qu'ils sont.

Sarkozy, qui est un menteur pathologique en plus d'être un psychotique accéléré, un fou, exprime sa schizophrénie avec vulgarité et mauvaise foi. Il gagne les hordes persuadées qu'il serait un Hitler acceptable et les hordes persuadées qu'avec lui ils pourront s'en mettre plein les poches sans se soucier de la justice, toutes hordes convainquant à tour de bras autour d'elles, le Français étant en perpétuelle désir d'être convaincu de n'importe-quoi. Nul n'écoute ce qu'il dit, c'est ce que fait entrevoir sa personnalité qui le fait. Même si, au bout du compte, il n'aura jamais les couilles pour combler ni les uns ni les autres.

François Mitterrand s'est créé sur un tas de mensonges, tous exhibés en plein soleil à la veille de sa mort. Il n'était pas bon menteur, c'est les Français qui sont aisés à berner. Monsieur Mitterrand a conservé toute sa vie les amis de sa jeunesse fasciste après s'être rallié au "socialisme" de circonstance puisqu'il n'y avait plus de place de leader libre à droite avec De Gaulle qui monopolisait. Il a été haut responsable pétainiste sous les ordres de Pétain qui l'a décoré. Il côtoyait, à Vichy, Jacques Chaban-Delmas et Maurice Couve de Murville. Il a fait fleurir la tombe de Pétain chaque 14 juillet. Il a continué le dépeçage de l'Afrique sans état d'âme aucun, versant sa part à l'extrême-droite puisqu'aussi bien tous les Français sont d'extrême-droite. Les Français n'ont rien vu parce-qu'ils sont congénitalement et irrémédiablement cocus.

François Hollande s'efforçant laborieusement d'imiter François Mitterrand est laborieux, ennuyeux, pitoyable. Lui, exprime sa schizophrénie avec humilité et mauvaise foi.

Marine Le Pen remporte la palme toutes catégories. Dès qu'elle ouvre la bouche devant un micro, c'est pour tout de suite s'arrimer à la vieille ficelle déclamatoire à la Belmondo si chère aux Français, persuadés que devant une audience, il faut s'empresser de parler comme il leur a été appris à réciter Le Cid et leurs récitations à l'école primaire. Comme leurs comédiens se sentent toujours obligés de déclamer leurs répliques. Mais il ne faut pas s'y tromper. Les comédiens français sont appréciés des Français parce-qu'ils reflètent, somme toute, la nullité des Français que les Français ne voient pas. Dénuée totalement du moindre talent oratoire comme de tout sens politique, Marie le Pen, qui est une idiote, remporte la palme du grotesque. Franchement, devant Sarkozy, il fallait vraiment avoir la foi.

"Je dois vous dire que nous avons reçu l'ordre de l'ambassade de France d'obéir aux ordres du président Senghor. Donc la cause était entendue.".

Tels sont les propos, disponibles sur YouTube désormais pour quiconque désireux de se documenter, du général Jean-Alfred Diallo, bâtard de Français, futur chef d'état-major de l'armée sénégalaise et taupe de Foccart auprès de son chef, le général Fall, légaliste, c'est-à-dire destiné à être également éliminé par la France dans le processus. Dans un documentaire sur le complot de 1962 destiné à éliminer Mamadou Dia, président africain progressiste du Conseil des ministres, au profit de Senghor, bâtard tout court lui par aspiration personnelle, paillasson de la France par vocation profonde et traitre à l'Afrique. Également mon ami toujours revendiqué, hélas.

Il n'y a jamais eu de coup d'état au Sénégal le 17 décembre 1962. Il y a eu un piège mis au point depuis Paris avec l'implication agissante de Senghor, protégé par ses maîtres et seigneurs. Qui se refermait sur Mamadou Dia, honnête homme, honnête Africain.

Je sais que le soir de sa vie, Senghor l'a longuement passé à amèrement regretter d'avoir été le traitre et le cire-pompes qu'il a été. Mais l'histoire s'en fout.

Les Maliens avaient toutes les bonnes raisons de ne pas vouloir de Senghor à la tête de la Fédération. Pardi, Kéita, qui avait été secrétaire d'état fantoche de gouvernements français en même temps que Senghor savait bien qui il était. Et les Maliens voulaient d'une réelle indépendance. C'est la France qui, à travers Senghor et Houphouët-Boigny, a torpillé l'émergence d'un pôle d'espoir en Afrique francophone. Et Senghor savait parfaitement ce qu'il faisait alors. Il avait choisi l'espoir dérisoire de devenir académicien français et n'est jamais devenu vraiment sénégalais en renonçant à la nationalité française.

L'unique passage digne de quelque passable intérêt de la littérature française est due à Frédéric Dard qui n'était pas considéré comme un écrivain par la bourgeoisie de plume de France. Tirant à des millions d'exemplaires, venus dans l'ensemble du paysage francophone, il a été méprisé toute sa vie par ceux qui tirent à cinq mille et sont achetés par des institutions telles que les bibliothèques municipales pour gonfler.

Chauvin lui-même, puisque français, il décrivait mieux que personne parce-que concerné de plein fouet, la lâcheté française, l'incompétence française, l'amateurisme français, la roublardise française, l'hypocrisie française, le ségrégationnisme français, l'absolue ignorance française, l'incapacité française à gagner honnêtement quoi que ce soit qu'il s'agisse de guerres ou de compétitions sportives, l'ingratitude française à l'égard de ceux qui lui gagnent ses guerres –mais Dard, lui, ne parle que des Américains et des Anglais- l'arrogance et la prétention françaises, la fatuité française, le manque d'hygiène français, le goujatisme français, la chocote française bien chevillée au corps….

Dans ce passage, extrait d'un San-Antonio, il parle de son enterrement :

"Pas la peine, surtout, qu'ils se découvrent sur mon passage, je ne leur répondrai pas. J'aurais enfin le courage de mes opinions et, dans mon cercueil, je serai moins mort que méprisant."

C'est un aveu touchant, émouvant à pleurer, de lâcheté inhérente. Comme Céline qu'il idolâtre, il a choisi la littérature comme thérapie de la lâcheté congénitale, ce qui, en soi, est la suprême lâcheté. Sous le couvert douillet de la littérature, tous deux osent parler des échardes partagées que chaque Français enfouit soigneusement au plus profond de soi. Avec un alibi en béton armé : ils écrivent des romans, de la fiction. Ça ne trompe personne. Mais les alibis sont seulement faits pour écarter le danger. Pas nécessairement pour être crus. Ni crédibles.

Le pire poison investi par la France en Afrique, je ne le répéterai jamais assez ni assez fort, loin avant l'esclavage et les génocides et la corruption endémique des chefs d'État et responsables de haut niveau, est la langue française. Avant les élites pourries, le morcellement, et même avant la franc-maçonnerie, le principal danger permanent pour l'Afrique qui a la français pour langue de communication a pour visages les présentatrices et présentateurs africains de toutes les télévisions francophones. Les femmes d'abord, complètement déculturées, vidées de toute consistance en même temps qu'elles se débarrassaient de leur personnalité, qui pérorent à la parisienne –je ne supporte physiquement plus la vue des Sénégalaises d'Africa 24 qui croient vraiment que les Françaises qu'elles imitent avec ferveur sont meilleures qu'elles. Mais les hommes ne sont pas loin. Leur principal diplôme à tous semble être leur capacité absolue à singer le calamiteux parler parisien et son mortel r qui éradiquent toute appréciation de soi, toute conscience de soi. Un peu comme si elles regardaient leurs mères et leurs pères et leur crachaient à la figure en leur jetant : moi, j'ai réussi, je suis d'une autre race désormais, je ne suis plus comme vous.

Ayant décollé toute trace d'authenticité de leur peau en regrettant que celle-ci ne soit pas allée avec, ils, mais surtout elles aux cheveux raidis et aux toilettes parisiennes, disent merde à l'Afrique et, sans le savoir, à eux-mêmes , sur France 24, Télésud, Africavox, Africa 24, à Dakar qui est la poubelle de Paris, et partout en Afrique francophone. Leur faute d'une gravité extrême est leur capacité à faire des émules en très grand nombre chez les enfants qui les prennent en exemple puisqu'on leur apprend qu'il faut parler français pour réussir. Et que le Français exige des locuteurs du français de le parler comme eux. Sinon, sans les tares de la langue française, ils cesseraient de comprendre leur langue. Et les enfants d'Afrique francophone qui les prennent naturellement pour exemple, les envient et les copient religieusement si bien qu'à force de vouloir leur ressembler, ils vivent et meurent à côté de leurs cerveaux.

Ils représentent l'aisance, le succès, la réussite dont rêvent leurs parents, qui ne perçoivent pas le danger bien dissimulé à dessein, pour leurs enfants.

Tout l'échafaudage social transposé de France les place en position de modèles. Bien sûr, il est inutile de les criminaliser, eux aussi sont tombés dans un piège qui les avait rendus stupides bien à l'avance : la francophonie. Par contre, il est d'extrême urgence de les expulser sans ménagement des trônes qu'ils occupent. Parce-que, par légèreté, par inconscience et par lâcheté, par démission d'eux-mêmes, ils démolissent à grands andains, avec célérité, efficacité et méthode, le futur de l'Afrique.

Désormais, en Afrique francophone, il n'est quasiment plus un responsable de quelque nature et de quelque envergure qui ne se décarcasse pour puiser ses r au plus profond de sa gorge, ignorant que toute l'évolution du langage humain s'est faite sur le bannissement des sons animaux tels le r parisien –qui est exactement celui du ronron du chat et du rugissement du lion- de ce qui est devenu le langage humain sur toute la terre à l'exclusion de la France. Sans savoir qu'ainsi, ils restituent les grognements néandertaliens uniquement propres aux Français à notre époque rejetant le son r humain naturel qu'ils sont les seuls sur terre à maitriser naturellement à la perfection.

Le président Sall s'y aventure quelquefois, sans trop se mouiller puisqu'il se ridiculise à chaque fois. Ce n'est pas sa tasse de thé. Il croit bon de suivre un mouvement qui ne l'attire pas. Le très honorable Boubacar Diop n'hésite pas à se renier devant les caméras internationaux. Même s'il se reprend après coup.

Il est d'urgence très prioritaire, code rouge sang, d'enfin exiger de tout Africain dans l'exercice public de ses fonctions le port obligatoire de vêtements africains. Depuis le chef d'État jusqu'à l'instituteur en excluant que les militaires et le personnel de santé pour des raisons évidentes. Capitale, indispensable et pressante mesure de salubrité publique africaine face à l'indignité et à la déculturation à marche forcée. Les Français, avec leurs innombrables tares, n sont même pas capables de voir le mal qu'ils causent ; D'autres, bien plus puissants et décideurs utilisent la francophonie pour réduire les Africains usagers du français à l'état de robots, lobotomisés, dociles. Ces décideurs sont à chercher du côté de Washington et d'Israël qui sont une même entité et de l'Allemagne qui est le vrai maitre du monde. Souriez large, mais n'oubliez pas que c'est exactement pour cela qu'ils ont créé la désinformation et, surtout, le concept de théorie du complot. En propageant eux-mêmes des absurdités savantes dont ils font une propagande universelle avant de les démonter, preuves irréfutables à l'appui, qu'elles étaient des absurdités, ils ont créé le terrain pour que tout ce qui est susceptible de mettre en péril leurs funestes projets soit facilement considérable comme une absurdité. Les révisionnistes de l'Holocauste n'ont aucun point de désaccord avec ceux qui les trainent devant les tribunaux : ils se complètent, appartiennent au même courant de mensonges, de désinformation, de leurres et de manipulation mentale à côté duquel la France n'a même pas la consistance d'une chiure de mouche.

Et d'abord, avant tout, il faut bannir le port de la cravate, laquelle, chez l'Africain, représente l'extrémité infâme au cou de l'esclave qui le relie à l'extrémité de possession portée au cou par l'Occidental avec fierté et arrogance.

Bannir toutes les formes de singeries ostentatoires dégradantes pour nous dans tous les services publics. Vous êtes censés être indépendants, qu'est-ce qui vous empêche de simplement instaurer vos traditions et rejeter les conneries occidentales qui ne nous vont pas, ne nous iront jamais parce-qu'elles sont conçues pour nous ridiculiser ?? Libre à qui veut de se raidir les cheveux –c'est un comble d'avoir la perfection et de faire des pieds et des mains pour s'adapter au ratage ?!- mais pas de cheveux artificiellement raidis à la télévision africaine et dans les écoles africaines. Encore moins au bras d'un responsable africain dans l'exercice de ses fonctions. L'exemplarité et la décence commencent au plus haut niveau.

Il faut, dès immédiatement, commencer à apprendre aux enfants dès l'âge scolaire : on apprend une langue pour communiquer avec notre timbre naturel et non pour se départir de la sienne que rien ne peut remplacer. L'apprentissage d'une langue doit apporter un plus. Elle ne doit jamais être un instrument de mutilation.

Si vous manquez de courage pour vous dresser contre la France et ses puissants alliés qui forment l'Occident avec Israël, vous n'êtes absolument pas obligés de quitter l'OIF avec fracas. Cessez simplement d'être dupes et, à leur jeu du profit à sens unique, jouez tant que vos administrés en retirent plus qu'ils n'y perdent en terme de participation financière. Puisqu'après tout, c'est l'Occident qui a besoin de créer en Afrique un empire français pour le profit de l'Occident. L'Afrique, elle, n'a qu'une urgence fondamentale dans son calendrier : être débarrassée au plus tôt des rapaces vampires qui lui sucent le sang. Rester dans l'OIF exige cependant une condition sine qua non : **ne jamais transiger -EN AUCUN CAS !!- avec vos cultures et votre identité**.

Et cette condition doit être respectée à la lettre avec une totale intransigeance et aucune concession jamais. Arc-boutez-vous dessus et ne les écoutez même plus puisque, arrivé à ce point, il n'y a plus rien à négocier. La défense prioritaire, la non-négociabilité de cette condition devra être incluse dans le serment que prêtent les responsables africains francophones. Lorsqu'il a obtenu l'indépendance du Ghana, Nkrumah a dansé devant la foule étincelant en costume africain ; Les chefs d'État francophones d'Afrique, eux, lorsqu'ils l'ont reçue en cadeau personnel destiné à satisfaire leurs ambitions et à les enrichir, eux et leurs familles, avaient le petit doigt sur la couture de leurs pantalons de smoking.

Si vous manquez de courage, faites de même avec toutes les organisations internationales auxquelles participe l'Occident, n'importe-quel pays occidental et, surtout, Israël, plus authentiquement occidental et rapace que tous les autres réunis et multipliés par mille. Soyez bien sûrs et certains qu'il n'y en a pas une seule qui vous veut du bien.

De la même manière qu'un Occidental ou un Arabe ne s'appelle jamais Odumegwu, Nkosazana, Ngarleji, Kabasele, Alinsitwe ou Olusegun, un Africain ne devrait pas s'appeler Daniel, Léopold, Benjamin, Moustapha, Ismael, Nelson, Jacob, Myriam, Simone, Mariama, Fatou, Ali, ou Robert. C'est indigne, infâmant et réducteur. Il était compréhensible que, devant la violence et la duplicité des envahisseurs, nous nous fussions pliés à leurs noms dont ils nous affublaient pour se faciliter la vie et notre domptage. Il est devenu stupide, ridicule et atroce d'infliger ces noms à nos enfants parce-que nos parents les portaient. Nos parents étaient contraints, humiliés. Nous qui prétendons être libres, devrions leur rendre leur dignité en donnant à nos enfants les noms de leurs aïeux d'avant les invasions et les barbaries. Nous n'avons aucune raison de perpétuer l'atrocité sans jamais prendre le temps d'y réfléchir. C'est de l'inconscience et de l'inconséquence. Cela signifie que nous avalisons le fait que les esclavagistes d'aujourd'hui, qui sont exactement les mêmes que leurs pères d'avant, soient devenus tellement confiants en leurs méthodes qu'ils nous laissent désormais le soin de nous enchainer tout seuls. Car si vous êtes tombés dans le panneau de l'esclavage aboli, vous vous fourrez le doigt dans l'œil jusqu'au périnée.

Il en va pareillement des noms de lieux. Pérenniser l'appellation honteuse Saint-Louis au détriment de l'historique et magnifique Ndar-Geej, cinquante-cinq ans après les indépendances tronquées, est une démission permanente, un gage de soumission permanent. Port-Etienne est presqu'instantanément devenu Nouadhibou. Fort-Lamy, Lourenço-Marques, Léopoldville sont depuis longtemps devenus Ndjamena, Maputo, Kinshasa... Mais, au pays traditionnellement occupé à lécher la France, Ndakaaru, Sigicoor ou Kees, demeurent les onomatopées insignifiantes qui ne servaient qu'à en faciliter la prononciation aux occupants français indus parce-que leur élocution est limitée.

Si le Sénégal voulait un jour recouvrer son honneur de la fosse d'aisance où l'ont confinée tous les responsables successifs du Sénégal, il devra commencer par abolir Sénégal, qui ne veut rien dire, pour le remplacer par le véritable vocable **Suñugaal**, our ship, qui possède un sens et une émotion et que chantent les griots du terroir.

C'est une question de dignité, ça vaut bien un jour sans pain.

Qu'y a-t'il de plus ridicule qu'un hymne national ??

Un hymne national en français entonné par des Africains.

Comme celui du Sénégal. Avec une musique faite par un compositeur français dont c'est l'unique œuvre puisqu'il parait être sorti des ténèbres juste pour cela et y être retourné après. Aucune trace de Herbert Pepper nulle part depuis. Ni avant.

Alors que Ñaani est si adéquat, parfait pour représenter le Sénégal en paroles et en musique authentiques……..

Les Sénégalais, imbéciles heureux, esclaves dociles et contents de la France, n'ont pas pris conscience de l'avancée formidable que représente le travail de Seembeen et Jaañ, optant avec déférence pour la poursuite du français dévastateur, au détriment des langues africaines libératrices de nos esprits et de nos mentalités. Ils les ont reléguées au rang de gadgets, de curiosités, bien chapitrés par le tuteur français et la sinistre OIF.

Mais l'alphabet concocté par Seembeen et Jaañ a vocation à prendre toute la place occupée par le français et au-delà. Les journaux, à commencer par les journaux officiels, et l'éducation doivent se faire entièrement en langues africaines, le français rejoignant l'anglais, le mandarin ou le russe en option à partie du collège. Encore que l'anglais seul soit largement suffisant comme langue étrangère puisqu'il est parlé partout dans le monde dominé par l'Occident. En attendant les vraies langues intéressantes, hindi, urdu, tamoul, mandarin, telugu, gujarati, bengali, cantonais, mandarin, japonais, coréen…

La langue d'enseignement unique devra être choisi avec souci d'efficacité et non patriotisme linguistique. Par exemple, au Sénégal qui est mon exemple, ce sera le wolof. Mais pas du tout pour les raisons que les Sénégalais imaginent. Pas parce-que les Wolof sont les maîtres du Sénégal mais, au contraire parce-que les Wolof sont des bâtards. Dans le sens excellent du terme. Il n'y a pas de race wolof. Les Wolof sont un groupe formé de tous les autres groupes. Il n'est de Wolof qui n'ait dans son ascendance du sang pullaar, du seereer, du joolaa, du baambara... Les Wolof sont le résidu des ethnies qui composent le Sénégal. Une fois cela bien établi, il sera normal aux yeux de tous que cette langue qui est partagée par tous n'a pas de concurrent logique pour être la première langue de communication. Pour ne pas avoir l'obligation stupide de tirer tous les papiers officiels pour autant de langues qu'il y a de locuteurs. Et lorsque la pratique se généralisera à toute l'Afrique réelle, le wolof ou aucune langue du petit Sénégal n'auront aucune chance d'être la langue officielle du continent. Parce-que cela ne se justifierait pas. Pas davantage le swahili qui est devenue une fabrication juive depuis que les juifs l'ont pris en otage et enjuivé. Précisément pour que lorsqu'arrive enfin l'unification africaine, tous les Africains, encore une fois bernés, se mettent à s'exprimer à l'unisson en juif. Les Sénégalais, comme tous les autres Africains non locuteurs de la langue choisie, se mettront à l'étude de cette langue. L'ère des querelles byzantines –semées par les esclavagistes- sera révolue.

La scolarité primaire durerait une année scolaire au lieu de six tant la méthode alphabétique est simple et efficace. Les peuples usagers d'une lettre non utile au wolof de l'exemple Seembeen-Jaañ l'auront à disposition car si l'alphabet de chaque langue sera, bien évidemment, composé des lettres utiles, l'alphabet africain comprendra toutes les lettres utiles à toutes les langues africaines. Le **z** inutile au wolof sera présent dans le sud de l'Afrique. Les syllabes des sons cliqués de certaines langues fascinantes comme le xhosa seront distinguées par un petit cercle au-dessus de chaque consonne porteuse de la voyelle cliquée. Les Sénégalais cesseront enfin d'écrire le "Diop" indécent et incorrect imposé avec mépris par les Français à une grande partie de la population sénégalaise pour l'orthographier correctement comme il se prononce **Joob**. Car il se dit **Njoobeen** pour l'ensemble des porteurs du patronyme, et **Joobajubba** pour les saluer de leur nom. Car cet alphabet n'a besoin d'aucune règle puisqu'il suffit de pouvoir distinguer les lettres les unes des autres et de savoir distinguer les mots les uns des autres pour pouvoir écrire dans toutes les langues du continent. Car cet alphabet sert à transcrire absolument tous les sons d'une élocution maîtrisée.

J'ai sous les yeux une liste de lettres nouvelles :

-pour les sons très répandus en Afrique qui n'ont pas de consonnes dans l'alphabet latin qui les transcrit très pauvrement par des appositions de lettres : **ng**, **nd**, **nj**, **mb**.

-pour les lettres qui n'ont pas la même sonorité dans notre alphabet que dans la latine : **q**, jamais doublé parce-qu'il est l'association des deux sons **k** et **x** ci-dessous, qui donne le son arabe de **quran** ou **qaida**, pour rendre **laaq**, cacher, incorrectement rendu par **laax** qui correspond de fait à bouillie de mil au lait caillé, **x** qui donne le son de la jota espagnole, **j** qui donne le j anglais de jacket, et **c** qui donne le son anglais ch de chocolate

Pour le son gn, n prend une tilde comme en espagnol : **ñ**.

- pour la lettre manquante pré-signalée, servant à écrire correctement mâchoire en wolof mais également Hongkong, Bangkok et tous les innombrables mots anglais finissant improprement par ing comme king. Le son ng du *dingue* français ne correspond absolument pas au son final qui doit être rendu dans l'anglais **king**.

Hélas, en l'absence de caractères moins étriqués sur mon

clavier, je ne peux vous transmettre les lettres nouvelles de la première catégorie. Elles sont très simples, des associations des lettres accolées qui rendaient leurs sons. **Ng** a été emprunté à l'alphabet phonétique de l'anglais pour rendre le son de **bingo** ou du pullaar **kaangaado** qui n'est pas le même que celui de **king** ou de **flying**. D'ailleurs, il faut être obtus pour ne pas entendre distinctement que dans **singing**, le premier **ng** est correct tandis que le second ne donne pas du tout le même son. Ce **ng** phonétique des dictionnaires anglais-autre langue s'écrit comme un n minuscule avec la deuxième branche qui se recourbe en descendant plus bas que la première.

J'ai pensé sacrifier cette couverture et mettre à la place une photo de ces lettres mais vous comprendrez facilement pour quoi j'y ai renoncé. En attendant, chacun peut s'y mettre en mettant en avant l'idée de destiner toute contribution à une plus grande lisibilité, à une plus grande aisance.

Une erreur de présentation m'imposant de renvoyer ce manuscrit à l'éditeur tombe à pic pour inclure une simplification encore plus pratique des lettres occultées.

-la lettre manquante pour le son fautivement transcrit par ng, le son qui finit l'onomatopée **bang**, débute et finit le verbe wolof signifiant ouvrir la bouche s'écrira N, n, avec un tréma.

-le son ng sera écrit N, n, avec un tiret au-dessus.

-le son gn = Ñ, ñ

-le son nd = D, d, avec un tiret au-dessus

-le son nj = J, j avec un tiret au-dessus

-le son mb = B, b, avec un tiret au-dessus

-la lettre Q, q, représentera le son, fautivement rendu par la lettre X, dans le verbe wolof pour dissimuler **laaq** et dans **seeq** (coq)

-Y, y, est une consonne à part entière exprimant **toujours** le son français **yeu** et I, i, une voyelle exprimant **toujours** le son **i**

-S, s, exprime toujours le son **ss** ou **ç** et Z, z, inexistant en wolof mais profus en Afrique, toujours le son français **zeu** et H, h, pareillement absent en wolof mais répandu en pullaar et joolaa toujours le son **heu**

-les onomatopées sont les seuls sons de nos langues incluant les sons préhistoriques des voyelles nasales et du r français. Ainsi, pour traduire le rugissement ou le ronronnement, exprimer le son inarticulé fréquent en wolof lorsqu'on signifie qu'on a enfin compris et pour rendre dans un texte africain le parler français, les r et les voyelles seront surmontés d'un tiret. Cependant, contrairement à la translation française, les sons obtenus sont les sont normaux s'accordant à chaque voyelle. Ainsi :

-e surmonté d'un tiret rendra le son nasal de e qui correspond au **in** français et jamais au son français en uniquement rendu par a surmonté d'un tiret

-e surmonté d'une tilde représentera la nasalisation de ë pour rendre le son français **un**.

-o avec tiret donne naturellement le son du **on** français

-les consonnes cliquées seront surmontées d'un petit cercle semblable à celui sur la touche entre zéro et le signe plus

-les sons néanderthaliens, inaboutis tels le r français, rendus en français par les lettres v, j, ch, n'existent pas dans les langues africaines. Même pas dans les onomatopées et imitations animales. Elles sont rendus par les sons finis de w et s.

Ainsi, toutes les langues du monde peuvent être transcrites avec cet unique alphabet africain. Car toutes les formes d'écriture découlent des premières transcriptions de l'oral exécutées par les Africains. Comme tous les chiffres, quelles que soient leurs appellations et leurs origines prétendues.

Vous vous trompez lourdement si vous croyez un seul instant que les Français ont imposé chez nous la culture de denrées superficielles comme l'arachide en quantités grotesques au détriment du mil essentiel dévalorisé parce-que leur "industrie" en avait besoin. La France n'a jamais eu d'industrie, ni même d'économie, réelles.

La France fait partie d'un plan bien plus vaste qui la dépasse consistant, sur le très long terme pour que nous ne puissions jamais faire le lien, à nous maintenir sans répit dans les difficultés et les contrariétés sans fin.

Comme de nous obliger à mépriser notre mil pour importer du riz à l'autre bout du monde. De nous alimenter de pain et de semoule de blé d'Europe que nous ne produisons pas au détriment du mil, autrement plus nutritif et sain et que nous produisons à volonté. De ne faire de notre maïs rien d'utile alors que le maïs, chez eux, est propice à toutes sortes de produits qu'ils nous vendent à prix d'or.

Vous devez partir du principe inaltérable que la France et l'Occident ne font **JAMAIS** rien qui nous profite. Ils nous mentent en permanence en nous cajolant. Ils nous mordent dans le dos et soufflent sur la blessure comme s'ils prenaient soin de nous, comme font les rats qui dévorent un corps sans réveiller la personne endormie, et nous font des grands sourires amicaux hypocrites par devant.

Les Occidentaux sont **MAUVAIS** pour l'Afrique. Tous les Occidentaux, et ils ne sont pas tous en Occident. Sans la moindre exception. Y compris leurs enfants générés avec vous, et donc, oui : vos enfants "métis" aussi sont maléfiques. Car c'est par là qu'ils nous tiennent le plus solidement par les couilles et par le cœur.

www.ingramcontent.com/pod-product-compliance
Lightning Source LLC
Chambersburg PA
CBHW071330280526
45787CB00001B/50